风险投资学

主　编◎蒋雨宏

FENGXIAN TOUZIXUE

U0952789

西南财经大学出版社
Southwestern University of Finance & Economics Press
中国·成都

编 委 会

主　编：蒋雨宏

编　委：徐　磊　陈勇阳　万思杝　李　娇
李海燕　符明恺　孙　娟　薛　扬
刁安红　张　宁　史雪丽　靳　华
周　娅　张　健

前言

Q I A N Y A N

21 世纪，科技创新和金融创新已成为经济发展的重要因素和先导力量，以技术创新带动经济增长，以及金融创新与经济增长的良性循环，是一个国家和地区经济持续快速增长的重要保证。而风险投资正是技术创新与金融创新良性互动的产物，通过风险资本的超常规配置，刺激和培育高新技术产业，分散技术创新过程中不确定性带来的潜在风险，对促进知识向高新技术转化，加速高新技术成果商品化、产业化的进程，起到了显著的作用。风险投资造就的新产品和新劳务改变着社会经济结构，也改变着人类的生活方式。在美国，有 80% 以上的高科技中小企业在其发展过程中得到过风险投资的支持，很多风险资本市场培育的企业已发展成为具有极大经济和社会影响力的新生力量。例如微软、英特尔、苹果、SUN 等公司都是风险投资的经典之作，风险投资造就了著名的“硅谷”。

风险投资这一概念自 1985 年进入中国后便快速发展起来。2016 年，伴随着中国供给侧结构性改革的深入推进、“新三板”分层制度的完善，“深港通”的开闸，创新创业活动高涨，中国风险投资行业在募资、投资、退出方面出现了不同程度的增长，孕育了新的发展机会，新高能资本供给动能正在形成。尽管风险投资在我国越来越受到重视，但由于我国风险投资起步晚，风险投资还存在相关法律制度不健全、规模小、实力弱、资金来源较为单一、管理不善等诸多问题，风险投资环境亟待改善。

本书系统地论述了风险投资的原理及风险投资市场的主要参与者——风险企业和风险投资机构，重点阐述了风险企业寻求风险投资资本的方式以及风险投资机构的投资机制。本书一共分为七章，第一章主要介绍了风险投资的相关概念及发展历史；第二章介绍了风险资本的来源渠道，风险投资活动较发达的国家，由于拥有较为健全的市场，资本来自市场，融资渠道多元化；第三章介绍了风险投资机构，主要包括风险投资公司与风险投资家，他们是风险投资市场的重要组成部分；第四章介绍了风险企业怎样寻求风险投资以及其中最关键的一步——风险投资商业计划书的撰写；第五部分介绍了风险投资的运作机制，主要阐述了风险投资机构如何对风险企业进行尽职调查和前景评估；第六章介绍了风险投资的退出机制，主要有首次公开上市、股权回购、兼并收购和破产清算这几种主要的退出方式；第七章介绍了我国风险投资的制度设计和发展环境。

自中国人民大学财经学院最早为本科生和研究生开设风险投资专业以来，越来越多院校也相机将风险投资作为主修或选修课开设。本教材可以作为金融专业、投资专业、企业管理专业及其他相关专业的风险投资课程的专业教材，也可作为志在进入风险投资领域的人员自学使用的参考资料。

本书在编写过程中借鉴了风险投资领域中的前辈们关于风险投资的著作，在这里向他们表示崇高的敬意和感谢。同时，感谢在编写过程中给予编者帮助和支持的西南财经大学出版社以及相关人员。

由于编者经验及水平所限，书中可能存在不完善和不严谨的地方，恳请同行和读者多多提出宝贵的意见，以便我们进一步修改和完善。

蒋雨宏

重庆　江北

2018 年 11 月 2 日

目录

MULU

第一章

风险投资概述

第一节　风险投资的定义

一、风险投资的概念

从“风险投资”的辞典意义的解释来看，它是英文“venture capital”的中文翻译。其中，“venture”一词的辞典意义为：①风险的计划；②投资的事业；③风险的事业。因此“venture”通常用来描述“商业冒险”或投机活动，表示具有不确定的损益结局。与“venture”相对应的一个英文词为“risk”，其辞典意义为风险，与损失密切联系。而“capital”的意义为资本、投资。因此，“venture capital”既可以指一种资本类别，即投向不确定性较大领域的资本；也可以指在不确定性领域投入资本的价值追求活动，而这种投资是投资者商业冒险精神的结果，具有对不确定收益的主动追求精神。

从世界范围来看，风险投资发展的时间已经有半个世纪的历史，但迄今为止，国内外对这一概念并没有一个统一的阐释。为便于政策指导和管理需要，一些风险投资的行业协会以及政府、国际组织对风险投资的定义进行了界定。

美国风险投资协会（NVCA）认为，风险投资是指职业金融家投入新型的、迅速发展的、有巨大竞争潜力的企业中的一种权益资本。风险投资是由有经验的专业人士运作的一种资金运作模式。风险投资家不仅对所投企业提供资金，更重要的是他们为所投企业提供管理经验，提供市场及未来发展的联系渠道。

国际经济合作和发展组织（OECD）认为：①风险投资是向以高科技为基础，生产和经营技术密集型的创新产品或服务的投资；②风险投资是专门购买在新思想和新技术方面独具特色的中小企业的股份，并促进这些中小企业的形成和创立而进行的投资；③风险投资是一种向极具发展潜力的新建企业或中小企业提供股权资本的投资行为。

欧洲风险投资协会（EVCA）认为，风险投资是一种由专门的投资公司，向具有巨大发展潜力的成长型、扩张型或重组型的未上市企业，提供资金支持并辅之以管理参与的投资行为。

中国科学技术部、中国证券监督管理委员会对风险投资的阐述为，风险投资是指向属于科技型的高成长性风险企业提供股权资本，并为其提供经营管理和咨询服务，以期在被投资企业发展成熟后，通过股权转让获取中长期资本增值收益的投资行为。

专栏

风险投资（venture capital）这一名词是怎么产生的呢？这里有一段很有意思的故事。与美国研究与发展公司几乎同时成立的 J. H. Whitney & Co. 是美国最早成立的风险投资公司之一，当 J. H. Whitney & Co. 最初从事他们的投资活动时，纽约时报将这家公司描述成为“纽约的一家投资银行”。这种称呼使得 J. H. Whitney & Co. 的投资家感到十分不自在。他们自认为所从事的不是传统的投资银行业务，而是与其完全不同的一种新型业务。于是在 J. H. Whitney& Co. 公司内部，展开了一场热烈的、具有历史意义的讨论。投资家们试图为他们所从事的这种新型投资活动冠以一个名称，使之区别于传统的投资银行业务。在讨论中，他们认为应当突出 adventure（冒险）这一概念，因为这种经济活动具有很大的冒险性，并且提出，应当把 risk（风险）这一概念也包含在内，因为这是一项风险很大的投资活动。当时的执行合伙人贝诺·斯密特（Benno Schmidt）先生建议把 adventure 和 risk 两个概念组合，首次提出了“venture capital”的概念。

于是，一个新兴的具有巨大生命力的特殊资本运作模式便以“venture capital”这一名称问世了。

一般来说，风险投资是指把资金投向蕴藏着较大失败风险的高技术开发领域，以期成功后取得高资本收益的一种商业投资行为。其实质是通过投资于一个高风险、高回报的项目群，将其中成功的项目出售或者上市，实现所有者权益的变现（风险资本的退出），这样不仅能弥补那些失败项目的损失，还能使投资者获得高额回报。

风险投资的出资人和风险承担者是风险投资者。风险投资者出资、协助那些具有专门技术而无法筹得资金的技术创业家创业，并由风险投资者承担创业时的高风险。风险投资者以其拥有的专业知识主动参与经营，使被投资企业能够稳健经营、迅速成长。风险投资者可于被投资企业经营成功后，将所持有的股份卖出，收回资金，再投资于另一项新创事业，如此循环往复、周而复始地进行长期投资，并参与企业经营。风险投资者以获取股息、红利及资本利得为目的，其最大特征在于必须承担较大的风险，以获巨额资本利得。

在我国，“venture capital”也被翻译为“创业投资”，事实上，1986 年国内第一家风险投资公司即命名为“中国科技创业投资公司”。有的学者认为，应该将“venture capital”译为创业投资，他们认为，只有当某种资本是通过承担高风险进入创业企业，并为所投资的创业企业提供企业管理服务，以期在创业成功后，通过股权转让来获取高资本增值收益时，这种资本才能被称为“venture capital”，即创业资本。而有的学者认为，应该译为风险投资。他们指出，在我国，风险投资的译法更为恰当，因为经济体制和市场体制的缺陷，我国的投资风险极大，所以更有必要强调风险投资中的风险管理机制。如今，在大多数情况下，都把“venture capital”译为风险投资，因为风险投资真正的成功正是因为它发展出了一套风险管理的机制和手段，它的范围远远不止创业投资，风险投资已经扩展为一个全新的金融行业，即私有股权投资业。而只有在强调这类投资对创新企业的作用时，才会被叫作创业投资。

专栏

高技术产业

高技术产业由英文high-tech翻译而来，是以20世纪50年代以来尖端技术为基础发展起来的新兴产业。国际上一般采用技术密集度（R&D经费强度或R&D人力强度）作为确定高技术产业的基本依据。美国劳工统计局对高技术产业所下的定义为：“研究试制费用及科技人员占整个职工总数的比重比整个制造业的平均数高出一倍以上的产业”。

自20世纪70年代以来，经济合作与发展组织（OECD）和美国、英国、意大利、加拿大等国家的政府部门及科研机构都在高技术产业界定方面陆续做了大量工作，其中OECD基础产业方法的定义和界定范围最具有代表性（如表1-1所示）。

表1-1　　OECD关于高技术产业的界定

版本	划分指标	产业名称
1986年第一次	R&D经费强度（R&D经费占产值的比重）	航空航天制造业、计算机及办公设备制造业、电子及通信设备制造业、医药品制造业、专用科学仪器设备制造业和电气机械及设备制造业
1994年第二次	R&D总经费（直接R&D经费+间接R&D经费）占总产值的比重、直接R&D经费占总产值的比重和直接R&D经费占增加值的比重	航空航天制造业、计算机及办公设备制造业、电子及通信设备制造业和医药品制造业
2001年第三次	平均R&D经费强度（R&D经费占产值和增加值的比重）	航空航天制造业，医药制造业，计算机及办公设备制造业，无线电、电子及通信设备制造业，医疗、精密和光学科学仪器制造业

二、风险投资的特点

风险投资是一种专业性强且精巧细致的投资活动和投融资体系，它通过认真筛选、分散风险、加强管理、及时退出等手段，既支持创新者创业，又帮助投资人投资，使二者双双获利。只有充分深入地认识和理解风险投资与一般投资的不同，才能更好地了解什么是风险投资。概括起来，风险投资的特点有以下几个方面：

（一）风险投资活动的高风险性和高收益性并存

风险投资是没有担保的投资。由于风险投资没有抵押和担保，所投资的对象常常是高技术中的种子技术、某种设计思想和尚未起步或刚刚起步的创新小企业，它们的不确定因素很多。与一般的经济活动相比，高技术企业要投入更多的人力、物力、财力与时间来从事技术创新。新技术的研究与开发、样品试制、中间试验、生产流程的重新组织或改进以及试销活动，都是创新活动区别于一般生产经营的特殊活动，各阶段的资金需求比例不断增长。高技术企业技术创新的强度越大，其投入强度也就越高。一项科技成果从开发、中间试验到实现产业化，其投入比例一般为 1：10：100。在美国硅谷，就有很多企业因为管理不善、资本不足而中途夭折。当然，高技术企业的高投入，也可能相应地产生高效益。一旦企业获得了一定数量的资金支持并取得成功，就将在一定时期内形成技术垄断，产生竞争优势，从而获得高额垄断利润。由于资本的逐利性，各类投资主体甘愿冒高风险，将巨额资本投入创新活动中。虽然投资高技术企业获得成功的机会较小，在发达国家这一比率仅为 20%～30%，但是一旦投资成功，就可以获得丰厚的回报。

因为风险投资具有高风险的特征，风险投资家往往进行联合投资。与其他行业有所不同的是，风险投资家和风险投资公司之间既是竞争关系又是战略伙伴关系。在很多情况下，他们都是合作关系：为了规避风险，风险投资公司往往对优秀的项目进行联合投资（syndicated investment）。

（二）风险投资是操作性很强的投资

风险投资不仅投入资金，而且投入管理，这种投资方式与传统工业信贷只提供资金寻求投资收益而不干涉企业经营管理的方式是很不相同的。风险投资者把宝完全押在风险企业的成功上，没有任何保险和抵押。这就要求他们在高科技风险企业创建过程中，从产品的开发到商业化生产，从机构的组建到经理人选的确定，从产品上市到市场的开拓、企业形象的策划，自始至终与风险企业家捆在一起，风险同担、患难与共。风险投资者是高科技企业的强力操纵者，他们有权决定是否对一家新兴企业投资，他们可以在中途罢免企业的经理，亲自执掌企业的大权，直到找到新的企业领导人。这一切都要根据技术发展、市场需求、企业经营状况来决策。因而风险投资者需要具有广博的高科技专业知识、管理现代企业的技能和丰富的社会经验，否则难以当此重任。

（三）风险投资是一种流动性很小的周期性循环的中长期投资

风险投资是一种长期投资，其投资周期要经历研究开发、产品试制、正式生产、扩大生产，再到进一步扩大规模，生产销售进一步增加等阶段。直到企业股票上市、股价上升时，投资者才能收回风险资本并获得投资利润。这一过程少则需要 3～5 年，多则需要 7～10 年，是一种中长期投资，由于其流动性很小，常常被称为“呆滞资金”。据美国因第佛斯公司的调查，从 1972—1982 年，157 家风险企业平均需要 30 个月才能达到第一平衡点，即现金流平衡点（负现金流转向正现金流），需要 75 个月才能恢复原始股本价值。正因为如此，风险投资被称为“耐心的资本”，风险投资家被称为“投向未来的投资人”。

此外，风险企业在不同的成长阶段有不同数额的资金需求。为了满足风险企业各个成长阶段对资金的需求，推动风险企业稳步成长，风险资本必须能够持续投入，即针对风险企业不同阶段的资金需求，分步进行持续投入。为此，风险投资家必须参加风险企业的战略规划和投资策略的制定过程。

风险投资是一个周期性循环运作的过程，它一般经历筹资——投资——管理退出——分配——再投资这样一个循环过程。在退出一个项目后，风险投资家又会开始积极寻找新的投资项目。

（四）风险投资是权益投资

风险投资不是一种借贷资本（debt），而是一种权益资本（equity），风险投资所进行的是股权投资，由于所投公司为非上市公司，所以风险投资是非公开权益资本的一种形式。非公开权益资本（private equity）又译为私人权益资本。风险投资之所以不采用债权形式，而采用股权形式投资，是由风险投资的内在因素所决定的。一方面，典型的风险投资是对企业初创期的投资，这时，企业还没有成熟壮大，没有足够的抵押品以获取银行贷款，债券融资对于这种企业是不适宜的。另一方面，风险投资在企业弱小时候的投资份额会随着企业的成长而壮大。假定在企业还很弱小时，风险投资投入 30 万元，再假定风险投资家对该企业的资后评估（即投资以后对企业价值的认可）为 100 万元，这样风险投资占被投企业股份的 30%；若干年后，该企业已经成长壮大。风险投资家的股份虽仍然占 30%，但其背后代表的资产则可能从 30 万元增长到 3 000 万元。风险投资投入了 30 万元，退出时带回 3 000 万元，这正是风险投资要以股权投资的原因。

权益投资是一个做饼的概念，如何把饼做大是风险投资的关键。风险投资家并不想取代企业家，成为该企业的主人，他们迟早要退出的。他们投资这个企业是要与企业家一起把这个饼做大。饼做大了，不仅风险投资家的份额增大了，企业家的份额也增大了。从这个意义上讲，风险投资家和企业家不是对立关系，而是合伙关系。二者相辅相成，以达到双赢的目的。

（五）风险投资的投资对象是高新技术中小企业

风险投资的投资对象是没有上市的企业，从这个意义上来说，风险投资是一种直接投资。典型的风险投资不仅投资非上市公司，而且投资非上市公司的启蒙阶段。确切地说，风险投资往往投资企业发展的早期，有时甚至是种子期。风险投资可以被理解为对传统投资机制的一个重要补充，它是金融投资机制发展到较为成熟的阶段后产生的一种更为高级的投资机制，它所投资的对象是一般投资机构不愿投资的领域。从投资对象的角度来讲，风险投资的投资对象是高新技术中小企业，它们资金力量单薄，又无法得到银行贷款，急需资金；从投资项目的角度来讲，风险投资的投资项目是高科技项目，是新技术，是人类想要探索的未来技术，是一国生产力发展、经济结构升级换代的关键。各国都已充分肯定了高新技术中小企业对国民经济的贡献，它们就是风险投资的主要投资对象。

三、风险投资要素

风险投资的运行，涉及以下要素：风险资本、创新项目（技术）管理和劳动力以及政府制度和创业投资信息等。每一个要素单独存在并形成独立的市场，从而形成要素市场体系。各要素市场密切配合，促进风险投资的健康运行。

（一）风险资本要素及风险资本市场

1. 风险资本

风险资本是指由专业投资人提供的投向快速成长并且具有很大升值潜力的新兴公司的资本。它一般是在企业的初创或早期扩张阶段投入，而在企业成长起来之后退出的长期资本；是一种由职业金融家向新的、迅速发展的、有巨大竞争潜力的企业或产业投入的权益资本。由于被投资企业的财务状况不能满足短期内抽回资金的需要，这些企业一般无法从传统的融资渠道（如银行贷款）获得所需资金，这时风险资本便通过购买股权、提供贷款或既购买股权又提供贷款的方式进入这些企业。风险资本有三个基本特征：一是投资周期长，一般需要 3~7 年；二是这种资本不仅给企业提供资金，而且参与企业的战略决策和经营管理；三是风险资本不追求长期的资本收益，往往到一定的时候以转让股份的形式一次性退出。按投资方式分，风险资本可以分为直接投资资金和担保投资资金两类。前者以购买股权的方式进入被投资企业，多为私人资金；后者以提供融资担保的方式对被投资企业进行扶助，多为政府资金。

2. 风险资本市场

风险资本市场是一个与一般资本市场相对应的概念，是资本市场中一个具有较大风险的子市场，同时，风险资本市场又是资本市场的一个重要组成部分。一般资本市场是为政府和较为成熟的大中型企业筹集长期资本的市场，它包括了普通意义上的证券市场、私人股份融资市场和项目融资市场；而风险资本市场则是对处于发育成长期的新兴高技术企业进行融资的市场。

风险资本市场中存在着比一般资本市场更高的风险，这种风险源于市场中的信息不对称和信息不完全，这是由风险企业本身的特点决定的，它与资本市场上衍生产品的风险有本质的区别。衍生产品具有的风险是由其本身运作上的复杂性和市场杠杆放大作用所带来的，而风险资本市场的风险则源于风险企业的不确定性。

风险资本市场以风险企业家、风险投资家、私人风险投资者为核心。在该市场上，一方面是机会，即巨大的增长潜力；另一方面是资本，即寻求高回报、不怕高风险的风险资本。风险投资家看到了两者的需求，竭力使机会和风险联系起来，并将这些富有创造力的社会精英与资本结合，然后创造出一个又一个市场中的奇迹。然而，培育出一个完善的、高效的风险资本市场是一项长期而艰巨的任务，不可能一蹴而就，需要政府和社会一同坚定不移地长期努力，创造一个良好的投资和发展环境。

（二）风险投资项目及其市场

1. 风险投资项目

风险投资项目，即风险投资对象。理论研究和实践经验的结果表明，风险投资的对象包括以下几类：①具有商业化价值的创新技术或创新产品；②以具有商业化价值的创新技术或创新产品为基础组建的新创中小企业；③具有成长性的其他产业或技术；④对企业的收购或兼并。其中，①、②类吸纳风险资本约 80%。可见，风险投资对象以创新技术及产品、中小科技企业为主体。

2. 风险投资项目市场

风险资本的运作者必须选择符合自身偏好和实力的项目，但风险投资项目的所有者与风险投资机构对投资项目存在明显的信息不对称，增加了风险投资的决策成本。为减少风险资本的项目寻求成本、降低交易过程的信息不对称性，还需要一个风险投资项目的培育市场和交易市场，即风险投资项目市场这一市场包括以下层次：①科技项目或风险企业的培育体系。②科技成果交易市场和中小企业产权交易市场。③并购市场这些市场构成风险投资项目市场体系，至少要实现以下功能：第一是促进项目研究与初期开发；第二是促进项目的信息公开实现信息对称；第三是促进项目交易。

（三）管理和劳动力要素及其市场体系

1. 管理和劳动力要素

之所以将管理与劳动力要素合称，是因为管理与劳动力二者密不可分。管理也是劳动，是重要的生产力，将管理纳入经济理论体系进行分析是经济学理论的重大发展，这对发展风险投资极为重要。管理及劳动力要素的供给主要依赖于企业家对创新精神的培育，对具有综合知识和经验的人的培育。风险投资的管理来自风险投资机构的管理注入，风险企业家的企业家精神、创新能力和历史经验。

2. 管理和劳动力要素市场

为促进对管理创新和优秀的风险投资人才的培育，必须形成一个创新精神的培育环境，一个管理人才的培育机制，以及一个风险投资人才、风险企业管理人才交易市场。这至少涉及教育培训市场、风险投资人才交易市场。

（四）风险投资运行的政府制度支撑体系

制度是风险投资运行的游戏规则，是影响风险资本追求资本增值的重要因素。这主要涉及政府与技术创新和产业化发展等诸多制度，共同组成的适合于风险投资发展的制度基础以及由此形成的有效的风险投资的激励和约束机制。充分的政府制度供给主要包括企业组织制度、产业政策、财税政策、金融政策、人才培育等一系列促进创新的规则，并成为影响风险资本盈利能力和盈利实现，进而影响风险资本来源和创业者积极性的重要因素。

（五）其他要素

其他要素包括信息服务、技术服务、资产评估服务、财务服务、法规服务以及上市和并购服务的外部要素支持，这是风险投资不可缺少的要素。

总之，风险投资是由多种要素构成的系统，风险投资的健康运行，必然与各要素齐备以及相应的要素市场体系的健全和健康运行密切相关。因此，健全的风险投资要素体系，必须具备风险资本市场、技术项目市场、高素质的人才市场、政府政策支持体系以及外部支持服务市场体系，各市场需协调发展，以形成完善的风险投资要素市场体系。

第二节 风险投资的产生和发展

一、美国风险投资的形成与发展

（一）美国风险投资发展初期

风险投资行业在早期的几十年主要存在于美国。当然，在风险投资行业出现之前，快速成长的公司就已经在进行融资活动了。银行以贷款的形式提供债权融资，而一些周期较长、风险较大的项目则通常从富有的个人手中融资。在 19 世纪末 20 世纪初的 20 年里，富有的家族已经开始成立专门的机构来管理自己的投资。诸如菲利普斯、洛克菲勒、范德比尔特、惠特尼等大家族就投资多家企业并出任这些企业的顾问，这些企业包括美国电话电报公司的前身、美国东方航空以及麦克唐纳公司等。

到了 20 世纪 30 年代的大萧条时代，人们普遍意识到为高速成长的创业公司融资的现有方式是不合理的。许多高成长性的公司资金短缺，与此同时，手上有大量资金的投资者却没有时间或能力接洽这些公司，以解决对被投公司管理上的缺失。罗斯福新政期间所建立的诸多新机构，比如重组金融公司也很难让人满意。严格的贷款评估标准、烦琐的贷款申请流程以及对于政治干预和立法的担忧等问题都意味着需要尽快寻找新的出路。在这样的情况下，第一家正式的风险投资机构应运而生。1946 年，由少数富人和机构发起的在波士顿成立的美国研究和发展公司（ARD），标志着现代风险投资活动的组织化，从此正式揭开了世界风险投资业的序幕。

美国研究和发展公司作为第一家正式的风险投资机构成立时，并非只是为了赚钱，而是有着一系列的目标。“二战”期间美国联邦政府的战争支出急剧上升，这大大刺激了经济，让美国度过了大萧条时期，但是人们开始担心随着战争的结束，经济会很快再次萧条，美国研究和发展公司（ARD）正是在这样的环境下诞生了。1945 年 10 月，波士顿联邦储备银行的负责人拉尔夫·弗兰德斯（Ralph Flanders）提出要避免经济再次萧条，就需要新成立一家公司，专门为初创企业提供融资。他提出，这家公司不仅要在“选择最具潜力的项目和分散风险”上比大多数个人投资者更系统化，而且这家公司要想长期获得成功，还需要引入全国的“信托基金的巨大积累”。

为了实现这个目标，ARD 一年后便正式成立。弗兰德斯聘用了许多公民和商业领袖参与其中，包括麻省理工学院的院长卡尔·康普顿（Karl compton）。但基金的日常管理主要由哈佛商学院的乔治斯·多里奥特（Georges F. Doriot）负责。ARD 在多次沟通中强调其目标在于为新公司提供资金和支持，从而“提升美国人民的生活水平”。尽管营利也是公司努力的目标之一，但用帕特莱尔斯（Pat Liles）的话来说，财务回报“并非公司追逐的最为重要的目标，而是被形容为整个过程的必要部分”。

ARD 是第一家公开交易的（Publicly Traded）、封闭的（Closed-end）投资公司，在市场发展中他们面临着重重困难：首先，这是一个全新的公司，其投资理念根本没有受到实践检验；其次，所有创始人都身兼数职，不能全身心地投入 ARD；最后，ARD 的招股说明书上写明募股的目的不是赢利，而是为了振兴经济，这与投资者投资的初衷完全相悖。于是，ARD 第一次筹资失败了，预期筹集 500 万，最后仅募集了 350 万元。

ARD 主要为那些新成立的和快速发展中的公司（种子阶段、创业阶段）提供权益性融资。当时新企业出生率较低，它们进行长期融资存在困难。由于新兴企业规模小，各方面不成熟而很难从银行或其他投资者（如企业、家族、保险公司等所属的信托基金）那里借到钱。但是这些新企业对美国经济发展意义重大。正如 ARD 的创始人之一拉尔夫·弗兰德斯（Ralph Flamders）所言："美国的企业、美国的就业和居民的财富作为一个整体，在自由企业制度下不可能得到无限的保障，除非在经济结构中不断有健康的婴儿出生。我们经济的安全不可能依靠那些老牌的大企业的扩张得到保障。我们需要从下而来的新的力量、能量和能力。我们需要把信托基金中的一部分和那些正在寻找支持的新主意结合起来。"

1946 年到 1951 年是 ARD 最艰难的岁月（投资理念不被接受，管理经验不足等导致业绩不佳）。1951 年年底，ARD 渐入佳境，手中有 10 家公司开始盈利，而且管理层也把股东权益放在重要的位置上了。

在 ARD 的历史上，最重要的事件是它在 1957 年投资于数字设备公司（Digital Equipment Corporation，DEC）。这次投资大获成功，彻底地改变了美国风险投资的未来。数字设备公司是由 4 个 20 多岁的麻省理工学院毕业生创立的，他们有许多如何改进计算机的想法。ARD 公司最初只对企业投入了 7 万美元，得到了其 77%的股份作为回报。

由于数字设备公司的飞速发展，1960 年 ARD 说服了雷曼兄弟公司承销其股票，每股价值 74.10 美元，使公司筹集了 800 万美元，这大大高于 1947 年 25 美元的价格。在接下来的 10 年中，由于美国经济的强劲和股票市场价格的飞速上涨，数字设备公司价值急速上升。到 1971 年，ARD 所拥有的数字设备公司股份价值增加了 3.55 亿美元，14 年内增加了 50 多倍。一年后，当 ARD 被出售给泰克斯泰隆（Textron）公司时，它的每股价格为 81.3 美元。从 ARD 公司成立时算起，它的综合年回报率为 14.7%。数字设备公司的成功为 70 年代和 80 年代风险投资业树立了榜样。

ARD 是传统风险投资的开创者，它对于风险投资这一行业的重大意义主要有两点。第一，ARD 之前，私人权益资本，例如天使投资的资金大都来自富有的个人或家庭。ARD 是上市公司，它的资金来源不仅是富有的个人和家庭，还来自个人投资者和机构投资者。第二，ARD 使得风险投资成为一个机构行为。ARD 的成功为其后续者提供了榜样和经验。他们从中学到了许多重要的东西，如如何选择合作者、如何避免失败等等。更为重要的是，它证明了这样一种观念：给私人风险投资公司注资，然后再投资于新创建的公司是完全可行的。

（二）小企业投资公司的创立

尽管美国研究与发展公司最终取得了成功，并为其投资人提供了将近 15%的年收益率，但在 20 世纪 50 年代，它充其量只能被认为是小有成就，模仿它的人并不多。有研究资料表明，在 1945—1958 年的十几年间，美国没有第二家采取 ARD 公司体制的风险投资组织。因而，美国风险投资一直是规模较小、较分散的个别的公司行为，还没有形成气候。1949 年，全美风险投资公司一共不到 10 家，1957 年也仅有 15 家 。

1957 年，苏联成功地发射了第一颗人造地球卫星，苏联的成功对于自认为在冷战时期的科技必胜的美国造成了很大的刺激。美国国会责成联储创立了调查委员会，希望找出美国在科技上落后的原因。调查委员会得出美国在战后已经丧失“企业家精神”，美国的创新企业需要资金支持这一结论。为了改变风险资本不足的状况，美国国会和政府采取了一系列措施，国会首先修改了《国内税法》（IRC）第 1244 条，允许对小型企业投入达 2.5 万美元的投资者从其一般收入中冲销由此项投资带来的任何资本损失，以减轻其税收负担。随后，国会又通过了《1958 年小企业投资法》（SBIA of 1958），对小企业投资公司（SBICs）的组建和经营，并做出了具体规定：①小企业投资公司是由美国小企业管理局（SBA）颁发执照，专门从事风险投资的民营公司；②它除了可用自筹资本投资外，还被允许向 SBA 申请贷款用于投资；③小企业投资公司能享受特殊的税收优惠。这些规定极大地刺激了小企业投资公司的发展，在 1958 年后的 5 年间，692 家小企业投资公司如雨后春笋地建立起来，筹集风险资本达 8.14 亿美元。这期间，小企业投资公司成为风险投资的主要力量。

但是，小企业投资公司的发展很快就遇到了阻力。首先，《1958 年小企业投资法》对 SBICs 的投资做出了一些限制性规定，如限制所投资企业的规模，禁止从所投资企业谋取控制权等，这些规定使小企业投资公司对投资者的吸引力明显减弱。其次，由于小企业投资公司所吸引的主要是个人投资者，与机构投资相比，他们承受风险的能力较差，对市场行情缺乏独立的判断。最后，风险投资人才的供给远远满足不了高速发展的小企业投资公司的需求，许多小企业投资公司中都缺乏高素质的风险投资家。1966 年，小企业管理局的一位副局长宣布，由于小企业投资公司的经理人员素质低下以及违规交易和渎职行为，全美 700 家小企业投资公司中有 232 家存在严重问题，企业管理局将为此损失 1 800 万美元. 此后小企业管理局加强了对小企业投资公司的监管，清除了不合格的企业。到 1977 年，小企业投资公司的数目降至 276 家，此后随着风险资本有限责任公司的兴起，独立的小企业投资公司逐渐减少。80 年代后期小企业投资公司陷入低谷，破产数量达到最高点。1992 年，美国国会不得不对《小企业投资法案》进行了修改，加强了 SBIA 对小企业投资公司的监管。此后，该法案历经五次修正。从 1994 年开始，私人资本对小企业投资公司的投资大幅增长，达到了 39 亿美元，SBIA 新批准成立了 254 家小企业投资公司。从 1958 年到 2000 年，小企业投资公司已向近 9 万家小企业提供了 270 亿美元的长期贷款和权益资本。在风险投资业不发达的地区，小企业投资公司对当地小企业的发展起着更为重要的作用。

小企业投资公司发展至今一共经历了三个阶段：

1. 第一阶段（1958—1994）：以优惠利率贷款为主要募资模式

这一阶段，SBIC 计划主要通过从小企业局获得优惠利率贷款的方式来获得政策性资金支持。由小企业局依法负责计划的具体实施管理，并为其提供优惠贷款支持。计划实施后，SBIC 每投入 1 美元，就可以从政府获得最高 3 美元的匹配货款。1958—1994 年，SBIC 为大约 7.8 万家小企业提供了约 130 亿美元的长期优惠利率贷款支持。同时，SBIC 计划也在不断进行制度调整，优化操作模式，直接涉及修订的法案包括《小企业投资法案（1958）》《小企业投资法案（1967 年修订版）》《银行控股公司法案（1967）》

等。这一阶段，SBIC 在优化美国创新环境鼓励创新方面发挥了重要作用。

2. 第二阶段（1994—2008）：杠杆融资成为募资模式新突破

第二阶段的重要进展是创造出杠杆融资的方式，包括债权担保融资和股权担保融资两种模式。1994 年，小企业局在 1985 年对债务融资给予担保的基础上进一步完善债券担保机制，允许 SBIC 延迟优先支付，直至累计获取利润，促进了 SBIC 进行股权投资，同时推出股权担保融资模式。美国出台了《小企业计划改进法案（1996）》《SBIC 技术性修正法案（1999）》《SBIC 修正案（2000）》等。SBIC 计划在这一阶段取得了快速发展，1994—1998 年，新注册的 138 家 SBIC 初始私有资本达 18 亿美元，超过了此前 35 年 SBIC 计划筹集的私有资本的总和。这一阶段，SBIC 投资的小企业创新项目约 3 万项，投资资金约 300 亿美元，对美国创新环境的优化具有显著促进作用。

3. 第三阶段（2008 年至今）：运营模式与机制逐渐成熟

第三阶段 SBIC 计划的运营模式与机制已基本稳定并逐渐成熟。2008 年金融危机爆发后，美国颁布了《美国复兴与再投资法（2009）》，SBIC 计划也相应有所调整，明确修改了 SBIC 在进行权益投资时的比例限制，将最大权益投资比例由原来的 20% 调整为 10%，减弱了 SBIC 对被投资企业的控制权，更好地保障创新企业独立发展。数据显示，截至 2014 年 6 月 SBIC 计划共有在册公司 292 家，投资了 16.6 万个小企业创新项目，累计投资金额达 670 亿美元。

（三）私人风险投资公司兴起

风险投资业发展的进程也是一个对企业组织形式进行选择的过程，真正显示出强大生命力并将美国的风险投资业带入一个成熟、持续发展时期的，是以有限责任公司形式运行的独立的私人风险投资公司（简称为合伙公司或合伙企业）。合伙企业最早出现在 50 年代末和 60 年代初，在其出现之初，由于数量很少，规模不大，因此在很长一段时期内都没有引起重视。直到 60 年代后期，风险投资界才认识到合伙企业在解决风险投资家的报酬问题和突破对 SBICs 的投资限制这两方面具有独特的优势。根据《1940 年投资公司法》（ICA of 1940），公开上市的风险投资企业的经理人员不得接受股票选择权或其他形式的以企业经营业绩为基础的报酬。即使是在不上市的 SBICs 中，多数经理人员也只能获得固定的薪水。这些薪水与合伙企业的普通合伙人所获得的实际收入相比，差距悬殊。此外，《1958 年小企业投资法》对 SBICs 施加的投资限制也妨碍了 SBICs 吸引更多的投资者。相比之下，合伙企业的投资限制却少得多。60 年代后期，ARD 和 SBICs 的经理人员纷纷离职，到合伙企业去应聘，或筹建自己的合伙企业。恰逢 1968—1969 年美国首次公开发行市场（IPO）行情火爆，新建的合伙企业得以顺利筹资。此后，合伙企业成为美国风险投资最重要的力量。

然而，新的风险投资组织形式并未能挽救由小企业投资公司运作失败而造成的风险投资低潮。风险投资合伙公司刚成立不久，美国的风险投资行业便遭受到外部环境带来的沉重打击，使其发展举步维艰。

1970—1977 年是美国风险投资的徘徊停滞时期。1969 年后风险投资业的发展很快就步入了低谷。1970 年风险投资减至 0.97 亿美元，1975 年减至 0.10 亿美元。造成这种状况的原因是多方面的。首先，越南战争的巨额军费开支给政府带来沉重的压力

（1969 年直接军费支出为 855 亿美元，占联邦政府支出的 46. 3%，占国民生产总值的 9. 5%），1969 年的税制改革将长期资本收益税的最高税率从 29%增加到 49%。其次，1969 年 10 月—1970 年 11 月和 1973 年 12 月—1975 年 4 月的经济危机以及这期间的石油危机，造成了美国工商业的一次大萧条。风险资本所投资企业的经营状况不景气，加上证券市场疲软，使得合伙企业筹集新的资金困难重重。最后，首次公开发行市场（IPO）基本消失，企业收购和兼并活动急剧减少，合伙企业很难收回原有风险投资，就更不愿进行新的风险投资。（IPO 指的是一家企业第一次公开发行任何种类的证券，风险投资公司通常通过促进风险企业的股票公开上市而使自己持有的该企业的股票获得流动性，所以 IPO 是风险投资公司退出风险投资的主要手段之一。手段之二是促成一家较大的企业来收购或兼并风险企业，合伙企业通过把持有的股票售出收回投资本利。）

（四）美国风险投资发展的全面发展

1978 年以后是美国风险投资的全面发展时期。1970 年至 1977 年风险投资一直在低谷中徘徊。1978 年美国国会终于撤销了它在 1969 年的决定，把长期资本收益税的最高税率从 49% 又降到了 28%。同年 9 月，美国劳动部对《雇员退休收入保障法》（ERISA）中关于养老基金投资的“谨慎人”条款做出了新的解释，在不危及养老基金整个投资组合安全性的前提下，不再禁止养老基金购买小企业、新企业和风险资本基金所发行的证券。由于许多养老基金在整个 70 年代投资购买公众持股公司股票时，获得的收益率极低，养老基金一直渴望新的投资机会，尤其是风险投资，所以这一新的解释很快就为风险投资带来了大量的养老基金，使小企业股票市场和首次公开发行市场迅速恢复了活力。在这种情况下，风险投资公司收回了大量的投资，向投资者返还了本金以及很高的收益，筹集了大量新的资金，并开始增加对新企业的投资。风险投资的净增值从 1977 年的 0. 39 亿美元猛增至 1978 年的 5. 70 亿美元，形成了美国风险投资业发展的第二次高潮。

风险投资业发展的第二个高潮也仅是昙花一现。1979 年 8 月劳动部决定把对合伙企业的投资作为《雇员退休收入保障法》（ERISA）中的“计划资产”对待。根据 ERISA 的有关规定，计划资产的“外部经理”必须作为《1940 年投资顾问法》（IAA of 1940）中的投资顾问登记，并不得接受以企业经营业绩为基础的报酬形式，这使得合伙企业原有的报酬结构优势消失殆尽。劳动部的此项决定还意味着，合伙企业的普通合伙人将被视为 ERISA 计划资产的受托人，必须服从“禁止交易”规则。这些决定对风险投资业的发展造成了很大的影响，风险投资的净增值从 1978 年的 5. 70 亿美元迅速减至 1979 年的 3. 19 亿美元。风险投资界对劳动部的决定进行了坚决抵制。1980 年年中，劳动部被迫推翻了它 10 个月前的决定，同意合伙企业不受 ERISA 计划资产管理措施的制约。国会也通过了《1980 年小企业投资促进法》（SBIIA of 1980），确认合伙企业的性质为“商业发展公司”，不受《1940 年投资顾问法》管辖。1981 年国会制定了《股票选择权促进法》（ISOL），准许把股票选择权作为对风险投资家的报酬，并把纳税环节由行使选择权时推迟到出售股票时。同年，国会又将长期资本收益的最高税率从 28% 降至 20%。美国政府的这一系列举措标志着其对风险投资的认识趋向成熟，风险投资业经历了曲折艰难的蹒跚学步时期，从此获得了长期持续地发展。风险投资的净增值从

1979 年的 3.19 亿美元猛增至 1983 年的 45 亿美元。由于 20 世纪 80 年代前半期风险投资规模增长太快，风险投资的专业人才相对不足，风险资本对风险企业的选择也趋于草率，导致风险投资的收益率迅速下降，80 年代后半期风险投资业处于调整消化阶段。进入 90 年代后，风险投资又开始了新一轮快速增长。1994 年新增风险投资不到 50 亿美元，1995 年达到 74 亿美元，1996 年又增至 100 亿美元，1995 年和 1996 年分别比前一年增加 50%和 35%。随着新增风险投资额的增大，美国风险投资累计额也由 1978 年的 35 亿美元增加到 1995 年年末的将近 400 亿美元，平均每年递增 14.5%。

二、风险投资在其他国家的发展

（一）风险投资在英国的发展

英国是整个欧洲开展风险投资活动最早的国家。在英国，最早带有风险投资色彩的投资是信托机构，19 世纪信托机构曾对美国铁路进行融资并获得成功。1945 年，英格兰银行和其他主要清算银行成立了一家工商金融公司（ICFC），该公司后来改名为工业投资者公司（Investor in Industry，简称 3I）该公司的主要任务是为成长中的小公司提供包括权益投资在内的远期债务组合工具进行融资。后来的 3I 公司约有 2/3 的投资对象是小型工商企业，并且大部分是以贷款或入股的形式参与。由于 3I 公司及其他私人及公共投资机构的积极工作，20 世纪 60 年代英国的风险投资业曾经历了一个快速发展阶段。但这次快速发展并没有持续多久。到 20 世纪 70 年代，英国风险投资业发展依然非常缓慢。直到进入 20 世纪 80 年代，英国政府开始转变政策，采取了"税收优惠""贷款担保计划"和"企业扩大计划"等一系列鼓励风险投资发展的政策措施，英国的风险投资业开始步入持续快速发展轨道。1989 年，风险投资资金筹集额及风险投资额达到了最高峰。自此以后，英国风险投资业受到挫折，投资额明显下降。1991 年，英国风险投资业投资了 1 196 个公司，投资额为 8.89 亿英镑，与 1989 年相比，投资额明显下降了 30%以上。产生这一情况的缘由是英国公众信心的丧失。这种信心的丧失，是由于风险投资业缺乏经验、投资回报率低等原因使英国公众受到了严重伤害。

20 世纪 90 年代初的挫折，并没有影响英国风险投资业走向成熟。自 1994 年以来，英国风险投资业又得到了快速发展。目前，英国风险投资业已经进入成熟阶段，它已经逐渐成为金融业的主流。许多从业者更多的是用"私人权益资本"这个词代替较狭义的"风险资本"这个词。1998 年风险投资额达到 49.2 亿英镑，成为全球第二大风险投资国。

一般来说，衡量一个国家风险投资业的发展是否成功的客观标准有三个：一是资本增长额，二是对社会经济发展的贡献，三是对投资者的回报。1984 年以来，英国风险投资的金额高达 430 亿英镑；风险投资支持的企业创造了大量的就业机会，给国家交纳了大量的税款；在 1980—1998 年设立的风险投资基金，截止到 1990 年 12 月 31 日，其 1 年期、3 年期、5 年期和 10 年的净回报率分别为 30.1%、28.8%、2.1%和 13.1%，远远超出其他资产的回报率。从这三条标准来看，英国的风险投资业，在经过 20 世纪 80 年代以来的发展后，无疑取得了巨大的成功。

（二）风险投资在日本的发展

日本是亚洲风险投资的先驱者，其风险投资活动开始于 1963 年。日本风险投资业是模仿美国模式发展而来的。迄今为止，日本的风险投资业和发展初期相比，规模有了巨大的增长，已经发展成为上亿日元的产业。在其风险投资业发展的几十年时间里，日本的风险投资业经历了 1973—1974 年、1983—1986 年和 20 世纪 90 年代三次发展的高潮。

1. 第一次高潮：1973—1974 年

20 世纪 60 年代，正赶上美国的第一次风险投资浪潮。在风险投资的帮助下，许多风险企业成功上市。美国的这股对新兴的、具有成长性的高风险企业进行投资的浪潮，使日本各界人士看到了风险投资的作用。日本政府为了促进中小企业的发展，于 1963 年仿效美国的《小企业投资法案》，制定了《日本小企业投资法》，并同时在东京、大阪、名古屋成立了 3 家“财团法人中小企业投资育成会社”。1972 年 11 月，日本设立了第一家民间风险资本“京都企业发展股份有限公司（KED）”。KED 的目的是发掘新兴的、创造型的企业，对这些企业直接提供资金援助，或进行经营指导。由此推动了日本的风险投资业从 1973 年开始的第一次繁荣。此后，日本相继成立了 8 家由大银行和证券公司组成的风险投资公司。日本迎来了第一次风险投资发展的高峰期。然而，由于 1974 年石油危机以及一系列其他因素，20 世纪 70 年代席卷日本的风险投资热不久就降温了。

2. 第二次高潮：1983—1986 年

20 世纪 80 年代初，同其他国家一样，风险投资环境逐步得到了改善。由于经历了石油危机的冲击，日本意识到日本产业发展的出路应该是通过技术革新走省能源及轻小化的道路，这为风险企业的产生铺设了一条道路。1982 年首创的日本式有限责任合伙制基金，又为风险投资公司筹集资金开辟了新渠道，加上政府放宽在第二板块和 OTC 市场上市注册的要求，日本又掀起了第二次风险投资热潮。一些经营良好的中型证券公司和小型银行开始介入风险投资。1980—1985 年，日本相继成立了 68 家风险投资公司。随着企业数量的增加，其投资的规模也在不断扩大。然而随着 1986 年和 1987 年日元的大幅升值，进行了过多的设备投资的风险企业纷纷破产，最终导致了第二次发展高峰的结束。

3. 第三次高潮：20 世纪 90 年代

这一时期，在政府和民间的通力合作下，以政策完善为基础对风险投资的硬环境和软环境进行了一系列改革，制定了一系列支持发展新兴产业的政策和法规，为日本风险投资业第三次发展的高峰奠定了基础。

（三）风险投资在以色列的发展

以色列是全球风险投资比较发达的国家之一，被誉为“第二硅谷”。早在 20 世纪 60 年代，以色列就出现了风险投资活动。最早涉足风险投资领域的是以色列贴现银行，第一笔风险投资金额为 8 万美元。进入 20 世纪 80 代，几家由风险投资支持的以色列科技企业，在美国纳斯达克（NASDAQ）成功上市，为风险投资的发展起到了很好的示范效应。但是，当时以色列国内还没有个本土风险投资基金，也没有国际化的风险投资公司进入。即使一些小公司有很好的想法，但由于没有风险投资市场，也不能成功地将产品开发出来，并投入市场销售。20 世纪 80 年代后期，以色列政府采取了进一步的经济宽松政策，经济的稳定、基础设施的改善、地区紧张局势的进一步缓和等因素，特别是政府对研究开发的支持政策，为风险投资事业的发展奠定了良好的基础。

以色列的风险投资，随着由政府投资、市场导向的YOZMA基金在1993年的成立，而取得了突飞猛进的发展。1993年，以色列政府为了进一步促进风险投资事业的发展，设立了1亿美元的YOZMA风险基金，同时成立了国有独资的风险基金公司YOZMA。随着YOZMA基金公司的建立，以色列进入了风险投资的第一个高峰。截至1995年年底，YOZMA吸引了1.5亿美元的外国资金，与外国的投资者合作，共同设立了10个风险投资基金。通过与这些外国投资者的合作，不仅以色列公司很快加入了国际市场的行列，而且以色列基金管理者也得到了培训。他们是这一行业的中坚力量，对整个行业的健康发展起着举足轻重的作用。由此，在1996年，以色列风险投资进入了第二个高峰。此后到2000年年底，以色列当年筹集的风险投资额已达23亿美元，以色列风险投资进入了第三个高峰。2000年后，风险资金筹资额经过一段时间的下降后，又有新的发展。目前，以色列风险投资业发展迅速，并且还在不断壮大。2008年，以色列风险投资额增长了19%，达19亿美元。其中132家IT类企业的融资额占总融资额的68%。风险投资已经成为以色列一个重要的经济成分，风险投资资金也成为资金市场最重要的组成部分之一。

第三节　风险投资在经济发展中的作用

自20世纪40年代风险投资在全球诞生以来，特别是近20年来，风险资本在其自身获得迅速发展的同时，也为全球经济发展做出了巨大的贡献。纵观全球风险资本的发展，风险投资在促进经济发展和改善人类生活方面的作用突出。在风险投资比较发达的美国，风险资本对中小高科技企业的扶植率超过了90%，为社会创造了大量的就业机会，并带动了许多相关产业的发展。进入21世纪，高新技术及其产业的迅速发展，已经成为衡量一个国家综合国力的标志，抢占高新技术制高点已成为当今国际激烈竞争的焦点。经济的竞争已转化为以高科技为基础的综合国力的竞争。风险投资促进了那些具有市场潜力的高科技企业的生存与发展，它通过加速高科技成果向实际生产力的转化，推动高科技企业从小到大，从弱到强，从而促进整个经济的蓬勃与兴旺。所以说，风险投资的形成与运用日益成为经济增长的决定性因素，它在现代经济发展中起着越来越重要的作用。

近年来，由于我国市场经济体制的逐渐完善和资本市场的逐渐形成，风险投资在我国的发展已经初具规模，扶植风险投资的发展，加速风险投资作为一个新兴产业与高新技术产业的融合，是促进我国经济增长、提升综合国力的必需途径。

一、风险投资推动中小企业发展

一个国家的经济持续、稳定、健康的发展，离不开大型企业，但更需要大量蓬勃发展的中小企业的支撑。由于中小企业在创业初期只能从非传统的渠道获取发展资金，壮大自己的实力，而新兴的资本形式风险资本的出现正好符合了这些企业的要求，所以风险资本是应对技术创新过程产生的种种不确定性因素的有效解决方法；技术创新与风险资本的结合，在实质上形成了一种新的作用机制，这种机制将风险投资家、风险资本、风险企业进行有效的组合，克服了资金供给与需求过程中的风险因素，填补了技术创新的资金需求与传统资本形式的投资需求之间的供求缺口，优化了资源的配置，有效地促进了新技术的发展和应用。具体来说，可以从以下几个方面来看风险资本在中小企业发展中所处的重要位置。

1. 为中小企业提供发展所需资金

中小企业发展最为棘手的问题之一就是缺乏畅通的融资渠道。尤其是在创业初期和成长期，诸多的不确定因素使得中小企业具有较高的风险，有限的资产令其难以进行建立在抵押方式上的融资活动，而风险投资公司为这些中小企业的发展带来了资金，成为众多中小企融资的首选。高新技术中小企业在初创阶段，以权益性融资为主，债务性融资为辅是较为明智的选择。

2. 推动了中小企业的技术创新与产业结构升级

中小企业与大企业比，无论在资金实力、管理水平还是市场开拓等方面均存在一定的差异，从竞争战略理论的角度来说，中小企业无法在与大企业的竞争中实现“成本领先”战略，而建立在技术创新基础上的“集中一点”和“差异化”战略却可以为中小企业开辟一条现实的路径，中小企业要在激烈的市场中站稳脚跟，必须避免在已进入成熟期的产品市场上与大企业一争高低，要利用自己相对规模较小、产品转化灵活性大的优势，在搜寻市场信息、开发潜在需求热点的基础上，推进技术进步，将新产品推向市场。风险投资坚持不懈地对中小企业进行资本投放，青睐的正是中小企业这种极强的科技创新能力和巨大的产品市场潜力，这种投资推动了中小企业的技术创新，同时也大大加快了产业结构升级的进程。

3. 促使中小企业建立现代经营管理体制

中小企业的管理具有较明显的家族化倾向，具有较浓厚的“机会主义”色彩和“短期行为”特点，严重缺乏国际竞争和国际合作经验，所以，中小企业的管理体制落后，管理水平低下，亟须建立起一套科学规范的现代经营管理机制。而风险投资公司正是携带着先进的经营管理理念与资金一并投向中小企业的。风险投资将科技发明、企业家才能和风险资本有机结合在一起，在研究开发机构和中小企业之间架起一座桥梁。一方面，风险投资公司通过市场分析和可行性论证为中小企业选择技术创新项目，并投入风险资金；另一方面，风险投资公司汇集了优秀的科技人才、管理人才和投资专家，他们积极参与并推动中小企业的技术创新与企业管理，这就为中小企业的经营管理引入了一种全新的机制，从而大大提高了中小企业的经营管理水平。

4. 有利于中小企业优化资源配置，提高资金使用率

在风险投资的运作过程中，风险投资公司出于自身的利益考虑，事前要对项目进行全面、细致的调查分析，并严格审核项目的可行性，从而在很大程度上减少了投资的盲目性。在资金投入企业后，风险投资公司有一套严格的风险控制、利益责任约束机制以及严谨的投资操作程序和规范，严格监控资金的流向和流量，以保证真正把资金用到技

术含量高、效益好的项目上去。这种监控机制能促使中小企业合理配置资源，积极提高资金使用效率，从而大大提高中小企业的经济效益。

二、风险投资是科技创新体系的基石

21 世纪以前，科学、技术、生产三者是按照生产—技术—科学的顺序发展的。风险投资是促进技术创新、推动经济发展和增强国际竞争力的重要因素，即生产的实际需要刺激了技术的发展，生产和技术的实践为科学理论的形成奠定了基石。人们从世界经济的发展过程中，越来越清晰地认识到：没有科技的创新，就没有经济的发展。各国纷纷根据自身的具体情况，加大力度建立本国的科技创新体系，以增强国家的竞争力。

然而，这些国家无论采取哪种方式加速本国科技创新体系的形成，都会面临一个首先需要解决的问题：研究与开发。没有研发能力，科技创新体系的建立就无从谈起，而培育研发能力的关键问题就是加大资金的投入力度。风险投资的介入，可以解决长期困扰技术创新的资金“瓶颈”问题，拓宽融资渠道，增加技术创新成功的可能性，极大地促进技术创新的发展；反过来，技术创新的蓬勃发展，中小型科技企业的不断涌现，也大大增加了对资金的需求，使得以政府投入与银行信贷为主的资金供给方式无法满足这一不断增长的资金需求，因而对风险投资的需求日益增长，这又会进一步推动风险投资业的发展。将风险投资引入中小企业的技术创新活动中，有利于集中社会大量闲散资金，有效运用巨额的居民储蓄；有利于缓解中小企业开展技术创新活动时遭遇的融资困境；有利于改善高科技研究开发经费过度依赖政府财政拨款的局面，提高企业研究与开发（R&D）的投入；有利于加快技术创新成果的产业化过程，迅速形成生产力，因此，风险投资对技术创新有非常重要的促进作用。发展风险投资，促进技术创新，已成为当今时代的主流。

三、风险投资是就业机会的提供者

风险投资所投向的企业一般都具有高成长的特点。这些企业开始都雇佣较少的人员，当风险资本介入后，这些企业的高成长性特点可以很快体现出来，由于成长速度加快，使其在进入创立期、扩展期以及成熟期的时候需要不断吸纳大量营销人员、管理人员和其他员工，不断为社会创造新的就业机会。特别是在软件、通信、半导体、网络及设备和电子仪器等行业，风险投资支持的企业提供的就业岗位占整个行业就业岗位的比重达到了 50%以上，有的甚至达到了 80%。如在软件行业，10 个就业者中就有 8 个是在有风险投资背景的企业工作。

另外，风险投资支持的企业雇员人数增长速度明显高于平均水平。根据美国风险投资协会的统计，风险投资支持的企业不仅创造了大量的就业机会，而且保持着一个稳定的增长率，其增长速度也远远高于行业平均水平。

四、风险投资是科技成果转化的“催化剂”

风险投资大大加快了科技成果向生产力的转化速度，推动了高科技企业的发展。固然，从根本上解决一国经济的创新能力，提高国际竞争力并不完全取决于风险投资这一个因素。但不能不说这是一个非常重要的因素。历史经验表明，凡是具有较强创新能力和国际竞争力的国家都有比较活跃的风险投资活动。它造就了苹果（Apple）、英特尔（Intel）、微软（Microsoft）这些世界一流的高科技企业，使之成为国民经济发展的强大推动力。

风险资本对20世纪三个重要的科学发现（可编程序计算机、晶体管、脱氧核糖核酸）的最终商业发展起了至关重要的作用。正是科学发现、企业家才能和风险投资资本这三个关键因素推动了新兴产业的出现，并导致社会变革。

因此，发展风险资本无疑有利于培植高新技术产业，并通过促进高新技术产业的发展培植未来经济增长点，加速知识经济的形成。现代高科技产业的发展离不开风险投资。据美国商业部统计，第二次世界大战以来，95%的科技发明与创新来自小型的新兴企业，小企业有天生的创新动力，是高科技发展不竭的源泉。但是这些小企业在发展初期，由于投资风险高，而且也没有有效的投资评估手段，从传统的融资渠道难以获得发展所需资金，资金成为小企业发展的瓶颈。但是它们潜在的高增长性却吸引了风险投资家的介入，风险投资与高科技自然结合在一起。

课后阅读

乔治·多利奥特 美国风险投资之父的财富传奇

对技术和创业饶有兴趣

美国波士顿有一所全球闻名的大学——哈佛大学。哈佛大学不仅是产生思想家最多的大学，而且也是制造亿万富翁最多的大学。1946年，一位名叫乔治·多里奥特（Georges Doriot）的哈佛大学教授创建了一家公司。在半个多世纪时间内，这家公司让许多创业者成为亿万富翁。而他本人也被人们尊称为美国风险投资之父。

乔治有一句广为流传的名言："你最好把钱投给平庸但执行出色的点子，而不要投给出色但执行差劲的点子。你可以考虑对一位有二流想法的一流企业家投资，但不能考虑对一位有一流想法的二流企业家投资。"

1899年，乔治出生在法国巴黎，其家庭与法国标致家族渊源颇深。生长在工程师和创业者的家庭，乔治从小就对技术和创业抱有浓厚兴趣。21岁时，他移民美国，并成为哈佛商学院的第一位法国学生。毕业后，他在一家投资银行工作。不久，他便接受了哈佛商学院院长的邀请，返回哈佛大学执教。

乔治在哈佛大学工作了40多年。在哈佛商学院，乔治讲授制造学，但他更愿意向学生灌输他的人生哲学和商业理念。其中，关于风险投资的讲座被誉为传奇。

第二次世界大战期间，乔治选择从军，在军需部任职。他大力推广新科技服务军需，并被授予陆军准将。此后，他还获得了特别贡献奖章，这是给予非战斗人员的最高军事奖励。

这段军旅生涯使乔治更加深刻地意识到技术和创新的重要性。第二次世界大战后，他谢绝军方的挽留，毅然踏入一个崭新领域：风险投资。

1946年，乔治与佛蒙特州参议员拉尔夫·弗兰德斯等人成立了美国研究与发展公司（以下简称研发公司），其主营业务是帮助新创企业提供启动资金。这是全球第一家现代意义上的风险投资机构，被资本界视为风险投资诞生的标志。

起初，研发公司发展得并不顺利。当时，乔治的经营理念——帮助新创企业和现有企业成长为有价值的公司被认为愚蠢至极。公司计划募集约500万美元，结果只募集到了350万美元。直到1947年年底，公司投了8个项目，结果都亏损了。公司计划再度融资400万美元，结果仅募集到了170万美元。"烧钱"的名声，让公司的融资计划变得愈发困难。

在那段艰难的日子里，乔治利用哈佛背景以及公司合伙人中有经济学家、金融学家等优势，通过他们给予被投资公司一系列的智力支持。直到1951年，研发公司投资的10家公司才实现了盈利，并开始获得市场的承认。

一手募集资金，一手寻找机会

1957年8月，麻省理工学院两位年轻工程师肯·奥尔森和哈兰·安德森创办了数字设备公司（DEC）。奥尔森想制造体型小巧、价格低廉且易于使用的计算机，以挑战IBM公司生产的玻璃外壳的大型机。当时，IBM公司是市场上居于领先地位的计算机制造商，且是该行业唯一盈利的企业。

公司创立前，奥尔森坚信，他们的电脑有着巨大的市场潜力，目前只缺少一笔启动资金。于是，他给研发公司提交了一份商业策划书。乔治详细地阅读了这份商业计划书，对奥尔森的创意非常欣赏，但他也深知，这笔投资的风险极高，因为奥尔森要挑战的是当时电子行业的巨无霸IBM公司。市场的诱惑也同样巨大，乔治看到了这一点。

当时，知道风险投资概念的人寥寥无几。人的天性是厌恶风险，所以，投资理应规避风险；而乔治却主动追逐风险，尤其是对那些未来收益极不确定的高科技产业，他情有独钟。

经过一番深思熟虑，乔治决定投资10万美元，这也是他在1957年所做的唯一一笔投资。

1962年，DEC的第一批电脑问世且轰动市场。当年，公司的净利润为80万美元。此后，公司盈利逐年上涨。1966年8月16日，DEC登陆美国纽约票交易所，每股22美元。当时，乔治的研发公司持有175万股，总市值达3850万美元。投资数据设备公司的成功不仅让乔治获得了巨额财富，而且让他名声大噪，被后人尊称为风险投资之父。

成就乔治的是风险投资的理念。财富和风险就像一枚硬币的两面；而风险投资就像抛硬币一样，成功则获利丰厚，失败则血本无归。

从投资伊始到公司上市，乔治用了9年时间便获得了近400倍收益。这样的传奇故事吸引了众多追随者。于是，各路资金纷纷涌入高科技产业，渴望也能像乔治那样发现金矿。然而，奇迹很难经常发生。并非人人独具慧眼，人们发现，优秀的投资人也像优秀的企业家一样稀缺。于是，一个新型产业应运而生，这就是风险投资。

第二章

风险投资的资本来源

第一节　风险资本的来源

一、风险资本来源概述

风险资本是由各种投资资金聚集而成的，它的资金筹集、使用和收益分配都是通过风险投资市场进行的，风险投资市场是由风险资金的投资者和使用者交易而形成的。风险投资市场的参与者，无论是供应风险资金的投资者，还是使用风险资金的创业家，都希望通过风险投资公司或风险投资家这一中介，以承担投资的高风险为代价来获取投资的高收益，这是风险投资市场与传统资本市场最大的区别。风险投资的资金来源，大体包括了政府、机构投资者、个人投资者以及国外资本等。

二、国外风险资本来源构成

（一）美国

美国风险资本的来源早期是以富有的个人和家庭为主。20 世纪 80 年代后，愈来愈多的机构投资者参与到风险投资中，并逐渐成为风险资本的重要来源。

1978 年，美国风险投资的资金来源结构是：企业公司 10%，个人和家庭 32%，养老金 15%，外国投资者 18%，捐赠和基金会 9%，保险公司 16%。而到 1997 年，这个结构发生了很大变化，养老基金成为风险资本的主要来源，达到 40%，个人和家庭仅占 13%，其他分别是：企业公司 30%、捐赠基金 16%、银行和保险公司 1%。一直到现在，机构资金和企业资金仍是美国风险资本的两大来源。从风险投资来源构成的时序变化看，除养老金保持其主导地位外，企业资金比重逐步增加，而风险资本对个人资金、银行、保险公司资本的依赖程度逐步减弱。

目前，美国私人风险资本市场上主要的机构投资者是：

1. 公共退休基金

它主要通过合伙制进行投资，一般由富有投资经验的专家来评价投资战略，并管理其投资行为。

2. 养老基金

它在20世纪80年代以后成为风险资本市场上的最大投资者。1991年，全美最大的10家进行风险投资的养老基金的平均资产为323亿美元。

3. 银行控股公司

它一般通过资本分离的银行控股公司的附属机构向私人资本市场投资。其直接投资则通过特许的小型商业投资公司进行，对有限合伙人的投资则通过独立的分支机构进行。

4. 保险公司

保险公司的投资方式有两种：一是通过购买那些具有资本特性的债务为风险较大的公司客户提供资金；二是若干家保险公司通过组建自己的风险投资公司而介入风险投资市场。

5. 捐赠基金

大多数的捐赠基金都是通过合伙制形式进行投资的，也有一些是直接投资于某些项目。另外的机构投资者还包括非银行金融机构、投资银行。

美国的风险资本，还有一部分直接或间接来自官方资本。如政府的财政优惠贷款、政府采购、政府直接出资参与研究和技术开发。在美国，1994年年底，整个私人资本市场的风险投资额是1 004亿美元，而官方资本约为100亿美元，其余来自私人资本市场。

（二）英国

20世纪60年代以前，英国风险资本主要来自银行及其附属机构的信托投资及权益投资。60年代以后逐渐出现了独立的私人风险投资公司、政府创办的风险投资公司。英国风险资本的来源大致可分为四类：

1. 清算银行设立的风险投资基金

如最早成立的工商业金融公司（ICFC）（后更名为3I公司）就属于此类基金。这类基金的投资组合中往往具有较高的债权成分，更强调使用能带来利息收益的金融工具。

2. 机构投资者支持的基金

该基金又分为两类。其一是受控型机构基金（capative fund），它们附属于养老基金、保险公司等，大多采取封闭式基金形式。这些机构投资者通常将每年现金流入的一个固定比例值注入基金或是在设立基金时一次性注资形成风险投资基金。其二是独立风险基金。该基金在广泛的范围内筹集资金，包括保险公司、养老基金、工业公司、银行和外国机构等。

3. 来自政府部门的风险投资

来自政府部门的风险投资，如苏格兰与威尔士发展基金、各种地方政府风险投资基金及企业扩张计划基金（BES）等。企业扩张计划基金，贷款担保计划（LGS，1981年）基金以及此前曾设立的企业开业计划（BSS）基金都属于英国政府通过立法专门为扶助小企业发展而设立的基金。1981 年成立的“英国技术集团”（BTG）是英国官办的最大风险投资公司。

4. 公司及其他私人部门基金

与美国不同，英国此类基金很少。在 1988 年只有 2 家私人部门基金，这与英国富人比较保守有关。

（三）德国

在德国，私人银行和国有银行是风险资本最主要的提供者。1975 年成立的第一家风险投资公司 WFG 就是由 29 家银行和政府共同设立的。之后，绝大多数风险投资公司由国有银行、私人银行、储蓄银行、保险公司成立的附属机构或由它们参股组建而成。2003 年的数据显示，银行是德国风险资本的最大来源，占总额的 40.7%，其余依次是政府部门 24%，保险公司 21.7%，而来自资本市场和退休基金的资金十分有限。

（四）日本

日本风险基金大多数附属于以银行为中心的金融集团和大企业集团，面向社会定向或公开募集资金的相对较少，从而形成“依附金融企业”和“机构出资为主”的准政府特点。日本有 56%和 44%的风险基金分别从银行（包括银行控股的证券公司）和保险公司获取融资，而以养老金、个人和政府为资金来源的风险基金数量较少。从资金数量来看，日本的工业公司、银行、保险公司是日本风险基金的重要融资对象，分别占资金总量的 48%，25%和 13%。

第二节　政府在风险投资资金筹措中的作用

由于高新技术产业化需要量多面广的风险投资资金，所以政府在风险投资资金筹措中的作用尤其重要。一方面表现在政府通过风险投资计划对中小企业直接进行投资，增加风险资本供给；另一方面政府还通过一系列的制度创新，如税收优惠、贷款担保、政府采购以及设立创业板市场等，调动民间投资主体的积极性，多方筹措风险资本。

一、直接投资

（一）无偿资助

为了支持小企业创新并为商业性风险投资创造潜在的投资对象，政府通过实施相应的专项计划，利用政府资金直接支持小企业的研究开发和创新活动而不获得任何股权，其中较为成功的是美国的 SBIR 计划和 STTR 计划。美国小企业创新研究（SBIR）计划通过将一定比例的政府部门的研发经费专门用于支持小企业，使其得以在同等水平上与大企业公平竞争。参与 SBIR 资助的政府部门每年划拨一定比例的研发经费用于支持 SBIR 计划项目，各部门分别确定研究题目并发布项目指南，受理项目申请，通过合同或赠款的方式为项目承担者提供资助。而小企业技术转移研究（STTR）计划支持的企业与 SBIR 相似，但并不要求项目的主要研究人员受雇于申报企业，而参与项目的非营利研究机构必须是位于美国境内的非营利性学院或大学、国内非营利性研究组织、联邦政府资助的研发中心等。

（二）股权投资

政府的股权投资计划往往以支持处于种子阶段和起步阶段的技术型小企业为目标。股权投资的方式有两种：一种是将政府资金投资于私有部门的风险投资基金（公司），通过促进风险投资发展，间接地为中小企业技术创新提供资金支持；另一种是直接设立自己的风险投资基金。由于后一种方式风险性较高，政府往往不直接参与投资过程而委托专业的风险投资专家进行具体的投资活动。

在以风险投资公司为支持对象的政府风险投资计划中，美国的小企业投资公司（SBIC）计划是最著名的，SBIC 计划是为了满足中小企业投资，尤其是规模在 30 万~500 万美元的投资需求而设立的。这种规模既超过了那些“天使投资者”的能力，又不足以引起那些由机构投资者建立的风险投资公司的兴趣。而建立政府风险投资基金的主要目的是带动和促进整个国家的风险投资的发展，吸引更多的资金进入风险投资领域，如以色列的 YOZMA 基金、欧盟的欧洲投资基金（EIF）、德国的高技术小企业风险投资（BIU）计划、澳大利亚组建的技术集团公司等。1994 年，欧盟建立了欧洲投资基金（EF），首期注册资金为 20 亿欧洲货币单位（ECU），已到位资金 17.8 亿 ECU，其中欧洲委员会和欧洲发展银行分别出资 6 亿和 8 亿 ECU，其余部分由 76 家银行提供。该基金计划在前三年拿出 7 500 万 ECU 用于股权投资，对象为 500 人以下、固定资产不超过 7 500 万 ECU 的高增长型中小企业。德国的高技术小企业风险投资（BTU）计划为拥有具明显创新特性的产品或服务的高技术小企业提供资金，政府投资最多不超过 30 万马克，投资的先决条件是必须有另外一个投资者提供相同数量的投资，政府的股权投资可以在任何时候按 30%的溢价被购买，同时，政府还为投资者提供股权担保，最高担保比例为 50%，期限可达 5 年。

（三）政府贷款

政府支持中小企业创新，还可设立一些为风险投资公司或小企业提供债权投资的计划。政府可以提供与其他金融机构完全不同的专项贷款，或者贷款条件更优惠，如优惠的贷款利率（政府贷款与商业贷款之间的息差实际上是一种政府补贴）、贷款期限延长（为受资金约束的初创期企业量身定做的还款时间表）、债务宽免（当借款者破产时，可不偿还其借款）等，以促进中小企业发展。例如，欧盟的欧洲种子资金资助计划（ESCF）由欧洲委员会负责管理，该计划是一个探索对种子基金管理费用提供资助的实验性计划，因为管理费用往往在种子基金的成本中占很高的比例，ESCF 为种子基金前五年管理费用的 50%提供 10 年无息贷款，目的是在基金最艰难的阶段为他们提供资金支持。从 1988—1995 年，ESCF 利用 690 万 ECU 的资金支持了 23 个种子基金，融资总额达 5 200 万 ECU，共投资了 285 家技术型初创企业。直接支持风险企业的贷款计划则包括丹麦的企业发展资助计划、德国欧洲振兴创新计划以及日本对中小企业的贷款支持等。1992 年，丹麦工商部拨款 20 亿丹麦克朗创建了企业发展资助计划，其主要内容是为中小企业的研究开发、国际化及技能培养项目提供贷款，贷款额度最高可达 50%，贷款总数在 20 万至 1 亿丹麦克朗之间，平均贷款量为 200 万丹麦克朗。日本政府一方面通过中小型企业金融公库、国民金融公库、商工会中央金融金库等为中小型高科技风险企业提供优惠贷款，另一方面通过科学技术厅下设的新技术开发事业集团对持有新技术、风险较大、商品化困难的项目提供 5 年期无息贷款，成功者偿还，失败者可以不还。

贷款计划的一大缺陷是其面临的借贷失败往往是不可预测的，这会给国家的财政预算带来负担。所以，在设计面向中小企业的政府贷款计划时，大多数国家都对借款者的举债比例做了限制，这是为了让企业也承担足够的风险，以保证资金的有效利用。

二、税收优惠

税收优惠政策是各国政府通过牺牲一部分财政收入，鼓励和吸引社会资本流向风险投资的一种重要措施，它包括两个方面：一是对风险投资公司及其投资者的所得税优惠；二是对风险企业的税收减免、优惠。

（一）对风险投资公司及其投资者的所得税优惠政策

风险投资者的利润主要来自资本的利得收入，因此资本收益税的高低直接影响风险投资的收益。为了扩大风险资本来源，调动民间资本进行风险投资的积极性，各国政府对风险投资公司及其投资者的资本收益税实行了优惠政策。许多研究表明，美国风险投资规模的变化与投资收益税率的调整息息相关。1975 年以前，美国的投资收益税一度高达 49%，严重阻碍了美国风险投资业的发展，当年全国的风险投资总额大幅度下降。美国政府随后采取了减税立法的措施，来缓解局面。如，修改了《国内收入法》第 1224 条，允许向新兴风险企业投资达 25 万美元的投资者从其一般收入中冲销由此项投资带来的任何资本损失，从而降低了其税收负担。另外，美国的风险投资公司大多采用合伙制，按照美国税法的规定，合伙制企业本身不是独立的纳税实体，不需就企业所得缴纳所得税，只需合伙人各自缴纳个人所得税。而风险投资公司的主要资金来源——养老基金、大学和慈善机构等投资者为免税实体，其投资收益也不必缴纳所得税。

（二）对风险企业的税收优惠

在发展风险投资、多渠道筹措风险资本的过程中，各国政府也非常注意对风险企业实行税收优惠，美国联邦政府为鼓励企业积极进行技术开发，对企业用于研发投资（R&D）实行联邦所得税减免，减免额按企业当年研发投资额与前三年研发平均投资额之差的 20%计算。《美国促进产业升级条例》对从事高科技产品创新的企业给予加速折旧、投资抵减、5 年免税、未分配利润转增资本所取得的股票红利可缓纳所得税等优惠。法国、韩国、巴西等国家的政府都对风险企业的税收实施了不同程度的优惠。

三、政府担保

中小企业难以获得商业银行的贷款，其中很重要的原因是中小企业缺乏足够的有形资产作抵押。因此，除税收减免等政策性支持外，利用政府资金为风险投资公司或中小企业提供担保，也是政府扶持风险投资发展，支持中小企业的一种重要金融激励措施。

（一）贷款担保

为了鼓励金融机构，特别是商业银行为中小企业提供贷款，大多数国家都为中小企业提供相应的政府担保，即由政府按一定比例对符合条件的商业贷款提供担保。当发生借款者违约时，贷款方只承担未担保部分的损失。实际上，政府担保等于为中小企业提供了质押资产的替代品。为了补偿在贷款担保计划中可能遭受的损失，政府要收取一定的保费，一般小于贷款额的2%。政府的担保成本即为违约损失与保费收入之间的差额。在某些国家，政府的贷款担保计划是由政府出资但授权商业银行具体实施的，如英国、美国、加拿大等；而另一些国家的做法是由地方的行业协会和金融机构建立担保基金，政府再对这些基金提供担保，如德国、法国和日本等国。

（二）股权担保

政府的股权担保计划一般是以风险投资公司为服务对象的。这是因为风险投资者往往要求较高的投资回报率以补偿投资失败带来的损失。一般来说，风险投资公司对单项投资的投资回报率期望值在30%~50%，计入投资损失后，其投资组合的总回报率目标是20%~30%。有了政府的股权担保，部分投资损失可以获得补偿，整个投资组合的回报率将相应提高，从而增加风险投资的吸引力。在设计政府股权担保计划时，要特别注意风险分担的问题。一方面，担保比例必须达到一定程度以鼓励风险投资公司的投资；另一方面，也必须让其承担足够的风险以保证其可以谨慎选择投资和不过早地放弃投资。

四、政府采购

政府采购是促进本国高科技产业和风险投资发展的重要措施。由于高科技产业化是一个高投入、高风险的过程，客观上需要有与之相应的高收益支撑。而收益最终是通过市场来实现的，因此，如果实现高收益的市场路径不畅通，高科技的产业化就无法实现。在这种情况下，政府就可以制定向内倾斜的采购政策，为风险投资的发展创造良好的市场需求环境，从而在短时期内达到扶植风险企业快速成长的效果。

此外，市场风险是高技术产业化面临的重大风险，政府采购通过提供高新技术产品的初期市场，有助于减少高技术产品的市场风险，帮助高科技中小企业迅速拓展市场，切实保证降低风险投资公司投资回收的风险，对高科技产业和风险投资的发展都十分必要。外国高技术产业化的实践表明，“需求拉动”是推动高新技术产业发展的重要动力。

美国在20世纪60年代就制定了《政府采购法》，对高科技产业及战略性产业进行扶持。1962年美国军方购买了“硅谷”生产的全部集成电路，从而大大刺激了“硅谷”高技术产业化的迅速发展。克林顿出任美国总统后，在其“全面经济计划”中，为扶持新产品的初期市场，仅计算机及其相关产品的政府采购就达90亿美元。美国著名的高技术公司，诸如IBM、惠普、得克萨斯仪器公司都在很大程度上受惠于政府采购政策。英国政府要求政府部门、政府实验室、国有公司在采购计算机和通信器材时，必须从本国公司购买。日本、韩国等都有类似的政府采购制度。

第三节 机构投资者资本

机构投资者进行风险投资通常有两种不同的方式，一种是对风险企业进行直接的投资，另一种是以普通合伙人或有限合伙人的形式通过风险投资基金进行投资。由于直接投资方式的持续发展必须依赖一个机构的创立、选择和对投资的管理能力，这对于像公共退休基金这样的机构投资者来说，其进入市场的路径和经验都较为有限，因此，不大可能进行直接投资。而在有限合伙人的主要投资者中，公司退休基金和捐赠基金是其较大的共同投资者。由于直接投资具有较大的风险性，与部分机构投资者追求资金的安全性的投资理念不相吻合，因此大多数机构投资者在风险投资市场的投资，一般是通过向风险投资公司或风险投资基金投资的形式，开始其在风险投资市场上的投资。

目前，在风险投资市场中来自机构投资者的资本主要有以下几个方面。

一、退休基金

退休基金，也称养老基金，它是西方国家社会养老计划的重要组成部分，其资金是由公司、社会和个人共同缴纳。美国的社会养老计划可分为公司养老计划和社会养老计划两种，因此也形成了公共退休基金和公司退休基金这两大退休基金。公共退休基金是指由政府管理的用于支付退休资金的基金，公司退休基金是指由公司管理的用于支付退休资金的基金。

（一）公共退休基金

与公司退休基金相比，公共退休基金是风险投资市场的后来者。进入 20 世纪 80 年代以来，公共退休基金签订的私人资本投资合伙协议急剧增加，到 20 世纪 80 年代后期，已取代公司退休基金成为风险投资市场的最大投资者。公共退休基金在风险投资市场上很少进行直接投资和共同投资，这是由于公共退休基金所依赖的外部投资者，通常不对直接投资进行评价，而且烦琐的投资决策审查程序，限制了公共退休基金对投资机会做出迅速和正确的反应。公共退休基金的投资目的是纯经济性的，但有些基金可能迫于压力而投资于本领域的公司。

与公司退休基金相比，公共退休基金投资在风险投资市场的规模要比公司退休基金大。根据在 1991 年的调查，进行风险投资的最大 10 家公共退休基金的平均资产为 323 亿美元，而进行同类投资的最大 10 家公司退休基金的平均资产只有 213 亿美元。由于公共退休基金的本质特性，其投资决策要受到公众的审查，因此虽然其基金规模较大，但公共退休基金比公司退休基金执行更为严格的预算、雇用更少的投资专家和支付更少的管理费用。由于公共退休基金经常受到额外的投资限制，如根据规定其投资额不得超过单个合作协议所规定金额的 10%，因此公共退休基金更喜欢投资于较大型的风险投资公司或风险投资基金中。在许多情况下，通常公共退休基金的投资额在 1 000 万美元以上。

专栏

基金名称： 加州公务员退休基金（CalPERS）

创建年份： 1931 年

总部地址： 美国加利福尼亚州 Sacramento 市

管理资产： 2 715 亿美元

背景介绍： 加州公务员退休基金是美国最大规模的公务员退休系统，负责管理加州的政府雇员、公立学校员工与联邦政府在当地雇员的退休基金。

该基金于 1931 年通过立法建立，1932 年开始运作，为加州公务员提供退休保障。1939 年加州立法使得公共机构和公立学校的职员加入退休保障系统。起初基金只能进行证券投资，1953 年开始被允许投资房地产。1962 年，基金会开始管理公务员的健康津贴。

退休基金由 13 位成员组成的管理委员会管理，目前共有一百多万成员和近六十万受益人。基金根据成员的年龄、工作年数和补偿金上限为成员提供津贴。并为残疾人和死者提供额外补贴。

机构使命： 加州公务员退休基金以质量、尊重、责任、诚信、开放和平衡为准则，致力于通过高效负责的管理，向基金成员和受益人提供退休和健康保障，为他们创造舒适的生活。同时，机构努力提高退休和健康基金的可持续性，将自身建设为一个运转良好、有创造性的组织。

（二）公司退休基金

由于 1974 年的《雇员退休收入保障法案》（ERISA）禁止公司退休基金做出有利于其母公司的战略性投资，因此从 20 世纪 80 年代初期开始，公司退休基金作为风险投资公司的有限合伙人开始大量进入市场，并已经为私人资本市场提供了近 14 的资金。公司退休基金的投资理念完全是出于经济上的考虑：一方面，公司退休基金被风险投资市场的高额投资回报所吸引；另一方面，也是出于基金分散投资和降低投资风险的需要。

二、捐赠基金

捐赠基金一般以基金会的形式出现，它是私人或法人机构以各种名义捐赠给大学、科研机构或某些非营利机构的资金。这些基金一般委托专业的投资专家进行经营管理。捐赠基金和其他基金都属于早期风险投资市场的投资者，其投资大多数都是通过有限合伙制进行的，但有一些大学的捐赠基金也对某些项目进行了直接投资，这些项目一般是本校的研究项目或是与其有联系的项目。据统计，捐赠基金为私人资本合伙项目提供大约 12%的资金。与退休基金相比，捐赠基金的规模较小，而且仅有少数基金能为风险投资市场提供较大额的资金。

三、保险公司

保险公司在风险投资市场上的投资，一般是从公司的私募业务中衍生出来的。早期保险公司是通过购买那些具有风险特性的债务，为风险较大的企业客户提供资金，从而进入风险投资市场的。在美国的垃圾债券市场出现之前，保险公司以麦则恩债务的形式，为一些企业早期的杠杆收购提供资金。随着高科技产业的发展，保险公司为了使麦则恩的融资活动产生更大的交易量，为了提高保险资金的投资回报率，它开始投资于风险投资市场上的有限合伙公司。一些保险公司不仅以这种方式提供资金，而且也为同一家公司提供麦则恩融资。尽管如此，在整个 20 世纪 80 年代，由于保险公司对有限合伙制的一般性投资计划抱有抵制态度，因此将其大多数风险投资活动，主要限定为企业的麦则恩融资。此外，有些保险公司也成立了自己的风险投资公司，将自身资金和从外部投资者筹集而来的资金，结合在一起投入风险投资市场。自 20 世纪 80 年代后期以来，保险公司开始逐步适应有限合伙制投资，因此其在风险投资市场中的地位，变得越来越重要了。

四、投资银行

以前的投资银行主要为成熟企业提供融资服务。具体业务包括帮助企业上市，帮助企业寻找私人贷款、租赁，协助企业进行并购，其中最为主要的业务为帮助企业上市（IPO）。但如今不少投资银行已开始涉足新兴企业，且已取得了高额回报，并为投资银行或金融机构开展风险投资业务造就培养了一大批人才。这种投资虽然还不是真正意义上的风险投资，却为风险企业进一步吸纳资金提供了机遇。

在风险投资市场中，投资银行参与风险投资的最常见方式是投资其自己充当普通合伙人的有限合伙公司。商业银行的业务范围主要是为大型收购项目提供融资和服务，这与投资银行的业务范围有较大的不同。投资银行所投资的合伙公司的业务重点一般是对风险企业的成熟期投资，一般这些合伙公司的投资活动和投资银行的某些业务会有相同的经营范围。一般来说，如果某家投资银行所支持的合伙公司，投资在一个风险企业上，那么在这家风险企业上市之前，那家投资银行也可能对其进行桥式投资或麦则恩投资。投资银行在进行大型的收购交易业务时，也可能提供包销服务及兼并收购等咨询服务。

投资银行对风险投资业的支持，主要体现在以下两方面。一是投资银行可以帮助风险企业上市，这使风险投资的退出成为可能；二是投资银行也为那些条件虽不十分成熟，但已具备一定实力并需继续融资的风险企业，进行以私募形式为主的融资，从而使风险企业迅速达到上市标准。融资是投资银行的专长，它们拥有庞大的资金渠道，了解各类资金的投资领域和对项目的要求。这种强有力的融资服务，对亟待发展的风险企业是极为珍贵的。

五、银行控股公司

美国的银行控股公司是指对一家或多家银行持有控股权的公司。许多大银行一般是由银行控股公司来控制的，如花旗银行就是由花旗公司来控股的。银行控股公司不仅是风险投资市场的早期投资者，而且还是风险投资市场的最大直接投资者。自 20 世纪 80 年代以来，美国的银行控股公司便作为一个群体活跃在风险投资市场上。但由于控股母公司对这种投资缺乏强有力的支持，因此有关的银行控股公司也发生了很大的变化。如在进行风险投资的银行控股公司中，有些是市场的后来者，到 20 世纪 80 年代中后期，其设立的一些附属机构管理从发展中国家的债务所交换来的资产。这时，它们才完全进入风险投资市场。此外，许多银行控股公司进入风险投资市场的目的，是获得风险投资较高的投资回报。

由于美国的银行法限制银行控股公司投资于其他商业机构，因此银行控股公司一般是通过其附属机构来对风险投资市场进行投资的。如其对风险企业的直接投资是通过特许的小型投资公司来进行的，对有限合伙公司的投资是通过独立的分支机构来进行的。据统计，在进行风险投资的 20 家银行持股公司中，最大的 5 家就占了总投资额的 2/3。由此可见，规模较大的银行控股公司在风险投资中的投资额是相当大的。

专栏

加州的硅谷银行（SVB）是世界上最大的技术贷款银行。SVB 与著名的风险投资家保持着良好的关系，并向他们投资的早期阶段初创企业提供风险贷款，在获得利息和本金的同时，还获得认股权证，即在未来以一定价格购买企业股票的权利。有时候 SVB 甚至能获得参加下一轮次融资的权利。通常，传统银行因为担心初创企业倒闭的风险，很少向他们贷款，但 SVB 通过两种独特的方法来保护自己。第一，SVB 清楚，顶级的 VC 公司对它们的投资组合企业几乎都会进行多轮投资，因此银行贷款在企业资金消耗完之前得到偿还的可能性大大提高。SVB 与 VC 公司间的长期合作历史使其成为受尊敬的合作伙伴，投资者也愿意保护其利益。第二，如果企业倒闭了，可以变卖其知识产权作为贷款的第二还款来源，而 SVB 知道如何变现知识产权。这使得 SVB 遵循典型的双保险要求，即一笔贷款必须有两类还款来源。对于 SVB，还款来源是 VC 投入的股权资金或出售知识产权获得的资金；而对于传统银行，还款来源则是运营现金流或者基础资产的价值。

六、非银行金融机构

从 20 世纪 60 年代以来，非银行金融机构一直就是风险投资市场的重要投资者。非银行金融机构一般通过设立一些特殊的附属投资机构，来进行风险投资业务。如今，许多非银行金融机构仍然是风险投资的积极参与者，它们不是通过有限合伙人来进行投资，而是主要通过直接向风险企业投入资金的形式进行投资。非银行金融机构主要投资在那些符合其竞争策略的风险企业上，一般为处于早期发展阶段的风险企业。在非银行金融机构投资的资金中，大约有 23%的资金集中投资在保健业、制造业和电信业。

七、国外投资者

风险投资在发展之初并未显示出国际化态势，随着金融国际化和美国风险投资市场的良好表现及平均的高收益表现，外国资本成为风险资本的一个组成部分。外国资本在发达国家享受国民待遇，被当作一般私营部门投资看待，没有什么特别的政策。在美国，1998 年外国资本的风险投资占当年风险投资资本的比例为 0. 8%。而对发展中国家和地区而言，由于在国际资本流动中处于相对劣势需要通过一系列有力的外资政策，来吸引和争夺外资，弥补本国在资本形成、管理及技术方面的欠缺。

利用外国资本参与风险投资，主要有四条渠道：

（1）吸引外国风险投资机构在本国直接投资。以这种方式利用外资发展风险产业可以不增加外债，不必担心被外方控制风险企业，也不会产生游资冲击等金融风险。

（2）境内风险投资机构吸引外资参与。这样既可以更多地利用外资，同时对于外资来说，吸引本方资本参与，有利于风险投资本土化。

（3）组建海外投资基金。

（4）利用国际金融机构的风险资本。国际金融公司发起的 36 个风险基金，主要就是为发展中国家和地区的中小企业提供风险投资的。

借助外资可以弥补本国风险投资资金的不足，并引进先进成熟的经营管理经验，以促进本国风险投资业的发展并培养风险投资人才。当前，风险投资呈现国际化的趋势，哪里的投资环境好，风险资本就会流向哪里，它们经验丰富，也有意物色有高成长潜能的企业进行投资，是很好的资金来源之一。因此，许多国家，特别是本国风险投资业欠发达又急需发展的国家，采取“请进来”的策略，积极创造条件大力引进国外风险资本，如新加坡等。在这方面以色列最为典型，也最为成功。以色列政府明确提出，在世界经济舞台上其竞争优势在于高科技，并在政策、资金等方面采取了一些极为有效的措施，如允许高新技术企业向国外投资者出售，在企业的配股融资政策上也采取了一系列有利于吸引外资的措施。1995 年，以色列在美国证券交易所上市的公司达 62 家，其中有 57 家是高技术公司。以色列高技术公司的股票，目前已成为全球最有吸引力的投资热点之一。

第三节 个人投资者

个人投资者风险投资资本是指富裕家庭和个人用于进行风险投资的资金。个人投资者投资于风险投资领域始于 20 世纪 30 年代，可以说富有的家庭和个人是风险投资的先驱者和冒险家。例如，洛克菲勒家族为东方航空公司和道格拉斯飞机制造厂提供了大部分的启动资金；飞利浦家族为英格索兰国际纸业公司提供资金；惠特尼家族于 1946 年设立了 J. H. 惠特尼基金；琼佩森于 1947 年设立了佩森 · 特拉斯克基金。

富有家族和个人曾是最早的风险资本投资者之一，在风险资本市场上投入了大量的资金，但是，由于养老基金和捐赠基金投资额的增长，这一投资群体在市场上的重要性已经大大降低。私人投资者群体包括退休的企业高级管理人员和精明而富有的企业巨头，还包括商业银行和投资银行的富有的客户。据估计，富有家庭的每个协议的投资额在 5 万~100 万美元，其金额比机构投资者要小得多。

和其他投资者群体一样，私人投资者群体也是被风险投资的高回报所吸引，富有家庭和个人所要求的回报期通常比其他类型投资者要求的要长。因此，他们可能更适合投资于像风险资本一样流动性较差的资本。与免税的养老基金和捐赠基金不同的是，富有家庭和个人可能受到税法变化的影响。有迹象表明，1969 年以来资本利得税的变化已经对这一类型的投资者造成影响。

风险投资适合富有家族主要有两个理由。一是对风险资本合伙公司投资可以享受税收优惠的好处。这一点与许多机构投资者不同，例如养老基金，其投资收益是免税的。更为特殊的是，1993 年美国税制改革后，资本收益与普通收入的税率差别已变得非常大，最高收入类的边际税率为39%，而长期资本收益的税率为28%。此外，1993 年税制改革的一条特别条款规定，持有 5 年或更长期的某些小型企业的股份，其资本利得仅课税 14%。二是私人资本还对家族财产计划目标有重大好处。美国的富有家族需要规避联邦遗产税。而且，纳税人每年赠给其子孙的礼物如果超过 10 000 美元，则要被征礼品税，并按照与遗产税同样的税率计算。由于风险投资的最初几年，其资本收益的计算通常非常保守，所以这种投资方式非常有利于代与代之间转移财产。此外，按照美国法律规定，赠送这种礼物，其价值应适当低估（经常低估 30%），因为这种资产往往流动性较差。在这过程中，产生了一批优秀的风险投资家，并在美国风险投资的发展中起到了举足轻重的作用。

在美国，占主导地位的私人投资者是私人风险投资公司，它们一般采取有限合伙制的方式进行经营。合伙人分为主要合伙人和有限合伙人两部分。主要合伙人通常有 3~5 人，属于投资家（基金管理人），其出资额最多也不超过基金规模的 1%，负责整个基金的具体运作；有限合伙人出资一般要占 99%以上，但不参与管理，只对该合伙法人所负债务承担有限责任，与股份有限公司普通股东的身份相似。主要合伙人投入的资金额虽然很小，但他们最大的“资本”是他们的信誉和管理才能，并要在法律上承担债务的连带责任，这对其作为基金管理人起到了自我约束的作用。美国的风险投资基金之所以普遍选择合伙制而非公司制，主要是与其税收政策有关。合伙制不具有独立法人资格，是一级税负，仅个人所得纳税；而公司制是二级税负，即公司赢利要纳税，分给个人后，个人所得仍要纳税。

私人投资者的资金进入风险投资领域，一般来说有两种形式：一是以天使投资方式进入；二是以普通合伙人的身份加入风险基金，这种基金的组织形式常常采用的是有限合伙制（天使投资和有限合伙制将在第三章详细介绍）。

课后阅读

以色列政府在风险资本市场发展中的作为

以色列虽然是一个国土狭小、资源匮乏、战事频繁的国家，2004 年人均国民生产总值却达到了 1.7 万美元，这不得不归因于以色列高新科技产业的迅猛发展。而在支撑高新科技产业发展的诸多因素中，风险投资功不可没。2004 年，以色列风险投资总额达 14.7 亿美元，2002—2004 年累计 36 亿美元，拥有的风险投资总量在世界上仅次于美国。目前，风险投资已经融入以色列不同技术领域创新活动的各个阶段，而且建立起一整套有效的管理办法和方法，成为高技术研发和产业化不可或缺的重要因素。

政府在以色列高科技转型中发挥了积极的作用，然而它不像导演那样决定一切，也不像主角那样占尽风光，它更像幕后的支持者，布置好舞台、培养好演员，推动了一幕幕新戏、好戏的上演。

一方面，以色列政府投入了大量的资金用于科研开发和人力资源培养。经济合作发展组织（OECD）的统计表明，OECD 国家用于研发的平均费用占 GDP 的 3%，而以色列达到了 4%，位居全球首位。出于市场考虑，以色列政策制定者们更关注思想创新和技术研发，因为他们意识到，以色列的竞争优势在于高质量的人力资本而不在于有限的自然资源和国内市场，为此在人力资源开发上长期持续投入。20 世纪 70 年代初就建成了一批大学中心，在 1998—2000 年，以色列犹太城市中受过至少 13 年教育的人口比例从 21%上升到了 41%，非犹太城市则从 7%上升到了 21%。除了传统学校教育，学生毕业后在工作中也获得了再教育，而以色列兵役制也给了人们受教育的机会。例如，军队的计算机和数据通信网络中心培养了许多软件开发人员，他们退役后能够胜任军用和民用开发。著名的 Check Point 防火墙系统就是在这样的背景下诞生的。

另一方面，以色列政府以市场化为导向的系列政策促进了技术创新的繁荣。

首先，政府制定专门的法律鼓励私人和国际资本进行高科技投资，1959 年通过了《鼓励资本投资法》，并于 1984 年通过了《鼓励工业研发法》。IBM、摩托罗拉、Intel 等巨头的落户带来了一大批跟随者，从 1991 年以来，以色列吸引的外国直接投资节节升高。外国投资总额从 1993 年的 600 万美元上升到 2005 年的 60 亿美元，1993 年以来在风险投资的投资总额超过 120 亿美元，以色列高科技公司是外国投资者眼中的香饽饽，70%的风险投资放在了电子工业包括电信方面。HP 购买了 Mercury Interactive 公司的股权，Intel 设立了下一代芯片研发中心，IBM 和 Oracle 也增设了研发中心，Xerox 第一次收购以色列公司，加拿大 Unity Wireless 做了最近几个月的第三次收购，CA 则第七次收购以色列公司电池巨头 Energizer，Scan Disk 将最先发明移动硬盘技术的 M- Systems 公司收入麾下……这部分主要由国内外民间资本按照商业合同进行运作和管理的资金，对以色列高技术，特别是信息技术及其产业的迅速发展，起到了推波助澜的作用。

其次，政府给予创业公司强力支持。以色列有 20 多个高科技孵化器为创业公司提供各种服务，以色列工业贸易和劳动部 1973 年专门设立了首席科学家办公室，对创新科技进行评估以决定支持力度，为工业研发提供配对基金，政府和企业一同对技术创新承担风险。政府在评估后给予企业资金支持，而在产品研发出来并形成销售后再对销售额收取 4%的费用直到完全偿还政府投入，这样政府对企业创新的支持资金可以循环使用。支持基础研发项目和新兴公司孵化器，较好地解决了在创新产品技术研发初期企业难以获得私人投资的瓶颈，大批科技公司成为受益者。

最后，政府打破垄断，促进有效市场竞争机制的形成。以色列对国有公司的私有化进程持续加快，2005 年以色列通信巨头 Bezeq 完成了它从 1989 年开始的私有化，现在它是特拉维夫股票交易市场上的上市公司。打破 Bezeq 对电信市场的垄断后，产生了 4 家移动运营商、多家固定和国际长途服务提供商，政府只管互联互通和缩小数字鸿沟。由此，以色列形成了有效竞争的电信市场，电话覆盖率迅速提升，用户满意度不断提高，1998—2004 年电信市场年平均增长率达 7%，2005 年达到 57 亿美元。以色列电信高科技公司的竞争力备受世界关注，例如 Amdocs 公司，全球约 40%的电话账单都是经由该公司的软件处理；专注于增值业务的 Comverse 在全球有 6 000 名员工，在预付费系统领域有强大实力，是全球唯一能提供移动 ICQ 的公司，在世界上为 500 家运营商提供服务，包括中国电信、中国移动、沃达丰和 eBay 的 Skype 等。

第三章

风险投资运作主体

第一节 风险投资家

风险投资家是指向风险企业提供风险资本的、专业的资金管理人。风险投资家是风险资本的运作者，他们是整个风险投资运作过程的中心环节，起着承上启下的作用。其工作的主要职能是：筹集风险投资资金；识别和发现投资机会；筛选、评估和投资风险企业或投资项目；参与风险企业的管理，以促进风险企业迅速成长；策划和实施风险投资的退出。因此，风险投资家应该不仅是精明强干、思路敏捷的金融家，还必须是具有较高管理经验的企业家，即风险投资家应该是金融家加企业家。优秀的风险投资家积极参与被投资企业的各项重大事务，帮助并引导企业走向成功。

一、风险投资家的作用

在实施风险投资的整个过程中，风险投资家通过对所投资企业运作过程的积极参与，为其未来的成功注入了增值活力。当资金的供给者和使用者结成合伙关系并进行富有成效的合作时，风险资本运作的效果就可达到其最理想的状态。风险投资家对特定项目投资过程一系列环节的积极参与，使风险投资家从消极的资金供应者和投资商中脱颖而出。可以说，他们首先是企业家，然后才是金融家。

风险投资家在风险投资中主要有以下作用：

（一）监督作用

由于风险投资公司对风险企业的投资没有任何担保，而风险企业的管理运作在早期也没有达到制度化，因此风险投资家必须积极介入风险企业的经营管理，对风险企业进行监督。一旦发现潜在的投资危险，风险投资家应迅速采取相应的补救措施，以防止损失的无限扩大。

（二）为风险企业的增值服务

风险投资家通过密切监督风险企业，了解它的各种情况，加上风险投资家自身的丰富投资经验，既可以较早地发现企业经营中的潜在问题，降低企业的运行风险；又可以为企业的发展战略、重大经营决策提出重要意见，故风险投资家通常都成为风险企业重要的咨询顾问。有关研究表明，风险投资家介入风险企业的经营管理，使得风险企业资产的价值大增，得到风险资本支持的企业要比没有得到风险资本支持的类似企业表现得更为出色：风险企业的股票公开上市之后，其企业也会更加受人关注。由于风险投资家对风险企业提供了大量的增值服务，因此大大增加了风险企业的市场价值。

（三）吸引大量的投资者

风险投资家由于其广博的知识和高超的投资技术而吸引了大量的投资者，并通过投资运作做出骄人业绩。风险投资家的长处正好可以弥补技术创业者和一般投资者的弱点，风险投资家对技术创业者既提供愿意承担高风险的资金，又提供实用的创业、管理企业的经验。风险投资家可以通过投资的分散化，来实现对多个行业的投资，从而使承担的风险平均化成为可能，这恰恰是一般投资者所难以做到的。

以风险企业成功的数量来计算，风险投资的成功率是很低的，一般只在20%左右，特别成功的风险企业的比例则更低。在投资过程中，风险投资家要承受来自技术、市场、人事、财务和管理等多方面的考验。为确保企业的快速发展，风险投资家可能要经常更换企业中的高级管理人员，吸纳有用的技术人才。据不完全统计，有一半的风险企业在发展到上市时，企业的原创业者已不在公司担任高级管理职务。因此，优秀的风险投资家时刻都在搜罗出色的企业管理人员和技术人才，以备不时之需。

风险投资家在选择投资项目时最看中的，按其重要性排列为人才、市场规模和技术。恰当的人才组合、准确的市场定位和良好的技术水平，这三者的理想结合才能使产品具有较高的确定性，使产品的成本大大低于市场价格从而获得较大的利润空间。当然，风险投资家并不是成功的风险投资项目中最核心的要素，创业家的专业技能和创业热情才是最重要的因素。风险投资家只是提供资金、建议和支持的辅助动力，创业家才是成功的原动力。

二、天使投资人

天使投资是自由投资者或非正式风险投资组织对处于项目构思阶段或创业阶段的企业进行的投资，属于一种自发而又分散的民间投资方式。天使投资一般投资处于种子期和创业期的企业，投资额往往比较小。它以其快捷的投入，帮助风险企业度过资金短缺的难关，与企业共担创业风险，对风险企业的成长和发展起着非常重要的作用。

美国天使投资协会创始人，协会前主席约翰·梅（John May）认为，天使投资是一种个人的私人的权益资本投资，天使投资家运用自己纳税后的资金投入早期的陌生人的企业，获取非控股的权益；天使投资家在投资后要耐心等待多年，而这期间所投资本长期不能流动；天使投资家承担比一般投资更高的风险，以期获取高回报。

天使投资的定义有以下要素：

（1）个人投资行为。

(2) 个人用纳税后的资本进行投资。

(3) 投资于种子期/早期（具有巨大发展潜力的）项目或企业。

(4) 投资模式为权益资本投资。

(5) 投资于“陌生人”的项目或企业。

(6) 投资后处于“非控股”地位。

(7) 耐心资本。

(8) 流动性差，投资后很长时间所投资本不能流动。

(9) 高风险，高回报。

天使投资是风险投资的先锋，当创业设想还停留在创业者的构思或初创阶段时，由于风险极大，专业风险投资机构不愿进行投资。而此时，敢冒风险的天使投资人伸出援助之手。天使投资人一般很早就参与企业的创建活动，它可能在投资申请书只有一张投资计划书，甚至只有一些大致的企业构思时，就会介入企业创建过程。他们对被投资项目的考察和判断不像专业风险投资机构那么复杂，程序也简单。一些天使投资人也会参与风险企业的具体管理工作，但对于企业的重大决策则干预较少。他们更关注的是企业最终的投资回报，往往还会利用其专业背景和自身资源帮助其成功，以保障投资收益。

天使投资以其特有的优势成为企业资金供给链上最基础、最重要的一个环节，对处于创业阶段的企业起到了积极的孵化作用，因此，人们把天使投资喻为风险企业的摇篮。

三、天使投资资本的主要来源

1. 曾经的创业者

这些创业者曾经创业成功过，但如今由于年龄或其他方面的原因，不能亲自创业了。于是，他们通过投资，扶持别的创业者创业。

2. 传统意义上的富翁

他们通常是非常富有的律师、会计师或者医生，在享有上流社会生活方式的同时，也希望能够进行创业投资，一方面体验冒险激情，另一方面间接体验创业者的乐趣。

3. 大型高科技公司的精英

他们一方面拥有高额的年薪，另一方面对技术有独到的见解。他们虽然有个人独立创业的念头，却难以割舍待遇优厚的职位。于是，便在工作之余将自己的积蓄用于天使投资。

专栏

龚虹嘉：中国最优秀的天使投资人

龚虹嘉，著名科技企业家。美国国际数据集团（IDG）和上海联创称龚虹嘉为“中国最优秀的天使投资人”。

龚虹嘉投资或创建的公司主要有：德生通用电器公司（Tecsun），中国市场份额最大的收音机品牌厂商，亚洲最大的收音机制造厂商。

德康通信技术公司，曾是国内市场份额最大的手机实时计费软件提供商，与Asiainfo进行股权置换后，2000年3月在美国纳斯达克上市。

握奇数据技术公司（Watchdata），中国最大的智能卡应用解决方案提供商，位居全球前十位的智能卡产品供应商。已获有关当局批准在美国纳斯达克上市。

海康威视数字技术公司（Hikvision），是国内安防监控行业提供数字视频压缩、传输和存储产品市场份额超过50%的领先企业。

富年电子科技（Funinhand），专注于从事手机流媒体软件开发并提供流媒体内容运营支撑平台的高科技公司。

富瀚微电子技术公司（Fullhan），是亚洲第一家发布H.264MainProfileASIC专用芯片IPCore的芯片设计公司。

四、天使投资的特点

1. 天使投资的投资额度偏小

首先，由于天使投资家是一种分散的个体的小规模的投资模式，它的投资规模往往比较小。以美国天使投资为例，2006年，美国天使投资总规模为256亿美元，和当年美国的风险投资总规模几乎一致。不同的是，天使投资共投入了51 000个项目，而同等额度的风险投资却仅投了3 416个项目。前者平均每个项目的投资额约50万美元，而后者则为750万美元，是前者的15倍。由于每笔投资额度较小，同样的资本金，天使投资可以支持更多的初创企业。对于种子期的企业来说，天使投资不是“锦上添花”，而是真正的“雪中送炭”。

2. 天使投资的投资期限偏早

进入21世纪，风险投资越来越有向晚期投入的趋向。无论是美国还是中国，风险投资均专项投资于中晚期项目，在企业发展的扩张期的投资被看作具有风险投资的投资特性，而这种情况正在发生变化。在美国，风险投资投向初创期和扩张期的资本占风险投资总额的40%，而其总资本的60%投入了企业发展的中晚期。在中国，这种状况有增无减。风险投资的早期投资仅占1%。作为“投资窗口”的扩张期通常是风险投资的主要投资期，中国的风险投资在这个时期仅投入了总资本的3%，其余96%的风险资本投入中晚期项目。

就目前来看，风险投资的投资额越来越大，这使得风险企业的早期融资更加困难。企业种子期、创始期的资金供给不能应付资本需求，出现了明显的资本缺口，加深了企业早期投融资之间的矛盾。有矛盾就有解决矛盾的动力，有困难就有机会。这种资本缺口的形成一方面对于风险企业造成了巨大的资金困难；另一方面，也为进行企业早期融资的资本创造了空前的机会。而天使投资正是弥补这一缺口的重要资金来源。也正因为天使投资的这一个性质，各国政府以及各地方政府都从某种程度上出台了各种优惠政策，包括税收政策以鼓励天使投资在本国或本地区的投资，从而进一步推动当地风险企业的发展，尤其是高科技风险企业的发展。

3. 天使投资的投资风险偏高

天使投资的这一特征是与其投资期限偏早密切相关的。一般地，投资期限越早，投资风险就越高。在企业创立的早期，尤其在其种子期，企业的技术还没有达到中试（产品正式投产前的试验，是产品在大规模量产前的较小规模试验），其产品还没有得到市场的认可，其经营模式还没有经过商业竞争的洗礼，其管理团队还没有受到各类的考验，一切都还在尝试阶段，种种不可预测的变数，种种不可避免的不确定性都会造成新的问题、新的矛盾。在这个阶段投资，投资者所承担的高风险可想而知。

然而，“高风险，高潜在收益”是金融的基本要素之一。正因为天使投资的这种高风险，一旦成功，它的收益也是相当可观的。天使投资家勇于承担风险，以资金和自己的宝贵经验扶植初创企业的精神自然也能够得到丰盛的收获。

4. 天使投资的投资成本偏低

与风险投资相比，天使投资的投资成本略低一些。天使投资与风险投资的最大区别在于：风险投资家是投资别人的钱，而天使投资家是投资自己的钱。投别人的钱，自然受别人的监督与控制，而监督与控制会提高以代理成本为主的交易成本。投自己的资金，代理成本趋于零，交易成本也可大大降低。

5. 天使投资的投资决策偏快

天使投资的这一特征与天使投资的其他几个特征相关联：由于天使投资家投入的是自己的资金，自己觉得项目可行即决定投资，决策时没有中间环节，自然投资速度也相对较快。与此相反，风险投资是一种机构投资者，他们对于任何一个项目都要反复推敲，尽职调查，有时需要风险投资公司内部一般合伙人的协商、讨论、最终决策。与他们不同，天使投资家可在对于所投项目具有较大的把握的情况下迅速做出投资决策。这种决策是天使投资家凭借自己的投资经验，甚至以自己的投资直觉在短期内做出。

第二节　风险投资机构

在风险投资体系中，投资者、中介服务机构和风险企业构成风险投资的投资主体和投资对象，是其不可或缺的部分。而风险投资机构，即风险投资公司或风险投资基金决定着风险投资的战略布局和核心思路，因而是其最重要的构成部分。

风险投资公司是指对创新技术企业及其新产品开发进行投资入股，多渠道筹集资金，并参与企业决策咨询，强化生产经营管理的一种将科研、金融、企业三者有机结合的经济实体。这是知识经济时代的一种新型的投资机构，是高新技术开发活动中必不可少的“中介”。它联结资金来源与资金运用，是风险投资的直接参与者和实际操作者，同时也能最直接地承受风险，分享收益。

在风险投资市场上，有两大因素促进了风险资本的形成，一是具有巨大增长潜力的投资机会，二是寻求高回报、不怕高风险的投资资本。风险投资公司的职责便是发现二者的需求，并使机会与资本联系起来。金融的特点在于推动资金的融通，只要有资金的供给和需求，就会有金融中介的位置。只要资金在金融中介疏通的渠道内流动，并在流动中得到合理的应用，它就会增值。资金的连续流动是其增值的基本条件。

在风险投资这种特殊的金融方式下，资金从投资者手中流入风险投资公司，通过风险投资公司再流入风险企业。这一过程中，风险投资完成了影响其成败的两个结合：风险资本与增长机会（高新技术企业）的结合，风险投资家和风险企业家的结合。资本和机会的结合是外部即表面的结合，构筑风险投资的基本平台，而风险投资家与风险企业家的结合则是深层次即智力的结合，是风险投资成败的关键。风险投资要达到预期的目标，这两个结合缺一不可。

20 世纪 70 年代以后，尤其是 90 年代以来，世界经济发展的一个突出特征是世界各国高度重视高科技的开发与研究，竞相发展高科技产业，而高科技的产业化过程，首先是高科技成果的商品化和产业化过程。在实施这一过程中，毫无疑问，每一项高技术的成功突破——从科技项目的选题到确定，从理论认证到模型研究，从产品试制到样品产生，从中试到批量生产，从面向社会到打开销路，每一方面都凝聚着大量的资金、人才、时间和资源等要素，而资金则是头等要素。在高科技项目的研究初期，资金的投入面临着极大的风险，然而这种投入机会又有巨大的诱惑力，因为任何一项高科技项目一旦研制和开发成功，走向产业化和商品化，将会带来巨大的经济效益和社会效益。这正是风险资本和风险投资公司应运而生的奥妙所在。因此，如果一个国家没有风险资本投入和风险投资公司的运作，是不可能实现高新技术产业化和商品化的。

在市场经济环境中，离开了风险资本去谈论风险企业或风险项目，显然是一种荒诞的逻辑和无稽的遐想。如果说在技术创新阶段风险企业家还无须借助更多的货币资金的话，那么在进入技术产业化阶段及市场营销阶段，就必须借助风险投资了，也就是说，必须依赖风险投资家与其提供的足够的风险资本、管理经验及风险投资公司已经拥有的其他商业资源。虽然个别风险企业家可以依靠勤俭节约，依靠向亲朋好友筹集有限的资金，但大多数风险企业家拥有的只是新发明和高技术，他们必须借助于社会资本来创建和发展风险企业。恰恰是出于这种客观实际的需要，促使风险投资公司应运而生。可见，风险投资公司是产业技术进步的客观产物。一个国家高新技术产业在产业结构中的地位，也决定了风险投资公司在整个投资体系中的特殊地位。

风险投资公司的核心作用在于解决了下述至关重要的四大问题：一是为风险企业提供直接的资金融通，并通过风险企业的迅速成长使投资者获取收益。二是风险投资公司一般有能力分析和做出针对风险企业的投资决策，在投资之后监督风险企业并参与管理。三是维护投资者的基本权益并对投资者负责，使不同类型投资者的收益得到保护。四是在与风险投资相关的经营管理业绩中得到高额回报，而对不良业绩要承担相应的风险。

第三节　风险投资机构的组织形式

由于风险投资机构在风险投资体系中的关键作用，所以要由一些具备各类专业知识和管理经验的人组成，同时其所有权结构要提供一种机制，使得投资者与提供专业知识管理技能的人得到合理的回报，并各自承担相应的风险。为适应风险投资体系的这种要求，几十年来，风险投资机构一直在探索能够与之相适应的组织形式。

一、风险投资机构的主要组织形式

风险投资经过长期的发展，在实践中产生了很多种组织形式，归纳起来，可以概括为公司制、信托基金制和有限合伙制三种。

（一）公司制

公司制是指风险投资机构以股份有限公司或有限责任公司的形式设立，这是最早出现的风险投资机构的组织形式。按照公司制设立的风险投资机构，在实践中包括4种具体组织形式：国有独资公司和子公司（附属大公司或金融机构）、股份有限公司、有限责任公司。它们的共同点是受《公司法》约束，出资者按出资份额享有相应的权利和承担有限责任，出资者一般不直接介入公司的运作，而由董事会选择风险投资家作为出资者的代理人，在授权范围内管理风险资金，获取合约收益。

1. 国有独资公司和子公司

在这种制度安排下，政府作为唯一投资方，参与风险投资不仅仅是出于利益的回报，还肩负发展一国风险投资行业的使命，且大多开始于一国风险投资的起步阶段，往往与一国的产业政策相结合，对投资进行引导。这种制度下通常由政府直接任命风险投资家，风险投资家作为资本管理人，往往带有官僚的性质。由于风险由国家承担，在缺乏有效的监督与激励机制的条件下，风险投资家的道德风险问题便十分突出，他们要么对投资项目不进行详细的考察评估，一味顺从政府意向，要么按个人的投资偏好进行投资，如投入自己或亲属所属公司，或为了急于获利而投资于房地产等非风险项目。此外，这种官僚式的组织模式对于风险投资家缺乏约束，风险投资家为谋一己私利，往往利用职权设租，诱发各界的寻租行为，造成社会资源的浪费。政府防范风险投资家道德风险的成本非常高，但又必须防范，而防范效果并不理想。

由此可见，在国有独资公司这种制度安排下，结果经常是投资低效或失败。国外实践证明也的确如此。日本政府曾出资从事高清晰度数字化彩电的风险投资，最终没有成功。1958年，美国政府在国会的支持下，开始用风险投资基金支持设立中小企业投资公司，一时间数百家中小企业投资公司纷纷设立，风险投资业呈现出一派繁荣景象，但许多投资公司取得货款后不是用于支持创新，而是通过转贷获得市场利率与优惠利率之间的差价，尽管政府一再加强监管，仍有许多投资公司渐渐出现亏损。20年后，大半数投资公司已经倒闭。澳大利亚政府在20世纪80年代也曾尝试创办风险投资公司，但很快变成一个新的官僚机构，最终归于失败。

2. 股份有限公司和有限责任公司

这种制度下的风险投资公司和任何其他意义上的公司制企业相比，在组织模式上没有本质的差别。股东以其出资额为限对公司承担责任，公司以其全部资产对公司的债务承担责任。公司采取法人治理结构，公司的注册资本、股东大会、董事会以及其他有关公司章程，严格按一国的《公司法》设立。公司的经营者通常也是出资者之一，尽管经营者实际对公司的经营业绩负有重大的责任，但他们也只是对其出资额负有限责任。此外，由于公司制受到公司法约束较多，公司经营人员的报酬与业绩的相关度较低，所受的监管却较多，对于投资风险巨大的、处于创立阶段的高新技术企业也受到较大的限制，再加上对信息披露的要求，因而对投资过程的束缚也较多。

如果仅从风险投资效益的角度来看而不考虑其他因素，可以认为，公司制的风险投资组织在发达国家是失败的。因为，与有限合伙制相比，公司制在运营成本、代理人风险的控制及激励功能的发挥上都有明显的缺陷。

在这种模式下，以公司自有资本进行投资，风险资本投资者只承担有限责任，因此当被投资企业由于合同违约等原因遭到损失时，股东不负赔偿责任。股权可以转让，但不能撤出，这有利于资金规模和经营的稳定。但是公司制风险投资机构还存在一些自身难以克服的问题，不利于风险投资的运作，其表现形式主要有以下几个方面：

（1）没有形成有效的信誉机制，存在严重的代理人风险。公司制的风险投资机构没有存续期间的限制，投资者和风险投资家之间不能形成重复博弈，一旦投资者投入资金，就只能收取股利收益，不能随意撤出已投资的资金。而风险投资家在公司制的模式下不用总是募集新的资金，因此其本身不太重视信誉的积累。由于没有形成有效的信誉机制，投资者也无法在事前甄别风险投资家的真实能力和机会主义倾向，而以事后投资收益来甄别其能力更不是有效手段。

（2）风险投资决策控制的职能与剩余索取权的职能几乎完全分离，导致缺乏合理的激励和约束机制，道德风险比较高。现代组织理论认为，组织的剩余索取权与控制权应尽可能匹配。而在公司制的架构下，风险投资家的收入主要来源于合约中明确规定的固定收益，而不是剩余收益，投资收益的优劣虽与投资经理有一定利益关系，但相比于投资经理与外部勾结带来的收益则相当微小。在此情况下，风险投资家作为公司管理者所进行的投资决策很大程度上是凭自身职业道德和自律，因此在公司制的组织形式下很容易出现信息不对称和道德风险。风险投资家往往缺乏足够的激励和约束去详细认真地考察评估、筛选投资项目，结果是出资者经常要为此承担不必要的高风险。风险投资家还可能采取其他方式损害出资者的利益，包括把资金投入自己或亲友的公司中去，把风险资金挪作他用，等等。

（3）难以保障长期战略投资计划的实施。在公司制下，股东有权要求公司尽快创造利润回报分红，而并非着眼于公司在存续期内获得最大回报。有的公司甚至将年度利润与经理层和员工的工资奖金挂钩，这使经理层每年都要面对过高的短期回报期望压力，不但无法在最佳的时刻投资和最佳的时刻退出，而且在利益驱动下可能引发一系列的短期行为，包括挪用资金投入证券市场，开展投资银行业务，甚至做房地产以及其他短期见效快的业务和行业，导致低回报，严重背离了风险投资的专业行为。比如，我国首家风险投资公司——中创公司的倒闭与其把风险资金大量投入股市、房地产中投机受挫有很大关系。

（4）存在双重征税的问题，税务成本较高。公司制的风险投资机构是具有独立主体资格的法人组织，是所得税的纳税主体。对公司制风险投资机构的收益要实行两次征税即作为法人，风险投资公司投资所得需缴纳企业所得税，其法人股东所获分红虽无须再缴纳企业所得税，但其最终股东如为自然人，则需缴纳个人所得税，从而形成双重税负。

（二）信托基金制

信托基金制是由一定的组织者发起，将从广大投资者手中募集的资金交给专业的管理机构进行信托投资，所得收益在提取必要管理费用后全部分给投资者的投资组织形式。信托基金是一种比较独立的资金管理方式，它独立于管理人，并接受托管人和投资者的监督，因而可以最大限度地化解投资风险，能将既想投资又不想承担过多风险的投资者的资金吸引进风险投资市场。一家基金管理公司可以同时管理几项投资基金，基金管理人在募集到一项基金并管理运作5~10年后，可以继续募集新的基金。

信托基金制分为公司型和契约型。在公司型信托投资基金中，投资者作为股东成立基金公司，由基金管理人作为董事负责基金的经营，或者通过信托合同把基金交由基金以外的基金管理人（一般组成基金管理公司）经营，并由基金保管人对基金进行保管。公司型风险投资信托基金与普通公司形式的风险投资公司非常相似，对投资者的投资成本也有相似的影响。契约型信托投资基金是指按照信托合同组建的风险投资基金，即依据《信托法》《创业投资基金法》等相关法律法规设立风险投资基金，再以信托契约方式将资本提供者（持有人）、风险投资基金管理公司（管理人）和受托金融机构（托管人）三者的关系加以书面化、法律化，约束和规范当事人的行为。信托基金筹集资金是通过发行受益凭证来实现的，基金本身不具有法人资格。风险投资基金绝大多数为私募，由于其高风险性，一般不像证券投资基金那样通过资本市场向社会公众公开募集。

信托基金的成本包括运作成本和代理成本。运作成本中的税负成本主要取决于各国家和地区的具体规定，而日常开销成本则能有效控制。在代理成本方面，由于其组织结构的特点，出资人的资产与管理人的资产相分离能对风险投资家构成一定的约束，并可以通过信托合同的规定保障投资者的利益降低代理成本。在激励机制方面，也可以通过合同约定投资者与风险投资家报酬的分配问题，以激励风险投资家的积极性，从而增加经营成功的概率。

但信托基金存在逆向选择风险。基金投资者希望选择真正具有专业水平和诚信品德的基金管理人代理其管理和运用好资产，但专业管理水平和诚信品德属于基金管理人的内在能力和品质，基金投资者不可能完全掌握。基金管理人为了获得管理基金的机会，总倾向于夸大自己的专业管理水平，隐瞒自己的弱点和道德缺陷，这有可能诱导基金投资人选择与自己意愿相反的基金管理人，从而产生逆向选择。

（三）有限合伙制

1. 有限合伙制概念

有限合伙制是合伙制的一种特殊形式，是合伙制发展到一定阶段的产物。有限合伙制对外在整体上具有无限责任性质，但在其内部设置了一种与普通合伙制有根本区别的两类法律责任截然不同的权益主体。一类合伙人作为真正的投资者，投入绝大部分资金，但不得参与经营管理，并且只以其投资的金额承担有限责任，称为有限合伙人（Limited Partner）；另一类合伙人通常是一群有经验的风险投资家，其作为真正的管理者，只投入极少部分资金，但全权负责经营管理，并要承担无限责任，故称为普通合伙人（General Partner），亦称一般合伙人或无限合伙人。

一个典型合伙关系有6~12个普通合伙人，他们是有经验的企业家，财务、销售、工程、软件开发、产品设计等专家或曾经在某行业的企业中当过经理的人，一小部分来自投资银行或商业银行。普通合伙人是风险投资机构的管理者，在合伙关系中出资比例很小，只有大约1%。主要的投资资本由有限合伙人提供。有限合伙人一般有10~30个机构或个人。一个合伙关系的年限一般是10年，前3~5年把钱投资于10~50个项目。一个有名的风险投资机构一年接到成百上千份创业申请书，但只在其中挑2~15个投资。后几年就是监督和管理，把成功的项目卖掉，在合伙人间分利（现金或股票），不成功的项目则予以了结。

2. 有限合伙制风险投资机构的一般规定

（1）法律结构方面。有限合伙制组织形式具有很重要的税收和法律考虑。有限合伙企业的收入不必缴纳公司所得税，而是作为合伙人的收入按其个人的税制结构进行纳税处理。此外，有限合伙制风险投资机构可以通过向其合伙人分配有价证券的形式，避免产生即时的应税收入——只有当证券被出售时，其利得或损失才被确认。具有这种税收待遇资格的有限合伙关系必须满足4个条件：

①在签订合伙协议之前必须已经确定了经合伙各方同意的风险资金终止日期。

②有限合伙人所有权的转移要受到限制，与大多数经过注册的有价证券不同，它们不能轻易地被买卖。

③禁止在到期日前随便撤出合伙企业。

④只要有限合伙人仅以出资为限承担有限责任，就不得参与风险资金的管理。普通合伙人因承担无限责任，所以他们可以预料的损失比他们投入的资本多得多。但在一般情况下，无限责任的后果并不严重，因为有限合伙风险投资机构通常不借债，它们面临资不抵债的风险也很小。

尽管对有限合伙人参与管理的权力有诸多限制，但通常授予他们就重大问题，如在个别有限合伙协议、契约中止前解散合伙企业、延长风险资金的期限、更换普通合伙人以及评估资产组合的价值等情况下的投票权等。

（2）出资比例方面。在一般情况下，有限合伙人提供99%的风险资金，而普通合伙人只提供1%左右的风险资金。这种出资可以经常用本票而不是现金的方式支付。

（3）经济寿命方面。据有关资料统计，有72%的风险基金的经济寿命设定为7~10年。所有合伙协议都有延长风险资金寿命期的条款，但有52%的合伙协议要求征得有限合伙人某种程度上的同意，另外有48%的合伙协议把决定权交给普通合伙人。最常见的延长期是3年，最长再增加1年。在风险资金到期时，为了把所有的现金和有价证券分配给合伙人，还需要进行一次账目结算。

（4）出资时间方面。通常在缴付出资时，有限合伙人只需投入出资额的一定比例，其余的可以分期投入。大多数协议要求以现金形式投入总出资额的25%~33%，剩下的投资可以到未来某一天再投入（如每年25%）。普通合伙人将监督有限合伙人按时缴纳出资。如果合伙人毁弃出资承诺就会受到处罚。例如，将其出资的所有权比例降低一半或者限制他们撤销已投入的资本等。

（5）报酬来源方面。普通合伙人从其管理的每个有限合伙制基金中得到的报酬一般来源于两个方面：一个是管理费，另一个是每个风险基金的资本利得提成。每年的管理费一般为风险资金总额的1%~3%。也有的管理费不按出资额计算，如可以是投资组合价值的一个百分比。管理费通常不随着所管理资金数额的增长而下降。风险投资家在合伙制解散后得到风险资金已实现的资本利得的10%~30%作为其报酬的主要来源。

（6）利润分配方面。有一半以上的风险投资合伙协议要求把当年已实现的利润全部进行分配，也有的合伙制把利润是否进行分配的决定权交给普通合伙人。绝大部分的有限合伙制要求只有当有限合伙人收回全部累计投资之后，普通合伙人才能得到20%的利润分享（即“提成”）。普通合伙人可以选择以现金、有价证券或两者混合的形式进行分配。通常，风险投资机构不会也不能够在首次上市时将其拥有的股权变现。这些股份可以按有限合伙人的出资比例直接分配给他们，也可以由风险投资机构继续持有并承担在未来某一天对其进行分配的责任，或者通过二级市场发行将其转换成现金。如果以股份形式向有限合伙人进行分配，其价值按分配前股票市场上最后的成交价计算。

（7）报告和会计政策方面。所有风险投资企业都向有限合伙人提供有关被投资企业价值和进展的定期报告。但是大多数资金被投入具有高度不确定性的私人企业，评定其价值非常困难。通常情况下，只有当在重大的公平交易中出现更高的出价时才可以记入增加的价值。如果既没有这样的交易发生，也不大可能会发生损失，就以成本作为报告的基础。这种政策的结果是大多数风险投资机构在前三年会计报告的收益率通常是负值。

（8）特殊的利益冲突方面。大多数合伙协议都明确规定了风险投资家分配在每个风险资金上的管理时间。有少量的合伙制限制普通合伙人与被投资公司进行共同投资或接受被投资公司持有的有价证券。有些合伙制限制后续成立的风险资金投资于由同一个风险投资家管理的前一个风险资金所持有的有价证券。其他合伙制不允许普通合伙人募集新的风险资金，除非现有风险资金的一定比例（如50%）已被投出。

3. 有限合伙制的优势

从国际上有限合伙制的发展经验来看，其之所以能成为风险投资的最有效的组织形式，原因在于它的运行效率最高，有效地降低了资金运作成本和代理成本。具体来看有以下优势：

（1）能够实现人力资本与风险资本的有机统一，有效控制代理人风险，降低代理成本。有限合伙人作为真正的投资者，投入99%的资金，并不参与企业日常经营管理与项目决策，对外承担有限责任，因而对投资活动的决策权和影响力较小。而普通合伙人作为真正的管理者，只投入1%的资金，负责企业经营管理并对外承担无限连带责任，具有充分的管理自主权，并获得高额收益回报，有利于提高管理效率和运作效率。绝对数额较大的匹配投资和风险共担的契约内容能有效地降低风险投资家出现人为道德风险的可能性，防止“内部人”通过各种不良行为侵蚀风险资金。

（2）有效的激励约束机制使得风险投资的效率更高。有限合伙制下，一般合伙人的报酬与其经营业绩紧密挂钩，在利益分配中不仅以货币资本为依据，而且更多地考虑到“贡献”与“风险”的因素，更适合当今知识经济时代中资本与“知本”的运行规律。同时，在风险投资实践中，大多数有限合伙合同都有限制性利润分配的手段，他们通常规定一般合伙人的利润分成要等有限合伙人收回其全部投资后才可分配，或者规定只有达到最低的投资收益率，一般合伙人才能得到其收益分配。这样的安排使投资者与风险投资家的目标很好地统一起来，不仅可以减少风险投资中的机会主义行为，还可以提高风险投资家的工作努力程度。

（3）独特的信誉机制有效地解决了委托人和代理人的相互制衡问题。有限合伙协议可以规定风险投资基金的经营期限，使得风险投资家必须在约定的期限内交还对风险资本的控制权。在风险投资基金的生命周期内，投资者可以根据风险投资家的表现停止或继续向风险投资基金投资。投资者可以分阶段履行其投资承诺，而不必一次性投入其所承诺的全部出资额，从而可以通过拒绝后续阶段的注资方式而变相撤回投资。当然，如果风险投资家所投资企业回报高，风险投资家信誉好，投资者不仅可以将承诺的后期资金注入，而且在风险投资家募集新基金时仍然愿意继续投资，这样做可以刺激风险投资家充分利用已经筹集到的资金。

（4）降低了税务成本。有限合伙制风险投资基金是非独立主体资格的营业组织，适用合伙制的税收规定，不需要缴纳企业所得税。当风险投资基金投资赢利并分配投资收益时，每个投资者只需按分配到的份额承担个人所得税，能规避公司制风险投资机构双重课税的问题。另外。在有限合伙制风险投资基金存续期间不发生课税，直到基金解散时才对已实现的收益报告应税收入。并且当合伙人如果以证券形式得到投资收益时，也并不需要立即缴纳个人所得税，直到证券出售成为现金时才缴纳，这些都能降低税务成本，并相应提高资本收益。

二、三种组织模式的比较

（一）投资权益及相关责任的比较

风险投资是权益投资，当事人能够获得的权益要与其承担的责任相对称。能否合理有效地平衡风险投资当事人的责权、利三者关系，是比较和选择风险投资机构组织模式的核心问题。

（1）公司制风险投资机构按《中华人民共和国公司法》（后文简称《公司法》）及相关法规设立和运作，具有独立主体资格（法人资格），采取有限责任公司或股份有限公司的形式。投资者自愿投资入股，一般不直接参与公司的经营管理，对公司债务只以其出资额为限承担有限责任。公司赢利通常既可以按出资比例以红利或股息形式当年分配给投资者，也可以留做公司积累。基金经理人一般由董事会聘任，可以不投资入股，对公司债务也不负连带责任，只对公司负善意管理义务，并且只对违反公司章程或工作重大失误负过错责任。基金经理人薪酬基本上是固定的，虽然有些公司也实行与经营业绩挂钩，但一般都要经董事会提议，并报股东大会审议批准后兑现。

（2）信托基金制风险投资机构按《中华人民共和国信托法》（后文简称《信托法》）及相关法规设立和运作，由投资者按信托合同提供资金组建基金，然后交作为托管人的金融机构保管监督，再由作为基金经理人的管理公司（信托公司）管理经营。投资者不直接参与基金的经营管理，对基金的亏损或债务也只以其出资额为限负有限责任。基金经理人和托管人通常都不出资，只分别负善意的经营管理和保管监督的义务，并对违反信托合同和重大工作失误负过错责任，但对基金的亏损和债务都不负连带责任。基金赢利归投资者支配和分享。基金经理人和托管人通常只分别收取合同约定的相关信托费用作为报酬，一般与经营业绩不挂钩。

（3）有限合伙制风险投资机构一般按《中华人民共和国合伙企业法》（后文简称《合伙企业法》）及相关法规设立和运作，不具有独立主体资格。遵照有限合伙制约定俗成的协议惯例，有限合伙人作为真正的投资者要出资99%的资金，并不能直接参与合伙事务的经营管理，只分享80%的基金赢利，但对合伙债务只以出资额为限负有限责任；普通合伙人作为真正的管理者——基金管理人，只出资1%的资金，主要投入表现为专业知识和技能管理经验和精力的人力资本，并全权负责经营管理，具有充分的独立经营管理的自主权，可分享20%的基金赢利，每年还可以从已投资或已缴纳的基金中提取2.5%左右的金额作为管理费，但要对合伙债务负无限责任。

相比之下，有限合伙制确实比公司制和信托基金制对风险投资当事人在权益与责任关系方面的设计和安排更为对称和合理，更有利于调动各方的积极性。特别是把风险投资机构的关键人物——基金经理人的权益与其所承担的责任和风险紧密挂钩，实施高强度的激励机制，既符合产权经济学中剩余控制权和剩余收益权的分配原理，也适应风险投资运作的实际需要，更能刺激和增强基金经理人经营管理的责任心、主动性、积极性和创造性，有利于提高管理效率和投资收益。

（二）管理模式及相关运作效率的比较

风险投资的决策和经营管理要求具有科学性、高效性和灵活性。风险投资机构的管理模式与组织模式密切相关，并由组织模式所决定。所采取的管理模式能否提高风险投资的管理效率和运作效率，是比较和选择风险投资机构组织模式的关键问题。

（1）公司制具有一套完整的管理机构和严格的管理程序，一般实行决策权与日常经营管理权相分离的董事会—经理分权管理模式。董事会为决策机构，拥有决策权，但董事并不一定具备风险投资所必需的综合素质和决策能力，难以确保董事会高度集中决策的科学性和高效率，容易造成决策失误或延误。基金经理人一般为风险投资家，由董事会聘任，负责日常经营管理，虽然熟悉业务，且有管理能力，但工作缺乏独立自主权，必然影响公司管理效率和运作效率。

（2）信托基金制按信托合同管理和运作，实行所有权、管理权、保管监督权三权分立的管理模式。基金投资者行使基金所有权，有权选择基金管理者和保管监督者，有权支配和分享基金投资收益，但不参与对基金的经营管理和保管监督。信托公司（管理公司）作为基金经理人行使管理权，负责对基金的经营管理；金融机构作为基金托管人，行使保管监督权，负责对基金的保管监督。在这种三权分立的框架下，又没有高强度的相关利益刺激作为动力，基金经理人和托管人都不太可能会自觉地尽心尽力履行职责，也会在一定程度上影响管理效率和运作效率。

（3）有限合伙制管理结构简单，管理人员精干，实行将投资决策和日常经营管理融为一体的基金经理人独立经营管理模式。有限合伙制赋予基金经理人投资决策和投资运作的双重权利，全权负责经营管理。这对风险投资行业相当重要。风险投资是跨越科技和金融两大领域的非常特殊的投融资活动，涉及多学科的理论和知识，而且实践性很强，对管理人员素质要求很高。基金经理人通常是一些风险投资家，具有丰富的科技知识、金融专长和管理经验，并且与科技界、金融界、企业界、商界均有广泛的联系，掌握大量的信息，能适应风险投资的管理要求，以敏锐而精确的判断力对新技术、新产品的商业化前景及其潜力进行考察筛选出有成功希望的项目和企业，还能协助和参与风险企业的经营管理，提供咨询服务和辅导，使科技成果尽快实现商品化和产业化，对提高风险投资的效率具有至关重要的影响。由于基金经理人享有独立自主的经营管理权，因此能提高风险投资管理和运作的效率。相比之下，有限合伙制的管理模式要比公司制和信托基金制的管理模式，更适应风险投资运作的特殊要求，更能充分发挥基金经理人的管理才能和作用，更能提高风险投资的管理效率和运作效率。

（三）运营成本及相关投资收益的比较

风险投资中的运营成本包括税务成本、日常经营管理成本、委托代理成本和监督成本等。

1. 税务成本的比较

国际上通常的税收规定，只有在法律上具有独立主体资格的营业组织，才作为纳税主体缴纳企业所得税，而对不具有法人资格的合伙企业不征收企业所得税，只对投资者征收个人所得税。公司制风险投资机构是具有独立主体资格的法人组织，要缴纳企业所得税。投资者要承担公司所得税和个人所得税的双重税负。信托基金制风险投资机构的税务成本，由于各国税务政策不同，差别较大，难以比较。有限合伙制风险投资机构是非独立主体资格的营业组织，适用于合伙制的税收规定。按照国际上税收惯例，在税收上享受流转税的待遇，不需缴纳企业所得税。当风险投资基金投资赢利并分配投资收益时，每个投资者只需按分配到的份额承担个人所得税义务。另外，在有限合伙制风险投资基金存续期间不发生课税，直到基金解散时才对已实现的收益或损失报告应税收入；当合伙人以证券形式得到投资收益时，也并不需要立即缴纳个人所得税，直到证券出售成为现金时才缴纳，能起到节税效果。因此，有限合伙制的税务成本明显要低于公司制。

2. 日常经营管理成本的比较

公司制内部机构设置比较庞大而复杂，从董事会、监事会、经理室到下属各部门等机构的设立和运行都需要经费开支，从而增加了管理成本。另外，公司日常经营管理费用一般不采取承包使用的办法，通常很难控制，经常超出预算，增加经营管理成本。信托基金制通常按照信托合同，采用类似承包的方式支付给受托人一笔固定的经营管理费用，容易控制日常经营管理成本。有限合伙制一般都通过协议事先约定，基金经理人每年从已缴纳的或已投资的基金中提取 2.5%左右的金额作为日常经营管理费用，用于管理人员的工资和办公费用等日常经营开支。一般基金额越大，这个比例就越小。如果日常经营开支费用超过约定的金额则不能再另行支付。这种采用承包的方式，将日常经营管理费用事先固定下来，促使基金经理人精简机构，厉行节约，减少开支，从而能有效控制和降低日常经营管理成本。因此，在控制和降低日常经营管理成本方面，有限合伙制要比公司制更为有效，但与信托基金制差不多。

3. 委托代理成本和监督成本的比较

公司制虽然设置了专门机构——监事会负责监督经营管理，相应增加了监督成本，但由于没有建立有效的制衡机制，始终未能解决内部人控制现象，经常出现代理人道德风险，难以降低委托代理成本。信托基金制按照信托合同专门委托基金经理人和托管人分别负责基金的经营管理和保管监督，增加了委托代理费用的开支，但由于也缺乏有效的制衡机制，托管人对基金经理人的监督也流于形式，没有实际效果，也很难解决"内部人控制"现象，难以降低委托代理成本和监督成本。有限合伙制实施一系列行之有效的激励与约束相结合的治理机制，能增强基金经理人的能动作用和自律效应，从而提高管理效率，减轻道德风险，降低委托代理成本和监督成本。

（四）治理机制及相关效果的比较

风险投资本身具有高风险的特征，实行双重委托代理关系增添了代理人道德风险问题，而基金经理人则与上述两个问题密切相关。能否对基金经理人有效实施激励与约束相结合的治理机制，发挥降低投资风险、提高投资收益的作用，是比较和选择风险投资机构组织模式的主要依据。

1. 激励机制及相关效果的比较

风险投资是一种特殊的资本运作形式。其投资收益的获得在一定程度上依靠基金经理人的管理才能和敬业精神，特别是其对新技术市场前景的敏锐洞察力和对风险企业团队素质的高度鉴别力。否则，风险投资就没有生命力和创造力，就不可能增值。对基金经理人必须实施高强度的激励机制，才能激发和增强其经营管理的主动性积极性和创造性，不断提高管理效率和运作效率降低投资风险，增加资本收益。

（1）公司制风险投资机构虽然可以根据经营管理绩效，采取为高层经营管理人员发放高额奖金或大量股票期权等激励方式，建立高强度激励机制。但这种激励的实施一般都要等到由董事会提议并经股东大会审议批准后兑现，并且这种激励方案在公司永久的存续期内可以随时加以调整和变动。这种不确定和不透明的激励办法，使经营管理者缺乏利益刺激的内在动力，不能自始至终恪尽职守，更难充分发挥管理才能和潜力，无法创造性地管好用好基金。

（2）信托基金制框架下，受托的基金经理人和托管人以向投资者收取固定的信托费用为报酬。这种收益分配方式不可能起到激励作用。近几年某些发达国家尝试把基金经营业绩与基金经营管理者和保管监督者的报酬紧密结合起来，产生了一些激励效果。

（3）有限合伙制为基金经理人设计的激励机制具有高强度性，从出资比例和赢利分配比例就可以清楚地看到。基金经理人只要出资1%的资金，就可以分享20%的赢利，每年还可以得到2.5%左右的已投资或已缴纳的基金作为管理费。这些高强度的激励方案在基金设立的招募说明书中早已被明确规定，后又经双方协议确定，都是事先"内置化"的，在整个基金存续期内不可改变，因而其激励作用是明显的，激励方式是透明的，能极大地提高基金经理人经营管理的积极性、主动性和创造性，不断增强管理效率和运作效率，提高投资收益。相比之下，有限合伙制更有利于强化对基金经理人的激励机制。

2. 约束机制及相关效果的比较

风险投资中基金经理人作为真正投资者的代理人不仅管理风险投资基金，而且还会深入地参与风险企业的经营管理活动，具有极大的信息优势，随时可以蒙骗投资者，损害投资者利益，为自己谋取私利。因此，对基金经理人必须实施各种有效的约束机制，才能最大限度抑制代理人的道德风险，减少投资者的损失，并相应提高资本收益。

（1）在责任约束机制方面，公司制的基金经理人对公司债务不负连带责任，只对违反公司章程或工作重大失误负过错责任，可能受降薪、罚款、记过、撤职等处罚。在信托基金制框架下的基金经理人和基金保管监督人作为受托人，也仅在违反信托合同或工作重大失误时负过错责任，可能受降薪、罚款、记过、撤职等处罚，但对基金的亏损与债务不负连带责任。在有限合伙制中，普通合伙人作为基金经理人无论在什么情况下都要对合伙债务承担无限责任。相比较，有限合伙制更有利于强化对基金经理人的责任约束。

（2）在出资约束机制方面，公司制对基金经理人一般没有出资的要求。信托基金制对作为受托人的基金经理人和基金保管监督人，一般也没有出资的要求。有限合伙制协议通常约定基金经理人作为普通合伙人，虽然只要出1%的资金，但其绝对量相当大。相比较，有限合伙制更有利于强化对基金经理人的出资约束机制。

（3）在投资约束机制方面，公司制投资活动由董事会负责决策，基金经理人组织实施，再由监事会进行监督。这对损害股东权益的投资行为有一定的约束作用，但效果也不明显。信托基金制由受托的基金经理人全权负责投资的决策和实施，只有金融机构作为基金托管人对投资活动进行监督。虽然对基金经理人不良的投资行为也有一定的制约作用，但效果也不明显，不能有效控制代理人的道德风险。有限合伙制通过一些明确的协议约定来规范基金经理人的投资行为，取得较为明显的效果。例如：基金经理人必须对本基金倾注全力，在该基金投资达到一定比例后才可以参与组织和运营新的基金；对基金经理人发掘的新的投资项目，原基金有优先投资权；设立的半数以上的委员由有限合伙人指定的咨询委员会对基金经理人选择的投资事项进行审议；有限合伙人可按认购的基金份额分期投入资金；有限合伙人不仅在发生欺诈等情况下，有权解雇基金经理人或解散基金，并且即使基金经理人无重大过错，只要投资者对其丧失信心，也有权放弃继续投资或提前撤资，实施“无过离婚”。相比较，有限合伙制更有利于强化对基金经理人的投资约束。

（4）在分配约束机制方面，公司制投资收益既可以当年分配给股东，也可以流转公司积累，由董事会决定。信托基金制框架下，投资收益按照信托合同归投资者支配和分享。因此，分配约束机制对公司制和信托基金制的基金经理人的影响不大。有限合伙制通过协议通常约定，基金经理人要及时将已实现的利润分配给投资者，避免基金经理人“画饼”给投资者“充饥”，从而强化对其约束。这可以避免基金经理人把已实现的资本收益擅自投入新的风险企业，造成增加风险而没有增加相应回报的后果；并能保护投资者的利益，不因代理人从事与合伙企业目标不一致的活动而使投资可能遭受损失。在基金清盘时，一般还规定在有限合伙人收回投资本金和利润后，基金经理人才能享受利润提成促使其自始至终努力搞好管理、提高效率、规避风险、增加收益。相比较，有限合伙制更能强化对基金经理人的分配约束机制。

（5）在基金存续期约束机制方面，有限合伙制协议一般约定基金存续期为 7～10 年。到期后可申请延期，每次申请延期 1 年，最多 4 次，并需经合伙人会议多数同意。存续期满必须清盘，把全部本金和赢利分给投资者。由于每个基金存续期有限，基金经理人要承受较大的筹资压力，必须努力建立良好的市场信誉，才能每隔 3～5 年，筹集到新的资金，组建新的基金，维护其行业地位。这能有效约束基金经理人在基金存续期限内，尽心尽力地管好用好基金。公司制是永久性的存续制，信托基金制是不定期的存续制（存续期由信托合同约定），都不太适应风险投资周期性多轮投资的特点，对基金经理人无明显的约束作用。

（6）从市场信誉约束机制方面考虑，有限合伙制风险投资基金由基金经理人发起筹集相当费时费力，往往需要几个月甚至 1 年时间，成功与否，主要取决于基金经理人的市场信誉和管理才能。在有效的基金经理人市场条件下，基金经理人为获得市场对他的信任，能受托管理更多的基金，取得更多的利润提成和管理费，总是倾向于选择对投资者效用最大化的运作，以维护其市场信誉。基金经理人如有对投资者进行不利的败德行为其市场信誉将会受损，并有可能被排斥于风险投资基金管理业之外。这促使基金经理人不得不自觉约束自己的不良行为，努力创造良好的经营业绩，提高自己的市场信誉。公司制和信托基金制的风险投资基金一般不是由基金经理人直接发起筹集的，市场信誉约束机制对他们的约束作用就不明显。相比公司制和信托基金制，有限合伙制更能对基金经理人有效实施激励与约束相结合的治理机制，发挥降低投资风险、提高投资收益的效果。

综上所述，有限合伙制以巧妙的制度设计和合理的组织安排及其所构建的管理模式和治理机制，具有很多明显的比较优势，比公司制和信托基金制更适应风险投资的运作特点和选择偏好，更能增强风险投资机构运作的有效性，更能提高风险投资运作效率和投资收益，所以必然成为风险投资组织模式的最佳选择，成为国际上风险投资机构的主流模式。表 3-1 对这三种组织模式进行了总结。

表 3-1　　三种组织模式的对比

项目＼模式	公司制	信托制	有限合伙制
募集方式	公募（或私募）	公募（或私募）	私募
存续期限	无期限	固定期限	固定期限
结构	复杂	复杂	简答
税收成本	双重征税	无双重征税	无双重征税
代理成本	高	高	低
经营成本	高	介于两者之间	低
经理人的投资决策	层层审批，操作复杂	充分的决策权	充分的决策权
报酬激励	公司，激励小	固定报酬，激励强度介于两者之间	固定管理费+业绩报酬，激励强度大

表3-1(续)

项目＼模式	公司制	信托制	有限合伙制
对投资者的损失	有限责任	不承担	承担无限责任
投资者对经理人的约束	通过股东大会、董事会约束	通过合同（受益人对经理人无任何约束）	通过合同(在关键问题上可通过2/3做出决策)
对投资人的回报	无保证	一般	大
治理结构	所有权与经营权分离	所有权、管理权、保管权三权分立	所有权与经营权合一
筛选结果	不能吸引最好的风险投资家	介于两者之间	能吸引最好的风险投资家和创业家
对投资者的激励	主要吸引个人投资者，对投资者无吸引力	吸引机构投资者投入，吸引力介于两者之间	吸引机构投资者投入，对投资者有吸引力

课后阅读

IDG 技术创业投资基金的组织形式变迁

一、IDGVC 简介

IDG 技术创业投资基金（简称 IDGVC Partners），原名为美国太平洋技术风险投资基金——中国（PTV- China），于 1992 年由全球领先的信息技术服务公司——国际数据集团（IDG）建立。作为最早进入中国市场的美国风险投资公司之一，IDGVC Partners 已成为中国风险投资行业的领先者，管理总金额达 8 亿美元的风险基金。IDGVC 总部设在北京，并在上海、广州、天津、深圳以及美国的波士顿和加州硅谷设有分支机构。

IDGVC Partners 投资于各个成长阶段的公司，主要集中于互联网、通信、无线、数字媒体、半导体和生命科学等高科技领域。目前已经在中国投资了 100 多个优秀的创业公司，包括携程、百度、搜狐、腾讯、金蝶等公司，已有 30 多家所投公司公开上市或并购。1998 年 10 月，国际数据集团与中国科学技术部在北京签署合作备忘录。根据这项备忘录，IDGVC 在随后的 7 年内向中国的高新技术企业投资 10 亿美元，扶植中国发展高新技术产业。

二、IDGVC 的辉煌业绩

截至 2006 年 12 月 31 日，IDGVC 在中国已经累计投资了 190 多家公司，投资总额超过了 4 亿美元。同时期内，IDGVC 在其投资组合中已经退出了 50 家企业，其中 12 家企业是通过在纳斯达克、香港联交所、深圳证券交易所等地 IPO（首次公开发行股票）实现退出的。IDGVC 从转让百度、携程等上市公司以及搜房网等非上市公司股票的行动中赚取的利润接近 2 亿美元。而其当初向这些公司投入的总成本不过区区 800 万美元。

IDGVC 在其已经退出的企业当中实现的年均内部收益率超过了 49%。更加重要的是，IDG 技术创业投资基金Ⅰ在中国创业投资历史上第一次胜利走完了从融资、投资、投资管理、退出直到清盘这样一个完整的创业投资基金周期。从 1993 年成立直到 2003 年清盘后，IDG 技术创业投资基金Ⅰ实现的内部收益率达到了 36%。

IDG 技术创业投资基金Ⅰ的表现虽然要弱于 IDGVC 在中国已经实现的整体回报水平，但是仍然远远高于股神沃伦·巴菲特在股市上实现的年均 29%的投资回报率神话。2006 年在竞争日趋激烈的中国市场，IDGVC 旗下两支正处于投资期的基金：IDG 技术创业投资基金Ⅲ（Sed）和 IDG-Accel 的作风尤为抢眼，整体表现甚至远远超过了 IDGVC 当初的计划。作为成长型基金领域的新兵，IDG-Accel 中国成长基金一登场便出手不凡。整个 2006 年，仅仅 IDG-Accel 就投资了 18 家企业，投资总额超过了 6 500 万美元。已经完成播种过程的 IDG 技术创业投资基金Ⅰ、Ⅱ也没有淡出人们的视线。2006 年，IDGVC 这两支基金名下的投资组合——搜房网、如家酒店（纳斯达克：HMIN）、远光软件（深圳证券交易所：002063），或者因为其涉及交易的规模，或者因为其做出的探索性尝试，而成为当年年度中国创投界的热门话题。

IDGVC 已经是中国创投界的一块品牌，具有很强的号召力。仅仅通过“赢在中国”一个项目，IDGVC 就收到了 5 000 多份商业计划书，其中比较具有商业价值的超过了 120 份。

三、IDGVC 组织形式的变迁

1993 年 6 月，IDG 和上海市科委合资的“太平洋技术创业投资（中国）基金（PTV）”正式成立，基金规模为 2 000 万美元，主要出资方为 IDG。这也是 IDG 在中国成立的第一支投资基金，当时采用的是公司制。PTV 成立后，IDG 与合资伙伴（上海、北京、广东等地科委）目标上的不一致、与风险投资运行机制相适应的法律环境的缺失、上当受骗、尚显稚嫩的私有经济等等问题一直困扰着 PTV 的发展。1996 年，PTV 更名为 IDGVC（IDG 技术创业投资基金）。

1998 年 10 月，麦戈文（PTV 的有限合伙人/基金投资人，IDG 董事长）在访华并拜会时任中国国家主席江泽民之后，承诺向中国市场投资 10 亿美元。要完成这么大的目标，就必须按照正规的机构投资模式来做。麦戈文表示“想要获得成功，IDGVC 就必须是一家独立的合伙制创投机构。”他们做出这种选择的原因其实很简单：一个干同样活的人在一家 Corporate Venture Capital 平台上每年只能挣 20 万美元，而他在独立的合伙制创投机构里每年却能挣 200 万美元，你说他会做出什么选择呢？造成这种“同工不同酬”局面的原因其实也很简单：在 Corporate Venture Capital 平台上，他们的身份是“雇员（Employee）”；而在独立的合伙制创投机构（Independent Partnership vC Firm）里，他们的身份却是合伙人（Partner），是老板（Boss）。显然在市场经济条件下，“同工不同酬”的现象不可能长久 1999 年，IDGVC 由公司制转变为合伙制。同年，规模为 1 亿美元的 IDG 技术创业投资基金Ⅱ正式成立。2000年，IDGVC正式形成了合伙制的组织结构，并且还按照有限合伙制的原则对过去包括PTV在内投资的项目进行了追溯处理。由此，IDGVC真正变成了一家独自立足于中国市场的合伙制创投机构。

2005年11月，IDG-Accel中国成长基金完成募集任务，其总规模达3.1亿美元，新基金完全交由IDGVC现在的合伙人团队来管理，由周全、熊晓鸽、章苏阳、林栋梁、杨飞、过以宏、李建光7个普通合伙人来共同决策，同时Accel Partners合伙人金·布莱尔和IDG董事长麦戈文都是这支基金的顾问委员会成员。作为共同发起人的IDG和Accel Partners在IDG-Accel中国成长基金中各自的投入都是2 500万美元，各占IDG-Accel原先预定规模的10%。其余2.6亿美元的资本基本上都来自世界著名的有限合伙人，其中80%以上是Accel Partners自身的长期合作伙伴，但每家投入不超过1 500万美元。

从最初的绝对老板到100%的有限合伙人再到当前8%的有限合伙公司，在IDGVC渐渐长大的同时，IDG对IDGVC的控制力却在逐渐减弱。麦戈文表示"我们的基本想法是，首先IDGVC必须是一项成功的事业，然后IDG要做的事情就是在其中找到适合发挥自身优势的角色和空间。如果事情没做成，100%的控制权又有什么意义呢?"

四、IDGVC的决策机制

IDGVC合伙人的合作时间超过10年，是国内风险投资行业合作时间最长的专业团队，具有通信、半导体、医学等技术背景及丰富的管理、风险投资运作经验。出色的业绩及业内的美誉，赢得了创业者及投资者的信赖。

合伙人根据各自的背景和相对优势分为三个组。针对每一个项目，这三个组中的每一个组都必须至少有一人出来作为主要负责人。在一个项目的决策过程中，所有的普通合伙人都要进行表决。在吸收新的合伙人入伙的时候，非常强调背景的互补性，同时也强调新合伙人和原合伙人之间的相互认同。合伙人各有所长，可以从不同的方面为一个项目提供帮助。在很多时候，一个简单的评价也许就包含着十分宝贵的信息，其价值不能用具体的数字来衡量，因此也很难说谁的贡献大、谁的贡献小。相应的，在收益分配上，普通合伙人之间实行平均主义。

第四章

风险企业

第一节 风险企业概述

一、风险企业的概念

风险企业是风险投资的投资对象，是指正在用最新的技术和方法研究开发和生产新产品并接受风险资本的中小型企业。由于这些企业能否经营成功尚未明确，存在收益的巨大不确定性，投资这类企业存在着巨大的风险，因而称之为风险企业。

风险企业可以存在于各行各业中，既可以是高新技术产业，也可以是传统产业。风险企业与一般传统企业最主要的区别在于三方面：第一，风险企业采用的是最新技术和方法，生产的是最新的产品和服务，但技术和方法不一定成熟，产品和服务也不一定能得到市场承认，因而风险较大。而一般传统产业，由于生产历史长，技术成熟度高，产品性能和需求也很稳定，风险也相对较小。第二，传统产业由于技术成熟度高，技术创新难度较大，往往难以形成重大的技术突破和产品创新，因此也难以获得超额的利润。而高新技术产业中，常常能产生重大的技术创新，生产出全新的产品和服务，满足现实或潜在的巨大的市场需求，从而给生产者能带来巨大的超额利润。风险企业通常就是指这种高新技术企业。第三，高新技术企业产品一旦成熟，形成产业化进行大批量生产后，企业的风险也随之降低，所以，风险企业更多时候是指那些中小型高新技术企业。

二、风险企业的特点

风险企业与一般传统的企业相比，具有以下特点：

（一）技术和方法的创新性

风险企业生产产品和服务所用的技术和方法，通常是全新的技术和方法，从技术原理和技术路线上，与现有的生产技术和方法相比，有较大甚至是本质的改进，往往是重大的技术创新，表现出来的效果就是成本的显著降低或者是功能的显著提升。成本的降低是由于采用新的技术和方法或使用更便宜、更普通的材料，在保证产品功能不变甚至提高的基础上，降低产品的生产成本。功能的提升是指利用新的技术和方法，在成本不变甚至降低的情况下，会使产品的原有功能更强大，或者会增加更新、更强的功能。技术创新是风险企业未来发展的潜力和空间所在，也是吸引风险投资的关键所在，更是企业发展壮大的保证。

（二）产品和服务的全新性

风险企业要获得成功，光有先进的生产技术和方法是远远不够的，必须把先进的生产技术和方法进行产业化转变为能满足市场需要的产品和服务，通过产品和服务的销售，才能获得投资回报。而要在竞争激烈的市场中，获得超额利润，就必须生产出比现有产品和服务更具竞争优势的新产品，获得相对垄断的竞争地位，这样才有可能获得超额的垄断利润。而与现有的产品差异，是取得垄断竞争的必要条件，所以，用全新的技术和方法生产出来的全新产品和服务，是风险企业成功的重要因素之一。

（三）企业规模小型化

风险企业主要指一些中小型高新技术企业，这些企业在发展成熟前，企业资产规模小，人员也较少，收益更少甚至亏损。也正是由于企业小，所以才有较大的发展空间，为风险投资提供投资机会。

（四）企业的高成长性

风险投资与一般传统投资最大的区别在于：一般传统投资在投资企业后，以其所拥有的股份获得企业的分红派息，投资回报是企业利润分配收益；风险投资者不仅仅是为了获得风险企业的利润分配收益，而是着眼于风险企业高风险性带来的巨大的股权增值收益。风险企业利用新技术和新方法生产新产品和新服务，最终的目标是企业发展壮大，获得巨额的经济利润。一方面，投资者从超额利润中获得巨额的投资回报；另一方面，由于企业的成长潜力和空间，企业自身的价值也会随之增加，风险投资者可以从股权转让中，获得更大的投资回报。这是风险投资最终的目标和理想的期望收益，也是风险投资区别于传统投资的本质特征。风险企业的高成长性是保证企业增值的关键。

（五）产业促进性

风险企业主要是高新技术产业中的企业，国际上对高新技术产业的分类是：生物工程技术、电子信息、软件、生物医学工程、新材料、新能源、空间技术、海洋、纳米材料和转基因技术等产业。高新技术产业的主要特点是：高技术附加值、高增值性经济效益、最新科技、尖端科学技术、高度知识密集。从高新技术产业的分类来看，大部分是为其他产业生产提供新型的原材料和新的技术方法和手段，因而，高新技术产业的发展，会带动相关产业的整体发展和结构的调整，进而影响整个国民经济发展。而风险企业是高新技术产业的细胞和支柱，只有风险企业的发展，才能带动和促进整个高新技术产业的发展。所以，风险企业的发展对产业结构调整和产业升级具有积极的推动作用。

表 4-1 从核心优势等六种视角将传统企业与创新型企业进行了对比。

表 4-1　　　　　　　　　　传统企业与创新型企业的对比

比较视角	传统企业	创新型企业
核心优势	体现在产品中	体现在任何过程和任何环节中
生产过程	大批量的生产，强调可重复的程序、可替代的零件和标准的制作定位，以便有效地制造公司确定的大批量供给物	模块定制和柔性制造，由模块产品和服务，对客户个性化的需求做出反应，提供定制化生产
组织重点	效率和可预测性，通过准确地预测市场需求变化，以及计划低成本的供给物生产掌握公司的命运	组织学习和组织整合，提高组织的学习能力和知识创造能力，高度扁平化的组织结构与灵活的组织反应相结合
利润焦点	产品边际利润和规模经济利润，尽可能多地制造和销售同样的东西，以降低单位生产成本	投资和范围经济回报同高效的资产利用并存
运行和治理机制	功能和顺序行动，由特定的计划人员集中计划和后续工作	网络与立体行动，在共同的企业远景下动态地形成团队分散决策
信息构建	功能管理和最优化	基本信息管理

三、风险企业发展的四个主要阶段

风险投资公司根据风险企业所处的不同发展阶段，采取与之相适应的投资策略。一个成功的风险企业一般都要经历萌芽阶段、创业阶段、扩张阶段和成熟阶段四个发展时期。萌芽阶段又称为种子阶段，它是创业家创办企业的最早阶段；创业阶段和扩张阶段又可合称为企业的发展阶段，它是风险企业从小到大的最重要的发展时期，而成熟阶段一般为风险企业的最高发展阶段，这一阶段的后期风险企业已逐渐向常规企业过渡其投资收益和风险已与常规企业的收益和风险相当。在成熟阶段的后期，风险企业一般以公开上市或被其他公司兼并收购的方式，为风险投资提供退出的路径。

1. 萌芽阶段（也称种子阶段，Seed Stage）

萌芽阶段是指创新项目处于创意、发明或实验室初级产品阶段。在此阶段，产品（或项目）的发明人需要投入少量的资金进行研发，以生产出成熟样品和形成产业化的生产方案，以验证其项目的可行性和经济技术的合理性。

从创业家产生一种发明创造的新设想或新思路，到经过对产品的研究与开发，风险企业的筹建，直到风险企业注册登记，正式取得营业执照前的这段时间，称为风险企业的萌芽阶段。这一阶段是产品或技术的初步概念形成的阶段，此时创业家对产品或技术的商业潜力正在进行研究、计划和开发，创业家必须确定产品在技术和商业上的可能性，确定规范内容，进行相关的市场研究，以期最大限度地降低商业风险。因此，在这个阶段必须收集翔实的信息，制定风险企业初步的经营计划。这一阶段风险企业的风险主要表现为产品的技术风险和开发风险。创业家为了进行产品的研究与开发，需要一笔几万到十几万元的数量不多但又必不可少的启动资金。如果没有这笔资金，整个风险企业就无法启动和诞生。因此，这笔资金也被称为“种子资金”或“启动资金”。大多数风险企业的这笔种子资金主要来自创业家个人的储蓄或不动产如房屋的抵押贷款，也有少数来源于家庭或亲朋好友的捐赠或借贷，另外还有少数是由风险投资公司对看好的项目投入部分的风险资金。

在这个阶段，风险企业的失败率是很高的，一般为30%左右，专业的风险投资机构在这一阶段通常是很少投资风险企业的。如果有人愿意提供风险投资资金，那么他至少是其投资行业的专家，因为他要面临的技术和产品上的不确定性非常之大，投资风险非常之高。

2. 创业阶段（也称导入阶段，Start-up Stage）

风险企业从取得营业执照，购置生产设备和建设厂房，再到研制和生产出自己的产品的这一阶段，称为风险企业的创业阶段。在风险企业设立之初，企业有许多的工作亟待去做，有许多的问题亟待解决。这是决定风险企业能否成功进入下一阶段的关键，是企业能否开发和生产出在市场上适销对路的产品。因此，此时企业的风险主要是产品的技术风险和市场风险。所需资金被称为“创业资金”或“建设资金”，在这一阶段企业的资金需求量相对较多，一般要达到几十万至一百万元以上，企业的主要投资者依然是创业家，但单靠创业家的投资已远远不能满足风险企业对资金的需求，吸引其他投资者以股本的形式投资是非常必要的。在这一阶段的风险投资与萌芽阶段相比，虽然有较大的增加，但风险投资的绝对量仍然不多，除非风险企业有较好的发展前景，风险投资公司一般不愿对风险企业进行大量的投资，因为此时企业的投资风险还是较大的。风险企业也可利用第三方担保的负债资本，但在借款条款上应较为宽松才可能接受，如要求借款期限要长、利率要低、利息可资本化、借款有宽限期等，另外，优先股也是值得考虑的一种融资方式。

风险企业筹集的资金主要用于建设厂房、购置和安装生产设施、购买原材料以及产品的进一步开发和广告宣传等。这一时期是风险投资开始发挥作用的重要时期。如果风险企业能有新产品问世，风险投资公司或风险投资家就愿意增加投资，为风险企业提供更多的资金。

一个新企业的正式创办，需要聘请核心管理人员，需要对产品或技术做进一步的开发，需要对机器设备和厂房进行大量的投资。这时可能是企业风险最大的阶段，因为企业需要大量的资金投资，但企业尚无较可靠的成功把握。

3. 扩张阶段（Expansion Stage）

从新产品在市场上试销并进行批量化生产，到建立企业规范化的管理体制，再到企业的主要产品在市场上保持稳定发展和占有一定的市场份额，并具有一定规模的销售量和开始实现高额的利润，风险企业的经营环境有了很大的改善，企业规模也得到迅速的扩张，这一阶段称为风险企业的扩张阶段。这一阶段是产品的产量和销量都加速增长的时期，是所谓“旭日东升”时期，是高新技术能否产业化的决定性阶段，是对企业经营者的“命运考试”阶段，风险企业需要扩大生产，需要大量的资金投入。在这一阶段，风险投资家是否愿意大举投资，主要要看风险企业的市场前景和经营者的素质。

在扩张阶段的初期，大多数企业的管理体制仍是作坊式或家长式的，企业的各个管理部门的负责人大多由创业者或其亲朋好友担任。此时由于企业的规模相对较小，企业还难以实行规模生产和规模经营，因此，此时企业的风险主要表现为管理风险。

随着风险企业的成功创办和开发的产品在市场上销售额的增加，进入扩张阶段的企业对资金需求量变得更大，这些资金主要是为了满足扩大经营规模的投资需要。此时寻找额外资本加以扩大企业的生产和销售规模就显得非常重要。扩张阶段正是风险投资大量进入风险企业的时期，风险投资为了降低投资风险，稳妥起见，通常在风险企业的市场、技术和管理情况不够清楚的情况下，一般采取分期的投资方式进入风险企业，即风险投资家一般将预计投资于某企业的资金切块，按实际需要分阶段投入。这样做既可以在实践中不断考察被投资公司的技术、产品、市场和管理的前景，又可以在发现严重问题时，及时刹车，避免遭受重大的损失。这种分期投资的方式适合用作投资那些生产开发周期较长的高技术产品的风险企业。

这一阶段是风险企业从小企业逐渐转变为大中型企业的过渡阶段，也是企业成败攸关的转折时期。风险企业要成功完成这一转折，所需的资金量进一步增加，企业风险进一步减少，产品可能有的超常规高额利润也开始出现。这一阶段企业资金来源的渠道较以前阶段更加宽广，除创业家个人投资外，风险投资公司、银行及金融机构、保险公司和大公司等都可能纷纷加入。但是，就风险企业融资的资金量来说，风险投资公司占的比重最大。除了参与投资外，风险投资公司还会帮助风险企业从正常资金渠道筹集资金，并帮助风险企业建立起与银行等金融机构的业务联系。

在技术与管理方面，这一阶段的风险企业将需要更多各方面的专业人才、更正式的公司组织结构。一般风险投资公司也会帮助风险企业引入这些方面的相关人才和建立完善的企业管理制度。一旦公司能够开发出在市场上畅销的新产品及扩大产品的生产规模，企业就能吸引到所需的大量人才，企业规模就能迅速扩大。此外，在扩张阶段的早期，随着公司销售额的增加，公司必须尽快提高其总收入，一般要求风险企业在2~3年的时间内，产品的销售量能够超过盈亏平衡点。顺利跨越这一阶段意味着风险企业进入一般企业的行列，风险企业可以不再被视为风险企业，此时的风险投资者则开始考虑其退出风险企业的问题。

4. 成熟阶段（Mature Stage）

风险企业经过扩张阶段的发展，企业产品的销售量和利润，都已经达到相当的规模，企业的现代管理体制已经基本建立，企业进入了一个相对稳定发展的阶段，这一阶段一般称为风险企业的成熟阶段。这一阶段的企业融资已不被视为风险投资，为了进一步扩大公司规模，向多品种的经营方向发展，公司可能开始考虑或已经通过证券市场发行股票并在二板市场上市。这时风险企业的投资风险，已经接近常规企业，企业发展所需的资金量比前面几个阶段进一步增大，个人投资者和风险投资公司提供的资金来源已经远远不能满足需要。这时企业所需的资金主要是通过银行贷款和在证券市场上发行股票来获得，也可通过吸引一些大公司、大财团等来进行投资。随着企业风险的减小，超常规的高额利润也相应减小，风险投资公司开始纷纷退出企业，选择新的投资对象，进行新一轮的风险投资。

从第一到第四阶段的整个发展过程中，风险企业通常需要进行多达4~5轮的融资。

与此相对应，风险投资公司对风险企业的投资也通常是分轮次进行的，其目的：一是为了满足风险企业对资金渐进的需求，二是为了降低投资风险。每一轮次的投资额通常限于项目使用达到下一发展阶段为止，并且呈逐次递增趋势。因为，正如前面提到的那样，在创业早期，项目风险大，资金需求量却不大；而在经历了创业早期之后，风险逐步减少，资金需求量却逐步增大。对于发展状况越来越好，其发展前景越来越确定的风险企业，风险投资公司倾向于加大投资；对于发展状况不是逐步转好，而是逐步转坏的风险企业，风险投资公司的进一步投资会非常慎重，将区别不同情况加以对待。其中对于尚有挽救希望的风险企业，风险投资公司会审慎地对其进行挽救性投资，通常是采取降低股权价格的办法。而对于那些没有挽救希望的风险企业，则会采取断然措施，通过清算等手段退出，尽可能地收回前期投资。

这里应当注意的是，风险投资公司对风险企业的投资虽然是呈逐轮次递增的趋势，但其占风险企业的股权比例却呈下降趋势，这与风险企业的成长规律和资本运动规律有一定的相关性。由于早期投资风险很大，从其他渠道难以融到资金，因此资金需求主要依赖于风险投资。因而风险投资公司占风险企业的股权份额也就较高。随着产品的不断完善、市场的开发，其他投资者开始加入风险投资队伍，风险投资公司的股权份额逐渐下降。这一方面表明风险投资公司开始撤出，其他投资者开始逐渐加入，另一方面也表明随着风险企业的不断增值，风险投资公司投入一定的资金所能换取的股权份额越来越小，也在一定程度上反映出了早期风险投资的高收益所在。

第二节　风险企业获取风险投资

对于风险企业来说，无论处于哪个阶段，都会面临缺少资金的艰难情况。如果企业能够申请到企业发展的资金，就有一半的成功希望。因此，能否获得启动资金和后续资金是风险企业创业成败的关键。获取风险投资也成为风险企业的重要目标。

一、获得风险投资的必要条件

通常，风险企业要成功获得风险投资，一般必须具备下列基本条件：

（一）具有较高素质的创业家和管理人员

创业家必须有冒险和献身精神、有信心和勇气、有较高的领导能力，并能激励下属为共同目标而努力工作和奋斗，善于与别人合作，富有经营管理的经验和能力。企业的技术和营销人员必须具备较高的市场开拓能力。可以说，现在的风险投资公司越来越不愿意和一个缺乏经验的创业家合作，尽管他的创意、技术或产品可能非常具有吸引力。在一般的投资项目中，风险投资家都会要求创业家有在该行业工作的经历或成功经验。如果一个创业家只有一个好的想法或创意，但他又从来没有在这一行业工作过，风险投资家就会怀疑这一投资项目的可行性，这时创业家就很难得到所需的风险投资。

案例 携程网梦幻创业团队

携程的创业团队（季琦、沈南鹏、梁建章、范敏）在我所见过的创业企业当中是最强的，我后来再也没有找到过搭配这么好的团队了。

——启明创投甘剑平

携程的创业团队一共有四人：季琦、梁建章、沈南鹏和范敏。

季琦是携程创业团队的领导者。他于1966年出生在江苏南通的一个农民家庭，1985年，考入上海交通大学工程力学专业。大学四年，季琦都泡在了图书馆，读哲学、读历史、读毛泽东传记。大学带给他的最大收获不是专业知识，而是让他想通了一个问题：个体对于世界来说，是非常短暂的，有的人平淡无奇，有的人波澜壮阔。自己不能延长生命的长度，但可以拓宽生命的宽度。1989年，季琦考了上海交大机械工程系的机器人专业研究生。毕业后进入国企上海计算机服务公司工作了两年半，坐到了二把手位置。之后到了美国做技术工作。1995年，他在朋友们的鼓动下回国发展。在新东家中化英华智能系统有限公司工作了一段时间之后创办了携程公司，其间结交了甲骨文咨询总监梁建章。在梁建章的提议下，二人准备一起做一个网站。梁建章是这个团队的技术核心。他是上海人，生于1969年，从小就有“大头神童”之称。他接触计算机的时间很早。13岁那年，他参加计算机兴趣小组，编写的辅助写诗的程序获得了第一届全国计算机程序设计大赛的金奖。15岁，梁建章进入复旦大学计算机本科少年班。一年之后，复旦还没有毕业，梁建章又直接考入美国佐治亚理工大学。1989年，20岁的小伙梁建章拿下了硕士学位，并且又直读博士学位。但是，一段时间之后，梁建章发现“原来最先进的东西不是在学校而是在企业”，于是，博士还没有毕业，他就加入了甲骨文公司。一次，梁建章回国探亲，国内火热的创业气氛和隐藏的巨大商机让他震惊。他觉得，从长远来看，自己的发展机会还是在中国，所以，他决定转型。梁建章申请转换到客户服务部工作，从事ERP实施。1997年，梁建章终于获得了他等待已久的机会，他通过了甲骨文公司的内部招聘，担任中国区咨询总监的职务，回到了上海。

那究竟做一个什么样的网站呢？

在创业方向的选择上，梁建章曾经考虑过网上书店。因为他们看到美国的亚马逊公司的图书在网上卖得非常好，1998年年底，亚马逊的股价一度突破30美元，到1999年2月，亚马逊的估值已经达到250亿美元。除了网上书店，梁建章也考虑过网上招聘。因为在美国，招聘网站Monster大获成功，它的模仿者前程无忧和中华英才网也表现不俗。

但是，季琦的思路不同，他的最初想法来源于家庭装潢市场的爆发式增长。

1996年，国内装修产业的产值仅为450亿元，到1998年，全国用于住宅装修的费用就达到了1 000亿元，上海家装行业销售额超过200亿元，占全国的1/5。为此，季琦想进入网上家装市场，他还为网站起了一个名字：“网上宜家”。

后来，经过深思熟虑，梁建章和季琦发现，亚马逊和网上宜家的模式都有一个致命的弱点：那就是物流问题。由于中国的广阔的地域和物流业的落后，迄今为止还没有人能够以较低的成本完全解决这个问题。而招聘网站，在国内已经有不少家，对于梁建章和季琦来说，他们进入这个行业，并没有太多的优势。

想法一个个被枪毙了，到底选哪一方向比较好呢？有一个周末，梁建章和季琦两人一起开车到上海周边的景点去玩，突然梁建章说："干脆我们做一个旅游网站吧。""好！这个项目可以考虑。"季琦很认同。因为季琦也非常喜欢旅游。但是，两个人无法组成一个团队，好像还差一个人，特别是一个能找钱的人。

季琦和梁建章马上想到了他们都认识的一个熟人，这个人就是季琦同届的校友，与梁建章在美国相识，他的名字叫沈南鹏。沈南鹏是这个团队的监督者。他1967年出生于浙江海宁。爱好数学的沈南鹏获得过全国数学竞赛一等奖；沈南鹏中学毕业后，马上进入了上海交大应用数学系，1989年，他又考入了美国哥伦比亚大学数学系。1990年，沈南鹏决定从哥伦比亚大学退学，重新报考耶鲁大学的MBA。两年后，沈南鹏从耶鲁大学毕业并获得了花旗银行的工作机会，在投资银行部做新兴市场的债券和股票。几年后，他又跳槽到美国第三大证券公司雷曼兄弟公司。在雷曼兄弟公司工作了两年后，为了寻求更超速的发展，沈南鹏在1996年初加入了德意志银行的投资银行部——德意志摩根建富，成为摩根建富的董事。

这时，互联网企业已经在美国兴起，当1999年梁建章和季琦找他一起创建互联网公司的时候，他没有半点犹豫就答应了下来。接下来，梁建章和季琦各出20万元，各占30%的股份。沈南鹏出60万元，占40%的股份。开办旅游网站的计划，在他们三个人的不断探讨中越来越成型。不过，他们很快发现，他们还缺少拼图的最后一块。因为梁建章是搞技术的，沈南鹏是弄投资的，季琦是搞管理和市场的，还差一个熟悉旅游业的。于是他们又找来了第四个人——范敏。

范敏，1965年6月出生，本科就读于上海交通大学，主修的是工业工程专业。1987年大学毕业，又免试攻读管理学硕士。硕士毕业后先后在上海新亚国际旅行社、上海仑宾馆、上海旅行社（上海新亚国旅）等公司工作，2000年2月，范敏正式加入携程。此前，他是上海新亚（集团）酒店管理公司副总经理，公司为他配备了轿车和司机。范敏放弃了这一切，在35岁的时候，重新选择了创业。

从2000年正式加入携程旅行网以来，范敏一直默默拼搏在一线，外面对于这位携程旅行网的创始人了解甚少。其实，在携程旅行网的四大创始人中，只有范敏是来自旅游业。凭借着他在业内丰富的经验和对旅游独到的理解，携程旅行网成为目前国内最大的在线旅游预订平台。当年的4个创业年轻人中，只有范敏至今还拼搏在携程的第一线。携程网通过网络技术与传统行业嫁接，最终取得突破性的进展。

范敏有一段生动的话来描述四个人的合作关系，他说："这就像是盖楼，季琦有激情，能疏通关系，他去拿批文、搞来土地；沈南鹏精于融资，他去找钱；梁建章懂IT，能发掘业务模式，他定出大楼的框架；而我来自旅游业，善于搅拌水泥和沙子，制成混凝土去填充这个框架。"

据范敏回忆，在1999年公司刚成立的时候，只有30多人。平时在外面露面的是沈南鹏和季琦，他自己和梁建章属于"地下党"，因为当时还在其他公司上班，所以一般都是晚上下班后再来携程。4个人每晚在公司碰头，商量公司的发展大计。范敏说："因为季琦当时主要负责和外面接洽，他的办公室最大，有20多平方米。我和梁建章连办公桌也没有，4个人开会的时候，就在季琦的办公室开。"

携程旅行网最早开始的业务是酒店预订，在2000年的时候组建了呼叫中心。后来逐步发展了机票预订业务和度假产品业务。在携程的呼叫中心投入使用之后，范敏每天拿出半个小时专门听电话，随机切入顾客拨入携程的任何一个预订电话中，发现接线员在回答顾客的问题时有不到位的地方马上记录下来，专门做分析，重点整改。

范敏透露，携程对于接线员的要求是每个电话处理不超过180秒，也就是说不到3分钟的时间内下好一个订单。但在每一个下单过程中，一共有20多个"动作"，要求每个"动作"都不能走样，这就非常难了。携程的模式是将所有的酒店和机票信息都输入数据库，每个人接电话、下订单的过程就像工厂的流水线生产一样，这一简单的模式看似简单，但复制很难。

2003年12月，携程旅行网成功登陆美国纳斯达克。范敏说，在美国成功上市，给携程带来最大的帮助是得到了资金支持和品牌的认可。携程自登陆纳斯达克以来，每个季度都盈利，而且盈利水平都高出华尔街的预测。

（二）企业的新技术、新产品有广阔的市场前景或潜在的市场需求

产品在市场上有需求，就会有顾客；有了顾客，就会有市场；有了广阔的市场，企业才有了生存发展或快速成长的空间和机会。一般而言，风险投资家特别喜爱那些在高技术领域具有技术领先优势的公司，例如电子设备、药品、通信技术和生物工程等领域。如果创业家拥有一项受专利保护的先进技术或产品，那么他的企业就会引起风险投资家的极大兴趣。这是因为高科技行业的产品本身就具有很高的利润，而领先的或受保护的高科技产品可以使风险企业很容易就进入市场，并在激烈的市场竞争中占有较大的市场份额。因此，这些具有技术优势的企业，可以更容易地筹集到足够的资金，使风险企业快速发展。

（三）有既有远见又切实可行的商业计划书

这个计划书要阐明创业家创办企业的基本思路和企业的价值所在，明确企业的发展目标和发展方向，明确企业目前和未来的市场和顾客，指明企业具有的优势和劣势，同时列出创办或发展企业所缺少的资金数额。

二、获取风险投资的程序

风险企业想要获得风险投资家的青睐，以便申请到充足的资金，除了尽力完善自身各方面的条件之外，也要预先了解风险投资市场的行情，了解各个风险投资公司偏好方面的信息，然后根据自身的特点和资金需要量筛选出若干可能的风险投资公司，然后按照风险投资的获取程序与它们进行接洽。

风险投资的过程不是单项选择，而是双向选择，风险企业也有权选择风险投资公司。这对于风险企业来说也是非常重要的。有人把风险投资的过程比做婚姻，选择风险投资公司就如同生活伴侣一样，没有共同的志趣，即使勉强结合也不会幸福。风险企业与风险投资一签订合同，就要进入协作管理阶段，合作贯穿企业的发展过程中。因此不

仅风险投资要选择风险企业，同样，风险企业也要选择风险投资公司，选择合作伙伴。

根据自身条件选择合适的风险投资公司。首先，看风险投资公司的投资方向。每个风险投资公司都有自己明确的投资方向。如果风险企业的产品不在其投资方向内，就不要投石问路，以免做无用功。其次，看风险投资公司的投资规模。一般来说，投资规模大的风险投资公司都愿意选择大项目。如果是中小企业，投资规模不大，就应当找一个适合自己的风险投资公司。再次，就是就近选择。因为风险投资公司一般都就近投资，但也不排除异地投资的可能，只是这种可能性很小。

企业在寻求风险投资时绝大多数比较主动，有的则通过中介人的介绍与风险投资取得联系。实际上，风险投资公司最关心的是风险企业的项目是否具有很高的增值潜力，当然有中介人的介绍可以增加可信度，同时沟通起来也比较方便。

（一）确定初步意向目标

寻求风险投资的企业应当预先了解风险投资市场的行情，根据本企业的特点和资金需要量筛选出若干可能的风险投资公司。在筛选时，风险企业所要考虑的因素包括：企业所需投资的规模、企业的地理位置、企业所处的发展阶段和发展状况、企业的销售额及盈利状况、企业的经营范围等。通常，在此过程中，律师和会计师要起很大的作用。

在筹集风险资金的过程中，有时风险企业家需要找到一个主要投资者，这个主要投资者将会和企业家一起推动、评价、构建这笔交易。此外，这个主要投资者还会把周围的投资者组织起来形成一个投资者集团。风险企业家应从最有实力的投资者中选择他的主要投资者。

（二）准备文件

在访问风险投资家之前，风险企业家应准备好所有的必要文件。投资家们会通过这些文件的准备情况以及风险企业家的应对情况来评价这一投资项目。需要准备的文件包括：

（1）业务简介：一份关于风险企业的管理者、利润情况、战略定位以及退出的简要文件。

（2）经营计划：关于公司情况的详细文件，包括经营战略、营销计划、竞争对手分析、财务文件等。

（3）综合调查与分析或审慎的调查分析：即关于公司、管理队伍以及行业的背景分析和财务可靠性分析。

（4）营销资料：一切直接或间接与公司的产品和服务有关的文件。

在所有这些文件中，最重要的是风险企业的商业计划书。该计划除了要简明扼要、表达准确、突出财务状况并附有数据外，还应表现出管理者的能力和远见。商业计划书的篇幅一般应在30页至40页，应该由熟悉公司业务和投资业务的律师或会计师草拟，其主要内容包括：公司背景、所需金额及用途、公司组织结构、市场情况、产品情况、生产状况、财务状况等。

第三节　商业计划书的撰写

一、商业计划书的概念和意义

（一）商业计划书的概念

商业计划书（Business Plan）是企业编制的，用作同内部或外部进行信息交流的工具，内容一般是对企业自身的各种商业因素的分析和介绍。风险投资商业计划书，也可称为创业计划，是一种外部商业计划书。风险投资商业计划书是由创业者准备的书面计划书，用以描述创办一个新的风险企业时所有相关的内部要素和外部要素，以供风险投资家评估和风险企业未来经营使用。

商业计划书有以下方面的作用：第一，对内，它能够帮助创业者理清项目的发展思路。对外，它是融资的主要手段之一。商业计划书的写作能够帮助创业者审视自己创业的目的。因为创业初期，人们对于一个酝酿中的项目，往往很模糊，通过制定商业计划书，能够将思路梳理清楚，有利于逐条推敲。这样，创业者就能对这一项目有更清晰的认识，使思维更接近理性和现实。第二，对内，商业计划书的编写过程是把计划中要创立的企业推销给创业者自己的过程。创业者本身首先要建立自己对于创业的信心、热情和美好前景的憧憬。对外，商业计划书是企业家向投资者宣讲自己的范本，商业计划书要把企业推销给天使投资家、风险投资家或其他投资者。

（二）商业计划书的意义

商业计划书不但是风险企业的创业蓝图，同时也是风险企业对外筹资的重要依据。许多风险企业家拥有优势的技术与创新的产品构想，但因欠缺经营事业的经验，以为只要产品好，市场与利润就随之而来，但结果发现，没有任何风险投资家愿意与他共赴风险。事实上这类风险企业的下场多半是事业遭遇挫折，而资金短缺无以为继，最后只能饮恨结束营业。因此，一份成功的商业计划书，是所有风险企业成功的关键所在。

1. 商业计划书是筹措创业资金的依据

现代企业行为大多是属于高度风险的创新形态事业，风险企业家除了需要有好的技术与产品构想外，资金、市场、专业管理都是创业成功的必要资源条件。此时一份好的商业计划书，对于创业行为就显得非常关键。因为风险企业要想吸引投资者的资金，首先就必须显示出这项创业投资不但可能成功，同时还会带来很高的报酬。风险企业需要很明确地说出事业经营的构想与策略、产品市场需求的规模与成长潜力、财务计划以及投资回收年限，同时风险企业也要证明它对市场、财务的分析预测有具体事实和根据。一份高品质且内容丰富的经营计划书，就成为风险企业向投资者传递上述信息的关键媒介。

风险投资公司在评估创业投资申请案时，首要的评估资料就是商业计划书。所谓商业计划书可视同于求职时的学历文凭，一份质量与内容均有所欠缺的商业计划书，常使得风险企业家请求与风险投资家见面的机会都没有。商业计划书不同于所谓的事业远景规划书，内容架构完整与具体可行是基本的要素。事实上，没有经过相当深入的市场分析与经营管理训练，很难写出一份高水平的商业计划书。而创业者又大多是技术背景出身，欠缺生产营销与管理经验，因此往往难以编写出令人满意的商业计划书。

案例 红杉资本对商业计划的要求

红杉中国的投资组合包括新浪网、阿里巴巴集团、万学教育、京东商城、文思创新、唯品会、豆瓣网、诺亚财富、高德软件、乐蜂网、奇虎360、乾照光电、焦点科技、大众点评网、中国利农集团、乡村基餐饮、斯凯网络、博的影视、开封药业、秦川机床、快乐购，蒙草生态、匹克运动等。作为“创业者背后的创业者”，红杉中国团队正在帮助众多中国创业者实现他们的梦想。

红杉资本乐意了解你的商业创意和计划，希望你能阅读一下我们和你分享的如何写好商业计划。

我们喜欢哪些用最少的文字传达最多的信息的商业计划。简化格式，用15~20页PPT，就可以了。

1. 公司目的

用一句话描述公司的业务。

2. 问题

(1) 描述客户的“切肤之痛”。

(2) 简介目前客户是如何应对这些问题的。

3. 解决方案

(1) 阐述公司的产品/服务的价值定位，如何解决客户的难题。

(2) 说明公司的产品/服务具体在何处得到体现。

(3) 提供一些产品/服务使用的具体例子。

4. 时机：为何是现在

(1) 回顾公司产品/服务所应用的领域的历史演变。

(2) 说明哪些近期的趋势使得公司的产品/服务之优越性得到可能。

5. 市场规模

(1) 定义你的目标客户并描绘他们的特性。

(2) 用不同的方法测算市场规模，比如用自上而下法估算可获取的市场规模（total addressable market），用自下而上法统计可获取的收入规模（sales addressable market）或依据市场占有率份额来估计（share of market）。

6. 竞争格局

(1) 列出现有的和潜在的竞争对手。

(2) 分析各自的竞争优势。

7. 产品/服务

(1) 产品/服务描述：外形、功能、性能、结构、知识产权，等等。

(2) 产品/服务的开发计划。

8. 商业模式

(1) 收入模式。

(2) 定价。

(3) 从每个客户上可获取的平均收入或其他终身价值。

(4) 销售和渠道。

(5) 现有客户和正在开发的客户清单。

9. 团队描述

(1) 创始人和核心管理层。

(2) 董事会成员和顾问委员会成员。

10. 财务资料

(1) 利润表。

(2) 资产负债表。

(3) 现金流量表。

(4) 股本结构。

(5) 融资计划。

2. 商业计划书的功能与重点

商业计划书虽然也可以作为创业者事业发展的自我参考蓝图，但拟写商业计划书最重要的目的，应该还是作为向外界筹资沟通的工具。因为几乎所有的专业投资者与融资机构都是在看到一份可以接受的商业计划书以后，才会展开相关的投资评估，投资家需要商业计划书的主要原因，是为能获得事业经营的信息，以快速做出正确的投资决策。

因此，对于投资者而言，一份理想的商业计划书必须具备下述三种功能：

(1) 缩短决策时间。一份理想的商业计划书要能够提供投资者评估时所需的信息，使其能从众多创业家所提出的商业计划书中，进行有效率的筛选分析，迅速挑选出适合的投资方案，以缩短评估决策所需花费的时间。

(2) 清楚告知投资者有关事业经营与发展的过程与结果。经营计划书必须明确指出公司内部竞争优劣势及外部的机会和威胁、可能遭遇到的问题及预期的经营结果。

(3) 提供投资者详细的投资报酬分析。投资者最关心的是可获得多少的投资报酬以及如何回收投资资金，因此，一份详细的资金运用与财务分析报表，是投资者所迫切需要的。

所以，商业计划书的最主要目的还是为了吸引投资者的注意，通过提供充分的事业经营信息与丰厚的投资报酬机会，满足投资者在评估与投资决策上的信息需求，以在最短时间内筹集到所需的资金。总之，一份好的商业计划书一定要以投资者需求为出发点，因为投资者最关心的还是市场的规模有多大、消费者的需求是什么以及投资者报酬与投资风险。如果商业计划书的内容不能满足投资者关注的焦点问题，那么获得青睐的机会就会比较低。

风险企业拟写商业计划书最容易出现的错误是过分强调所熟悉的业务而刻意忽略不熟悉的部分。对于市场占有率只进行粗略假设，也是创业家常犯的一个错误。因此，在商业计划书中分析产业与市场活动时，最好先做一些市场调查研究，并引证官方或学术研究机构的客观统计资料，同时对于目标市场消费特征的描述，也要有确实的证据。如果已有具体产品原型（Prototype），应考虑先进行消费者使用测试以及取得专家的检验意见，这样会有助于提高商业计划书的质量与可信度。

另外风险投资投资家较关心，而却常被风险企业忽略的问题是如何保证这份商业计划书能被有效地执行以及如何回收投资资金。有效执行的关键在于经营团体的组成，如果创业家能包揽经验丰富的经营管理者加入经营团体，对于投资者而言将是一项有力的保证。创业家经营团体的经历背景，有时是筹资成功与否的关键因素。经营团体拥有一位声誉卓著的财务专家，也会有助于增加投资者对于商业计划书实现的信心。

如果商业计划书能提出外来投资资金的回收方式，相信会吸引投资者的兴趣。一般回收的方式主要有转让、收购、上市等，但回收时间也是重要的考虑因素。商业计划书应有详细的财务预测分析与投资报酬率的预估。这些分析必须依据具体的市场预测资料，同时还要包括敏感度与风险分析在内。风险性投资者对于投资报酬率的要求要高于一般水平，对于创业投资报酬的要求更高达50%以上。因此，风险企业要提出一份能够具体实行高回报的商业计划书与财务规划，才有可能吸引风险投资家的兴趣。

3. 商业计划书拟写的原则

一份好的商业计划书必须要呈现竞争优势与投资者的利益，同时也要具体可行，并提出许多可供佐证的客观的数据。内容必须要完整包括所有重要的经营功能，对环境变化的假设与预测也必须一致，以充分表现创业者对于企业内外部环境的熟悉，以及实现经营计划的信心。

商业计划书的拟写原则主要有七点：

（1）呈现竞争优势与投资利益。商业计划书不仅要将资料完整陈列出来，更重要的是整份计划书要呈现出具体的竞争优势，并明确指出投资者的利益所在。另外，必须显示经营者创造利润的强烈企图，而不仅仅是追求企业发展。

（2）呈现经营能力。要尽量展现经营团体的事业经营能力与丰富的经验背景，并显示对于该产业、市场、产品、技术以及未来营运策略等已有完全的准备。

（3）市场导向。要认知利润是来自市场的需求，没有根据明确的市场需求分析来撰写的商业计划书将会是空泛的。因此商业计划书应以市场导向的观点来撰写，并充分显示对于市场现状的掌握以及对市场未来发展预测的能力。

（4）一致性。整份商业计划书前后基本假设或预测要相互呼应，也就是前后逻辑合理一致。例如，财务预测必须要根据市场分析与技术分析得出结果，方能进行各种报表的规划。

（5）实际性。一切数字要尽量客观、实际，切勿凭主观意愿的估计。通常创业家容易高估市场潜量或报酬，而低估经营成本。在商业计划书中，风险企业应尽量列出客观、可供参考的数据与文献资料。

（6）明确性。要明确指出企业的市场机会与竞争威胁，并尽量以具体资料佐证。同时分析可能的解决方法，而不是含糊交代而已。另外，要明确说明所采用的任何假设、财务预测方法与会计方法，同时也应说明市场需求分析所依据的调查方法与事实证据。

（7）完整性。应完整包括事业经营的各功能要素，尽量提供投资者评估所需的各种信息，并附上其他参考性的佐证资料。但内容用词应以简单明了为原则，切勿太专业烦琐，对于非相关的资料勿将之陈列，以免过于冗长。

二、商业计划书的基本形式

商业计划书没有一个统一的格式。下面仅介绍一种格式，作为参考。一般地，一个完整的商业计划书应由以下十一个方面的内容构成：摘要、创业者宣言、企业介绍、技术和产品（或服务）、市场营销策略、竞争、风险-收益分析、管理团队、融资需求、财务计划、附件。

1. 摘要

摘要是商业计划书的亮点。摘要提纲挈领，短小精悍。一个商业计划书能否一下抓住风险投资家的注意力全在它是否有一个出类拔萃的摘要。摘要是眼睛，是灵魂，是商业计划书的整体概括。它浓缩了商业计划书的整个内容，是商业计划书的精华所在。般情况下，风险投资家都是通过首先阅读商业计划书的概要部分获取信息，来判断是否有进一步阅读商业计划书的必要性。可见，概要部分的重要性不言而喻。其描述一定要条理清晰、文字简洁、内容客观、逻辑严密，使人一目了然。

2. 创业者宣言

一般地，创业者宣言是创业者理想的概括，是创业者对于自己创业使命的总结，是商业计划书的一个命题。创业家宣言往往仅是一句话，而这是至关重要的一句话。创业者用这句话向投资者、向市场、向社会，也是向自己概括了自己创业的目的。

3. 企业介绍

商业计划书中的企业介绍不是一般意义上的企业概要，而是包含了企业发展目标市场竞争策略、企业发展策略等更为全面的内容综述。它在概述有关企业简介的基础上，进行了更为全面的补充和细化。具体包括以下一些内容：

（1）基本情况，包括企业名称、地点、成立时间、注册资本、主要股东、股份比例、主营业务、以往经营业绩、主要管理者介绍。

（2）企业业务范围。

（3）企业成长目标。

（4）企业组织结构。

（5）企业人力资源发展计划，包括人才招聘计划、员工培训计划、报酬及分红体系和激励机制等。

（6）介绍企业聘请的财务顾问、会计师、律师、银行家，包括费用情况和业务往来情况。

4. 技术和产品（或服务）

在这里，商业计划书要准确描述企业将推出的产品和服务，这些产品和服务能够给消费者或厂家带来什么利益和福利。在介绍产品和服务时，要避免用太多的专业术语而把重点放在描述产品和服务的用途和好处上，同时解释有关产品的专利、商标，或专有技术；如有可能，提供有关的政府批文。

商业计划书的核心是提出一项产品或服务，以及它对最终客户的价值。产品或服务市场价值主要表现在两个方面。

（1）技术的独特性。风险投资家希望企业的产品或服务在技术上独具匠心，在手段上标新立异，只有这样，才能提高产品的技术进入壁垒。而产品的技术进入壁垒越高，产品就能以比较高的价格进入市场。

（2）技术的利润性。再好的技术，如果没有巨大的盈利前景，风险投资家也不会予以重视。

上述两点恰恰是企业特有的优势。

5. 市场营销

有人把企业比作以营销为核心的集合：一个企业只有两个部门：市场营销部门以及为它服务的部门。企业能够销售什么，市场的需求是什么，企业就提供什么样的产品/服务。没有销售，企业就没有收入，也就无法生存，无法持续发展。

对于一种产品而言，技术的先进性并不说明市场先进性，只有能真正满足市场需求的技术才是可行的技术。产品是否为客户所接受，决定着企业的成功与失败。技术成果不一定等于商品的实用性，科技成果向市场的转化是关键。从某种意义上说，一个企业的成功与否取决于它的市场营销能力。

商业计划书中相当重要的一环是对于市场潜力的分析，是对于企业市场营销策略的分析。对于市场营销的分析中还应包括对于企业所在行业的分析。例如，企业产品在行业中发展程度如何？行业的发展动态如何？创新和技术进步对行业的影响如何？经济发展、政府政策对该行业影响程度如何？企业应描述出将要进入的行业全貌，指出影响该行业发展的关键因素。

6. 竞争

商业计划书成功的一个重要的因素是对于市场竞争的分析。只要有机会，就会有竞争。有的创业者宣布他们没有竞争对手。事实上，只要是有市场的产品/服务，就有竞争的存在，即使没有现实的竞争，也会有潜在的竞争。没有竞争对手的状况只有两种，或者是你们所谓的市场根本就不存在，或者是你们没有意识到现实的及潜在的竞争者。市场是商品经济的活动载体，哪里有商品，哪里就有市场；哪里有市场，哪里就有竞争。竞争是企业求得生存和发展的必由之路。对于创业者来说，必须认真考察了解市场竞争状况，做到未雨绸缪。

如果在商业计划书中没有对于市场竞争的分析，投资者往往认为创业者或者没有做好功课，没有发现竞争者；或者夜郎自大，没有虚心创业，没有一步一个脚印的工作作风。这种商业计划书很难吸引企业投资者。

7. 风险-收益分析

一些创业家在商业计划书中明确表示，投资于自己的企业，投资者将面临很小的风险，甚至无风险可言。然而，这种认识只能说明创业者对于风险及风险与收益关系的无知。

在商业计划书中，创业者应当明确投资风险，并指出承担这种风险会给投资者带来的潜在收益。在指出企业在未来发展中各种各样潜在风险的前提下，为投资者指出光明的盈利前景。没有诚实的、坦白的风险分析，不可能形成一个具有说服力的商业计划书。

创业的风险包括：技术风险、市场风险、工艺风险、生产风险、政治风险、宏观环境风险、法律风险、政策风险、汇率风险，当然最大的是人的风险，即管理层的风险。风险投资家特别希望创业者能对企业的潜在风险进行全面的分析，这主要是由于：一方面，投资者可以了解创业者的风险意识；另一方面，也为投资者的风险评估工作提供了依据。对可能出现的风险，无论大小都要认真对待，以确保投资者的投资安全。

在全面分析各种风险的前提下，商业计划书还应提出投资回报与退出机制问题。这是投资者非常关心的问题，也是投资者最终作出投资决策的依据。创业者不要忘记，投资者进行投资是为了获得较为丰厚的回报。因此，创业者在商业计划书中必须预测风险投资家的投资回报率。

8. 管理团队

一个企业能否最终获得成功，除了拥有好的技术、产品和市场外，更重要的是一个强有力的管理团队，以实施商业计划。一个并不非常出色的商业计划由一个一流的管理团队去操作，往往会获得成功；因为第一流的管理团队会根据客观状况修改原来的计划，使之具有实施效益。相反，一个出色的业务计划由一个平庸的团队去操作，往往会中途夭折。

一个优秀的管理团队至少应具有以下特点：

（1）共同的目标和价值观。

（2）品质、能力，经验等，优势互补。

（3）一般至少两三个人，但人数不宜过多。

对于许多风险投资家来说，人仍然是第一重要的。他们选择投资项目时，管理团队是最重要的考察对象。

9. 融资需求

商业计划书中应当明确融资额度及融资模式。如融资 500 万元，出让股权 15%，或融资 800 万元，出让股权 20%，等等。

很多创业者在其商业计划书中没有明确的融资要求，希望投资者自己提出投资额。创业者认为，投多少钱，出让多少股份都是可以商量的。他们没有明确所需资金量，言外之意：钱不怕多，越多越好。然而无论从企业发展考虑，还是从创业者本身考虑，融资的额度应当以适度为准。何谓“适度”？适度是企业能够用于正常运行的最低额度即企业最需要的资本额。融资额太低固然不能满足企业发展的需要，但融资绝不是越高越好。融资额越高，企业出让的股权就越多，付出的代价就越大。

10. 财务计划

企业应提供最近 1~3 年的财务报表及当期财务报表，包括资产负债表、现金流量表、损益表和年度财务报表，以供风险投资家分析企业的财务状况。对于初创企业来说，虽然损益表不能反映真实情况，但可以考察创业者对财务管理重要性的认识。

11. 附件

商业计划书一般都具有附件，以提供相关的证明资料，包括市场调查表和市场调查报告及相关参考资料。按照美国小企业局公布的要求，商业计划书的上述内容可综合为四个部分：公司介绍、市场营销、财务计划、管理结构，外加附件。

课后阅读

风险企业成功典范：苹果电脑公司成长之道

一、硅谷——高新技术公司集聚地

1955 年肖克利（William Shockly）在美国加利福尼亚北部地区成立肖克利半导体公司，随之也引来了大批半导体和电子公司，如 IBM、施乐公司也先后进入该地区，使该地区成了半导体和电子产品的集散地，集中了全美 90%以上的半导体公司，并生产电子工业的基本材料——硅片。因为这个地区特殊的地理位置和硅片产品，《电子信息报》（Electronic News）在 1973 年将其称之为“硅谷”以后，就一直沿用至今，并作为一种高科技产业的代名词，也成为美国电子工业的高新技术研究开发基础。硅谷驻扎着 8 000 多家各种各样的企业，其中有 6 000 多家是电子工业制造商和服务公司，200 多家从事高新技术开发和生产的企业。在这个 777 平方千米左右的地区中，聚集着 7 000 多名博士、数以万计的百万富翁，每年电子工业销售额超过全球总额 40%。硅谷聚集和产生的巨大财富每天都刺激着大量的风险企业诞生。

二、苹果电脑公司的横空出世

人们在谈到硅谷和风险投资时，不能不想起苹果电脑公司——一个硅谷和风险投资界令人难忘的事件。因为苹果电脑公司的成功为风险投资树立了辉煌榜样——一个在 3 年内通过风险投资获得 200 多倍巨大收益的风险投资案例。而这个苹果电脑公司就产生在硅谷。

对于苹果电脑公司来说，硅谷不仅是公司诞生的摇篮，也是风险企业家成长的温床。从小生长在硅谷的史蒂夫·乔布斯和斯蒂芬·沃兹，在融汇最新科学技术和最先进的管理知识、追求创新精神的硅谷环境中不断受到熏陶，培养出了硅谷人所具有敢于创新、勇于冒险、富于竞争的性格。

沃兹从小就喜欢计算机并表现出在计算机及技术上的才能。沃兹与乔布斯首次合作是制作一台电话线装置，这一装置的主要功能是将它安装在电线上就可以免费打长途电话。在合作过程中，他们特别想有一台自己的计算机，而当时计算机主要是商用的，没有个人电脑，正是这一愿望促使他们发明了苹果微机，并创立了苹果电脑公司。

1975 年，沃兹和乔布斯参加了硅谷的计算机俱乐部，由于当时他们无力购买一台高达几千美元的微机，就决定自己动手组装一台。他们分别从博览会上用 20 多美元买来处理器和其他电子元件，按照沃兹自己的设计组装了一台微型电脑，并放到计算机俱乐部里。这台后来称之为"苹果Ⅰ"的微机受到了俱乐部朋友们的极大欢迎。这使他们立即意识到这种更便宜、更小型的微型电脑的潜在市场需求，也增加了他们开发的信心，他们决定要研究出这种受人欢迎的微型电脑。他们各自卖掉了汽车和计算器，并成功地说动了一位电子器件销售商，以30天的期限赊购到价值25 000美元的电子器件，准备在30天内组装出100台电脑。沃兹和乔布斯在汽车库里夜以继日地进行研究。终于，他们在第29天时组装好了50台电脑，并卖给了商店，还清了欠款。

沃兹和乔布斯在销售电脑的过程中，也认真地对市场进行了调研，他们发现一个重要的信息，那就是大部分人需要的是完整的耐用的计算机，而不是单板机和散装机。1975年前，美国还没有比较实用的家用电脑，整个家用微型计算机市场还是一个空白，像IBM这样的大型计算机公司只为政府和大公司生产开发大中型计算机。乔布斯以一个风险企业家的敏锐的洞察力和创造性思维，详细地分析和研究了生产、技术、产品、市场等因素后，决定创办一个专攻家用微型电脑的公司，并最终说服沃兹合伙加入。1976年，苹果电脑公司在硅谷正式挂牌成立。

三、风险投资助推苹果公司起跑

风险企业不仅需要风险企业家的创业精神和能力，而且需要风险资本的有力支持。苹果公司首先遇到的就是资金问题，沃兹和乔布斯拿着他们的苹果机去见原来供职公司的老板，希望能得到他们的支持，一个以沃兹没有大学学位没有资格从事计算机行业为借口，一个以计算机不是公司的产品为理由，让两人失望而归，第一次引进风险投资以失败而告终，但他们并没有放弃，继续寻找合适的风险投资家。1975年秋天的一个下午，一位名叫唐·瓦伦丁的风险投资家来到乔布斯和沃兹工作的汽车库，前来考察苹果公司。尽管乔布斯能把他的计划描述得很好，但他的穿着和打扮让瓦伦丁退却了，因为瓦伦丁觉得乔布斯根本不像一个有作为的企业家。瓦伦丁把乔布斯介绍给另一个风险投资家英特尔公司的经理马克·库拉。库拉不仅聪明能干，而且对电脑十分精通，他实地考察了沃兹和乔布斯的苹果样机，并提出了许多问题，最后在问到商务计划书时，沃兹和乔布斯一无所知。倒是库拉看出了他们发展前途，告诉他们制定一个详细的商务计划书对引入风险投资的重要性。沃兹和乔布斯接受了马克·库拉给他们的半个月管理培训后，三人日夜加班，设计了一份详细的苹果电脑商务计划书，然后拿到熟悉的风险投资家处游说，终于筹集到60万美元的资金。著名的风险投资家阿瑟·罗克以每股9美分购买了苹果公司的64万股股票，合计投入5.76万美元。

在风险资本进入后，他们对公司进行了整合，调整了组织结构，库拉担任董事长，聘请了一位名叫迈克尔·斯克特的集成电路的生产专家担任总经理，乔布斯担任副董事长，沃兹担任公司研究开发部经理。至此，苹果公司进入正常的生产和经营活动。

四、苹果电脑公司的腾飞

经过整合的苹果公司，还招聘了多名技术人员，全力研制新型微型家用电脑。苹果电脑公司从硬件、软件、设计等方面进行了大胆创新，在个人电脑许多关键问题上进行了创新。

（1）在设计方面，攻克的就是个人电脑复杂、笨重、操作不便的缺点，通过研发，将“苹果Ⅱ”设计为只有12磅左右的重量，整机方便组装，只需要10只螺钉就能完成安装。采用了开关电源，开创了软盘用于微电脑外存储器的先例。

（2）在推广应用方面，“苹果Ⅱ”成功开发了大批的应用软件。乔布斯从一开始就以个企业家的敏锐洞察力感觉到“苹果Ⅱ”未来发展的关键所在，在其他竞争对手还没有清醒地意识到应用软件的重要性之前，他就明确提出“个人电脑的竞赛是一场软件技术的竞赛”，并着手制定开发苹果公司的软件开发计划。他们从全国各地软件人员开发的程序中，移植了大批应用软件，投入“苹果Ⅱ”的使用，使公司几乎免费地获得了一整套辅助程序和配套设备。大大地增加了“苹果Ⅱ”的实用价值。特别是到了1983年，“苹果Ⅱ”可使用的软件程序达到了15 000多种，仅文字处理程序的用户就达到了30多万户。“苹果Ⅱ”由于拥有被广泛推广和使用的BASC语言而更加为消费者所青睐。

（3）科学有效的管理创新。“苹果Ⅱ”的成功也得益于它的有效管理。公司领导层打破了传统的等级和规章制度对人才的约束，鼓励创新、敢于用人、知人善用的风险创业精神吸引了世界各地的优秀人才加入公司，给公司增添了无限的活力和动力。

1977年4月，5台“苹果Ⅱ”研制成功。当“苹果Ⅱ”在旧金山举行的计算机交易会上展出时，吸引了成千上万的观众和计算机爱好者。它改变了以前个人电脑整机笨重、设计复杂、难以操作的缺点，以小巧轻便、操作简单、方便使用的优点，激发了消费者的需求，“苹果Ⅱ”进入了无数的家庭；让用户走出了空调的机房，带来了微型计算机发展史上的一场革命。在“苹果Ⅱ”面世的当年就取得了250万美元的销售收入，到了1978年，其销售额达到了1 500万美元，1979年则增长到了7 000万美元，到了1983年更是高达9.8亿美元。1982年，美国《幸福》杂志社评比全美企业500强中，苹果公司排名411位，而到了1983年；苹果公司已经排到了第291位。这一在硅谷产生的奇，被誉为高新技术公司发展的典范为人们津津乐道。

苹果公司作为风险投资史上的典范当属苹果公司的上市。1980年12月12日，苹果公司的股票在华尔街首次公开发行上市。当天的交易价为22美元，发行总额为460万股，全部售完，公司融资101亿美元，这一数字打破华尔街融资记录，轰动了整个华尔街。到1983年，第一个投资苹果公的风险投资家阿瑟·洛克，以5.76万美元购到的股票市值高达1 400万美元；获得了200多倍的投资回报。乔布斯个人净资产达到了2.84亿美元，成为全美最富有的亿万富翁中最年轻的一个。公司的其他员工也分别成了亿万富翁和千万富翁。在普通员工中产生的百万富翁超过了300名。

第五章

风险投资运作

第一节 项目筛选

本章的主要内容是投资项目的产生与筛选。

对风险投资公司及其经理人而言，投资项目的产生不是什么问题。但挑选高质量的投资项目对保证投资成功非常重要，因此确保一定的项目信息来源也是风险投资公司及其经理人不可忽视的工作之一。在通常情况下，项目来源的主要渠道包括：与企业家（Entrepreneur）的直接联系、其他风险投资机构、投资银行以及金融机构、高等院校、研究所、政府机构、经纪人、律师及会计师等。对于产业附属投资公司，还可从其母公司其他部门获得有关的项目信息。

一般情况下，风险投资公司收到的投资建议书远比它能够或愿意投资的多。通常在企业家送来的每 1 000 份投资建议书或可行性报告中，只有 100 份左右会引起投资经理人的兴趣。他们会约见提交这 100 份建议书的企业家，而后根据会谈情况从中又筛选出约 50 个有价值的项目，并展开尽职调查（Due Diligence），最后根据调查结果选出其中 10 个左右的项目进行投资。也就是说，一个投资项目最后真正能够得到风险资本支持的概率通常只有 1%左右。在投资项目的筛选过程中，风险投资公司的筛选标准起着十分重要的作用。不同的风险投资公司通常有着不同的筛选标准，但又有一些共同点。构成一家公司筛选标准的内容一般包括以下几个方面：

一、投资规模与投资政策

投资规模的选择是一个规模效益与风险分散的平衡问题。如果单项投资的规模过小，整个基金的管理成本就会上升，出现规模不经济的问题。但如果规模太大，单项投资的成败决定整个基金的收益，则基金的风险太高。风险资本家要从上述两方面的平衡中确定合适的投资规模。由于他们的风险偏好和基金规模不同，所以确定的合理规模也有差异。另外，为了克服上述两方面的矛盾，越来越多的风险资本家采用辛迪加式的投资政策，多家风险资本联合对规模较大的项目进行投资。

不同的风险投资机构对投资规模的要求有所不同。但有一点是相同的，那就是一方面为了降低投资风险，任何一家风险投资机构都不会把所有资本都投入到一个或极少数几个投资项目之中。另外，考虑到管理投资所需的时间和所要花费的成本，风险投资机构也不愿意把投资过多分散于大量小额的交易之中。通常它们会根据其风险投资基金的规模来确定一个自己认为较为理想的单笔投资规模。在许多情况下，风险投资机构简单地把对单个被投资企业或企业集团的投资限制在可供投资资本总额的1倍左右。也有一些风险投资机构对单个项目的投资规模只给出了一个区间。如美国太平洋创业投资基金规定其典型投资项目的投资规模一般介于300万元到2 500万元人民币之间。除此之外，风险投资机构一般还会对业绩好的被投资企业追加投资，这时原有的投资规模就会突破。由于风险投资的目的是为了在承担风险的基础上获得高额回报，因此，规模的设定并不是僵化的，投资与否，投资多少还得看投资项目本身的技术经济价值。

二、技术与市场

多数风险资本在进行机会筛选时会把技术与市场作为选择标准之一。从某种意义上说，风险资本投资的不是一个企业，而是一种技术和市场的未来。因此，投资者必须对项目所涉及的技术和市场有深入的了解，由于他们不可能了解所有的技术，因而在项目筛选时只能考虑自己熟知的领域内的技术。风险资本家一般倾向于新兴技术而非成熟的技术。

三、被投资企业的区位特点

被投资企业的地理位置和人才、信息条件构成了其自身的区位特点。对地理位置的考虑主要是从方便管理出发。投资一旦发生，风险资本家就要和企业家保持经常性的接触。从时间和费用两方面考虑，风险资本家希望选择离自己较近的项目，一般倾向于选择位于主要城市附近的项目。然而，随着通信技术的发展，地理位置方面的考虑正趋于淡化。通常认为，人才（包括技术人才、管理人才、金融和法律人才等）集中，配套设施齐备，地处信息中心和交通中心（如美国旧金山地区、波士顿地区、丹佛市、盐湖城和中国的北京、上海、广州、南京和西安）的被投资企业具有最佳的风险投资环境。此外，被投资企业越接近风险投资公司，得到资金支持的可能性就越大。

四、投资项目发展阶段

一个企业的成长通常分为种子期、创业期、扩张期和成熟期四个阶段。风险投资人在进行项目初选时通常会问：该项目是处于哪一阶段：有产品想法、有样品还是已经很成熟。在种子期，产品的发明者或风险企业家需要投入大量的资金研究开发出样机或样品并形成较为完整的工业生产方案，以验证其创意的可行性和技术经济合理性。投资于种子期的风险资本称为种子资金。种子资金的投资目的在于使创意构想商品化，通常投资规模不大，但风险高。目前这类资金大部分由天使投资人提供。

在创业期，产品创意的商品化已经获得成功，这时企业需要大量资金用于购买生产设备，建立营销网络和进行后续研发，在这一阶段，由于没有经营记录，企业很难从银行获得商业信贷，而风险资本则恰恰在这一阶段开始进入，这时的风险资本相应地称为创业资金。创业资金所承担的风险因创业期长短（短则半年，长则4至5年）的不确定而加大，提供创业资金的风险投资人相对要多些，既包括风险投资公司、产业附属投资公司，也包括风险资本家和天使投资人。

企业发展到第三阶段，即进入扩张期。处于扩张期的企业已经有了一定的经营业绩，但为了进一步开发产品，提高产量和销量，资金需求量也迅速增加。而此时企业还达不到上市标准，商业信贷也需要取得担保或保证，只有风险资本能满足这种需要。投入企业扩张期的风险资本又分为营运资金和扩张资金，前者投资的被投资企业尚未达到盈亏平衡点，而后者投资的被投资企业已经达到盈亏平衡点。二者相比，后者的投资风险相对要小一些。

企业成长过程中的第四阶段是成熟期。在正常情况下，这是企业上市（IPO）前的最后一个阶段。这时的被投资企业对资金的需求并不十分迫切，引进资金的目的主要是为了美化财务报表，提高知名度，为公开上市做准备。因此投资于企业成熟期的风险资本被称为美化资金。这类资金通常又分为过渡融资（Bridge Financing）、杠杆融资（LBO Financing）和再生融资（Recapitalization Financing）等几类。美化资金的投资风险较低，目前大多数风险投资公司都热衷于对此阶段的企业进行投资。

对企业不同发展阶段的不同偏好与风险投资公司的资金来源、从业经验及其所处的地区和行业竞争程度密切相关。如在欧美等发达国家和地区，在20世纪80年代以前，风险资本大都投向创业期及其以前阶段。但近年来风险投资有专注于投资风险企业后期发展阶段的趋势。以美国为例，1985年至1989年间，风险资本在扩张期、收购（Aequisition）和杠杆收购（IBO）以及管理层融资收购（MBO）方面的投资增长很快。1992年投入扩张期的风险投资额占总投资额的比重达到55%，投入杠杆收购或并购项目的投资额占了约7%，两项合计占全部投资额的比重达到了62%，而投入种子期的资金只占了2.9%，投入创业期的资金也只占到8.22%。台湾地区则恰恰相反，在风险投资行业刚刚兴起的时候，大部分风险投资机构都选择处于发展后期的风险企业进行投资，后来随着行业内竞争的加剧，收益率不断下降，风险投资机构为寻求发展机会，又转而增大了对处于发展前期的风险企业的投资力度。

风险企业对风险资本的需求发生在企业生命周期的不同阶段。对不同发展阶段的企业进行投资选择体现了风险资本家不同的风险偏好和对收益与风险的平衡。一般说来，企业早期投资的风险较大，但收益较高；反之，后期投资的风险较小，但收益也小。风险资本家必须依据个人的风险偏好在收益与风险中作出平衡抉择。根据美国风险资本家1988年的统计，种子投资和创业投资占整个风险资本总投资的12.5%，而扩张性投资和后期投资占67.5%。这表明多数风险资本的投资发生在企业具有一定规模以后，但这并不说明这两类投资在项目数量上的差异，因为种子投资和创业投资所需的资本额一般较小。

五、创业者的素质

风险资本家应从各个角度去考察该创业者或创业者队伍是否在他从事的领域中具有敏锐的洞察力；是否掌握市场前景并懂得如何去开拓市场；是否懂得利用各种渠道去融通资金；是否具有将自己的技术设想变为现实的能力；是否具有较强的综合能力，等等。这种考察并不是绝对的，往往是与风险投资家本身的素质水平有相应关系。

专栏

好的创业领导者的七大特征

（1）权威性：言行一致。

（2）果断：能基于有限的或不完善的信息做出决策并采取行动。

（3）有重点：创建一个优先项目清单，并坚持下去。

（4）关怀：构建关系和社会资本。

（5）个人技能：向团队所有成员提供有用的反馈信息和教练式辅导。

（6）善于沟通：促进对话和在思想上进行交流。

（7）不断地完善自我：保持学习和在企业内部不断地注入能量，保持乐观。

六、公司管理

公司管理是一项很重要的指标。对于风险投资，一流的管理加二流的产品比二流的管理加一流的产品更具有优势。创业者初期往往身兼数职，既要搞研究开发，又要搞市场拓展，还要负责公司管理。这在社会分工日益细致的现代社会是不可取的。因此当一个人申请项目时说他全能，将全面负责时，这往往是一个危险的信号。风险投资家应劝说其吸引其他专家加入，组成一个知识结构合理的管理队伍，共同把企业搞好。

七、投资产业

风险资本一般以高新技术产业为投资重点。从总量上看，高新技术所涉及的产业领域一般包括信息技术产业和生物技术产业两类。统计资料表明，1998 年第一季度，美国风险资本投资总额为 24.9 亿美元，其中投向信息技术产业（Information Technology）的资金为 1 503 亿美元，投向保健产业（Healthcare）的资金为 6.502 亿美元，投向零售和消费品行业的资金为 3.123 亿美元，投向其他产业领域的资金为 270 万美元，分别占风险投资总额的 60%、26%、13%和 1%。大部分风险投资公司都按照这一产业分类进行投资，只是着重点稍有不同而已。如在西北风险投资公司（Norwest Venture Partners，NVP）1997 年的投资组合中，软件和互联网产业占了 40%，通信业占了 30%，电子产业和保健产业各占了 12%，而其他产业领域只占到 6%。又如美国太平洋创业投资基金在其投资范围中明确表示：该基金主要投资于中国国内电子信息产业，特别是软件、通信、网络技术和信息服务以及生物技术领域。尽管如此，仍有一些风险投资公司向建筑业、一般工业品生产、商业服务等行业的公司进行投资，还有相当一部分公司专注于投资零售企业。值得注意的是，风险投资人通常会趋向于选择他们所熟悉的行业进行投资，因为这样会有利于他们对投资项目的评估和投资后的管理。

在初选投资项目时，风险投资人通常还要就以下典型问题作出初步判断：

（1）可行性报告想要解决的问题。

（2）解决问题的办法是否很独特。

（3）项目管理的人选是否理想。

（4）该项目或企业家是否有信誉。

（5）企业家想要的投资额是多少，等等。

第二节 尽职调查

一、尽职调查概述

尽职调查（Due Diligence）又称审慎调查，是指风险投资家在与目标企业达成初步合作意向后，经协商一致，风险投资家对目标企业进行调查和分析的一系列活动。通常，合伙人或者授权投资经理在至少一位其他同事的支持下，会通过标准化的尽职调查程序对风险企业进行全方位的了解。

尽职调查的目的在于对风险企业做一个全面的评估，了解企业的优势劣势，判断企业的投资价值，揭示投资风险，为是否进行投资提供判断依据。

（一）尽职调查的原则

进行尽职调查时，一般遵循以下原则。

1. 全面原则

（1）调查内容要全面

就企业组织而言，风险投资法律尽职调查涉及企业的沿革、合法性、股东的构成与变更、内部治理结构、下属机构以及关联企业等；就企业权力而言，其涉及企业的所有权、用益物权、担保物权、知识产权及债权等；就企业义务而言其涉及银行贷款、借款、或有负债、正在进行或者面临的诉讼、仲裁或行政处罚以及税收等；就劳动人事而言，其涉及所有关键雇员的劳动合同的年限、竞业禁止、是否存在与原单位有未了的纠纷；就股东而言，其是否从事与被投资企业的类似的业务、其是否涉及重大的诉讼、仲裁或者行政处罚、其股东是否被质押等。

（2）材料要全面

调查者必须调集所有材料，单就拟投资对象的股权结构而言，除了查阅拟投资对象当前的工商执照外，还要查阅公司章程、股东出资证明书、出资协议、验资报告、股份转让协议、股权变更等一系列法律文书。

2. 透彻原则

以专利为例，风险投资家不仅需要了解其是否拥有专利权，还要了解其是否存在权属上的纠纷、有效期间、专利权的地域范围以及专利许可情况等内容。以应收账款为例，投资者不仅需要了解其应收账款的数额，还要调查应收账款的性质、产生原因、账龄、债务人的资产负债情况以及债权人已经采取的措施等。

调查者不仅要对有关的文件资料进行详尽审核，还要求调查者与相关当事人、政府机构和中介机构等进行调查和沟通。如若关键员工属于从同行业其他单位跳槽而来，则需要了解其余原单位合同关系是否已经了结，是否与原单位有竞争禁止的约定等。但单凭员工个人提供的信息显然不能确保真实，因此还有必要向原单位进行调查和了解。

3. 区别对待原则

针对不同阶段和不同类型创新风险企业，尽职调查的重点有所不同。

就发展阶段而言，种子期、初创期、成长期和成熟期四个阶段的风险企业可以提供的信息差异较大。对早期（一般包括种子期和初创期）的投资，注重对技术和团队的调查，而对于中后期投资，应注重对过往绩效的调查，因为从企业过去的发展历程可以看出企业高层管理团队的战略和经营能力。

创新类型不同也决定了风险投资法律尽职调查不同。对于技术和产品创新的风险企业，研发能力和知识产权是决定企业发展的核心问题。对于商业模式创新的风险企业，运营能力和市场能力是企业快速成长的关键。

（二）尽职调查的一般方法

在尽职调查中，投资者会对拟投企业所在行业、企业所有者、企业的管理团队、客户、营销与销售、研究与开发、生产与服务、采购、法律与监管、财务与会计和税收等进行调查。投资者需要通过一些专业人士对这些问题作出评析，以作为对拟投资项目取舍的依据。

一般而言，尽职调查可以采用会谈、电话访谈、实地考察、函调等多种方法。投资者会通过与被调企业的管理团队进行会谈、与利益相关人员（如客户、以前投资者、供应商、员工和竞争对手等）进行电话访谈或者会谈交流了解企业的基本信息；通过实地考察等方法调查和搜集企业的具体经营状况信息；通过函调的方式向银行等债权债务人发函了解资产债务状况。在此基础上，投资者对投资项目的产品服务、技术、市场、管理、财务等方面做出客观分析，最终做出是否要投资的决策。

1. 会谈关键人员

投资者在做尽职调查时应该会谈被投企业的关键人员，因为不同的人员可能带来不同的有用信息。应该会谈的关键人员有法定代表人、董事、总经理、监事、财务总监、运营总监、技术总监、研发总监、营销总监、销售总监、供应商、前十大客户等。通过会谈这些管理者或利益相关者，投资者可以更全面地把握企业的总体战略与未来发展方向。如会谈销售总监可以了解到企业目前市场上的销售情况；会谈研发总监可以了解到企业现在的研发进程，了解到企业研发费用的支出等情况；会谈财务总监可以了解到企业现在的财务状况，企业各项费用支出比例；会谈董事可以了解到企业的总体战略目标，企业的未来发展方向等内容；会谈供应商可以了解到企业的原材料市场竞争是否激烈等；会谈客户可以了解到客户对企业产品的评价，产品是否可以快速销售等真实情况。投资者在与不同人员的会谈中得到了不同的信息，对企业有一个全面而客观的评价，从中得到细微的信息。投资者会谈关键人员也是尽职调查中不可或缺的一步。

2. 抽取原始资料

投资者在做尽职调查时应该到企业抽取原始资料，对企业的原始状况做详尽的了解，了解企业的创始人等。如企业注册资本、企业法人、企业的性质、股权结构、股权变更、公司章程、合伙协议、企业创始的初衷、企业未来发展的总体目标、初始创始人与合伙人等重要资料。如果某些重要资料丢失时，在有必要的情况下可以到工商局查找相关原始资料，以更清楚地了解企业状况。

3. 实地考察

实地考察是风险投资家尽职调查中必不可少的一项内容。风险投资家很有必要亲自到创业企业的生产经营场所去实地调研企业的生产设施、工艺流程、研发状况，了解企业销售渠道建设，调阅企业以往的财务资料和已签署的法律文件，并与公司不同层级员工访谈、交流，深入公司经营的一线开展交流与访谈。"百闻不如一见"，只有通过实地考察，投资人才能直观地核实商业计划书中陈述的资产状况、市场销售、产品服务及研发等方面的情况，对管理团队的经营能力和管理水平进行评判，揭示风险企业或有的财务和法律风险，并进一步发掘企业的潜在价值。

4. 访谈客户和供应商竞争对手技术专家

尽职调查中访谈客户、供应商、竞争对手、技术专家也是必不可少的一项内容，通过对不同的人进行访谈，能对企业做全面的了解与分析。通过访谈客户可以了解到企业的产品对于客户的需求，是必备品还是消耗品。与供应商交流可以了解到企业原材料的来源，是否是单一来源，原材料的供应是否充足。和竞争对手的交流可以了解企业所处的行业，竞争是否激烈，竞争对手是否有比企业更好的投资机会。和技术专家的交流可以对企业产品的技术做全面的了解，了解产品的技术是否有专利，企业产品的核心优势在哪里。

访谈的形式主要有两种：第一是电话访谈，第二是见面交流。对客户、供应商和竞争对手可以进行电话访谈，通过电话访谈了解上述内容。对于技术专家最好的访谈方式是见面访谈，因为产品的某些技术通过电话是讲不清晰的，通过见面交流后技术专家可以把产品介绍得更加细微，投资者要从细微之处判断企业产品是否存在瑕疵。

5. 函调：向银行/主要客户发函

向银行/主要的客户等发函也是尽职调查中的一项重要内容，投资者拿到企业的授权后可以向银行查证。对于处于发展中后期，有着复杂业务往来的企业，查证大额应收账款或者单笔大额销售收入十分重要。

投资者可以向客户以及其他相关单位发函询问是否存在真实的应收账款，销售收入等。向客户发函求证交易是否真实存在，了解其应收账款和销售收入真实性。投资者可以向银行发函查看企业的现金流等证据。投资者可以向主要客户发函询问其产品的质量、价格等内容，了解企业是否在夸大自己产品的优点，而避免谈及产品的缺点等。

（三）尽职调查流程

1. 签订前期协议

股权和创业投资企业在通过对目标企业的项目初审后，投资者往往就要求与目标企业签署初步的前期协议。前期协议通常包括承诺函、保密协议、投资意向书等。前期协议中最主要的协议就是投资意向书。根据习惯不同，投资意向书有时也叫投资备忘录。投资意向书一般不具有法律效力，但它包含了本次投资的主要条款。这些条款主要包括目标企业估值、投资价格、出售的股权数量、保密条款、排他性条款、业绩要求、退出条款等核心条款。

2. 发清单邮件

投资者在做尽职调查时，首先要向被调查企业发调查清单邮件，让被调查企业准备资料，可以提高调查工作效率。

风险投资机构使用的尽职调查清单各有不同。对于不同阶段的企业和不同行业的企业，尽职调查的重点内容也有很大的差别。风险投资机构会发给创业企业一份统一的调查清单，并要求创业企业根据自己的情况酌情提供。

通常，后期投资所需要的尽职调查清单包括如下内容：

（1）公司基本资料

①公司的工商登记、批准文件、牌照许可证、章程等复印件。

②公司和所有关联公司的目录和法律架构图。

③所有公司的股权结构和主要股东介绍，包括所有法人股东（如适用）的股权结构及其介绍。

④重要历史事件、公司目标及公司发展战略。

⑤董事会成员名单及简介。

⑥公司内部管理的组织架构。

⑦主要高级管理人员和业务骨干的简历。

⑧公司现有内部管理制度，员工总数；人员工资及福利保险劳动合同大致情况。

（2）主要产品及服务

①公司的主要产品、生产过程及其管理，生产成本核算。

②业务模式、产品定价及公司的销售情况和主要客户。

③公司未来 3 年的产品服务的规划，相应的市场规划和收入预测。

④主要产品的行业分析及市场容量预测。

⑤采购情况（主要供应商及采购价格）。

（3）市场与竞争对手分析

①市场现状及增长情况。分析行业增长的主要因素和条件、增长速度。

②目前经营情况的分析包括核心竞争力、主要问题和未来发展的机会和风险。

③公司与其他同类企业（市场中前 5 位最强）的比较分析。

④在与竞争对手相对的竞争优势及劣势下，公司如何保持或加大现有的市场份额。

（4）财务

①公司成立至今的财务报告（至少是近三年的，审计与否）。

②提供最近几年的财务数据与财务预测。

③公司管理层人数、员工人数；人工成本构成、薪酬体系（工资、奖金、保险、社保等）的情况。

④公司的应收及应付账款的管理制度和账龄分析。

⑤公司有形及无形资产的情况，包括分类，总额、成本、估价、市价，有形资产折旧的计算，无形资产摊销的情况。（房屋、土地使用权情况，提供清单及相应的权利证书复印件；主要设备情况，提供清单，包括设备名称、用途、购置时间、预计使用年限等内容）

⑥提供公司目前的税收情况，包括公司要缴纳的税收种类和税率，以及公司目前所享受的税收优惠政策及其时效，与未来税收情况的改变。

⑦提供公司所有的债务状况及经济责任，包括银行或以外的借款、票据、利息、还款方式、抵押、担保等。

⑧提供公司与关联公司近三年的所进行的关联交易的内容、性质、金额。

（5）法律

①对企业的各种产权进行调查，如知识产权、技术产权等。

②是否存在关联交易和同业竞争。

③各种供应、销售和劳动合同（是否符合《劳动合同法》）。

④是否存在其他诉讼事项。

3. 阅读和分析材料

通过阅读目标企业提供的文件、资料和信息的真实性、完整性和准确性，可以发现目标企业的投资价值和存在的风险。

4. 现场考察

在风险投资实践中，风险投资公司会根据自己的工作风格，针对不同的投资项目的具体情况，灵活采用不同的尽职调查方式。投资者在现场考察时根据不同的考察方式了解企业的价值。投资者可以到企业生产线上亲身体验企业的生产能力，企业员工的生产熟练程度。投资者要与企业的普通员工进行交流，同时投资者一定要找机会与员工至少吃一次饭，利用这种非正式的机会和员工交流。从员工的谈话中得到的信息，有时比与企业管理者按照商业计划书准备的问题所带来的信息更能反映企业的问题。投资者在现场考察才能直观地核实商业计划书中陈述的资产状况、市场销售、产品服务及研发的真实情况，对管理团队的经营能力和管理水平形成一个直观的感觉，揭示风险企业或有的财务和法律风险，并进一步发掘企业的潜在价值。但是无论采取任何方式，其目的都是尽可能地充分获取企业的信息。为风险投资的投资决策提供可靠的依据。

5. 深度调查（技术专家、客户、供应商、竞争对手）

（1）技术专家。创业企业一般是高新技术企业，其产品具有一定的专业性，因此要向该领域的专业人士请教，以对产品的特性和竞争优势进行充分的论证。

（2）客户。通过与客户的交流，投资人一方面可以了解企业产品的优势和劣势、另一方面可以了解客户对产品的满意程度和对产品价格的敏感程度。

（3）供应商。通过与供应商交流，投资人一方面可以了解企业生产所需原材料和设备供应是否充足、价格水平和走势如何，以及生产能力是否具有竞争优势；另一方面可以了解企业支付货款的能力和财务信用状况。

（4）竞争对手。从竞争对手身上了解创业企业的产品、技术研发水平、竞争优势、市场占有率以及管理水平等信息往往很有价值。

6. 分析资料、撰写报告

投资者要对各个专题尽职调查资料做出系统的分析，分析每个专题调查中存在的问题和突出优势，最后把每个专题的调查报告进行整理，对企业做出整体判断。

二、团队调查

投资不确定性的一个最主要的来源就是管理团队。早期投资会持续很多年，管理层是必不可少的合作伙伴。变更管理团队会成本很高并且棘手。更换一名销售副总裁，可能会让整个销售部门陷入瘫痪。而整个团队追随离职的高管而离开的情况并不少见。因此更换一名高管的代价不仅仅是遣散费、付给猎头的费用、招聘一名新高管的签约奖金和相关费用，还包括寻找新高管期间的组织效率下降的成本，这还是在没有考虑更换其他离职员工产生进一步成本情况下。当必须更换一名 CEO 时，这种剧变可能影响更深远，因为组织的整个方向都可能发生变化。同时，过渡期间的 CEO 可能非常受欢迎，团队会拒绝其他人接任。

（一）团队调查的目标

风险投资家必须了解清楚管理团队的优劣势。随着创业公司的成长，会要求他们的领导者具备不同的技能。当企业涉及更多琐碎但又很重要的日常管理任务时，企业中研发了突破性技术的科学家可能并不希望继续留任 CEO 的位置，他/她一般会成为首席技术官（CTO）。早期的控制人也可能退位让贤，成为 CFO。但有时创始人会激烈抗争保持控制权，从而引发一场激烈的内斗。风险投资家可能需要投入大量的时间促成更换团队的董事会决议，之后要找到接替者并安抚留任的员工。投资者必须理解高管的能力、个性和积极性，这样就能在交易价格中将更换团队所需的财务和时间成本考虑进去。

为此，投资者需要对团队做详尽的背景调查。主要包括三个方面：

（1）管理团队目前的优劣势是什么？

（2）企业目前需要的是什么？

（3）企业未来需要什么？

风险投资家接触过各种类型的 CEO——销售人员、技术专家、战略家，并且知道他们什么时候胜任或不胜任。所有类型的 CEO 都能创立一家成功的企业，但是他们必须清楚他们的优势和劣势，并通过聘请一个互补的团队，给予必要授权来弥补劣势。

（二）核心团队成员调查方法

对管理团队的全面背景调查要通过和他们之前的同事、投资者和相关人员进行交谈。创业者应该知道会有这样的调查，并提供可以进行咨询的人员名单。不在名单上的人也可能会被联系，尤其是那些曾经和调查对象一起面对过困难的人。投资团队会根据访谈的结果对未来的管理团队做出估计，有可能在投资时就提出更换某些高管的想法，有时还要借助特殊的补偿安排。

在与创业者的交谈中，着重感受创业者对成功的渴望、权利的需求、自治力、掌握权力的欲望、对人的容忍度、冒险精神和意志力等做初步的判断。

与创业者的朋友交流，主要了解创业者的诚信、沟通能力、在交易中是否能公平交易和创业者的工作习惯等做全面的了解。与公司具有重大影响的管理成员就企业发展、公司文化、竞争对手、个人发展与公司发展的关系等主题进行集体或单独会谈，并将会谈结果形成会议纪要。

三、产品和技术调查

（一）对产品和技术的调查主要是判断

（1）公司的产品和技术是未来的大趋势吗？

（2）产品和技术的优劣势是什么？

（3）公司未来的技术发展方向如何？预计进度如何？

在产品和技术调查中，技术领域的专业知识极度重要。对于专注于较窄领域的风险投资公司来说，更容易在内部获得领域专业知识。

如果在公司内部缺乏某领域的专业知识，通常会雇佣一名顾问或者外部专家。虽然这种做法某种程度上是有作用的，但也可能产生利益一致的问题。另外，投资机构的预算可能会限制顾问对产品和其深层技术进行详尽调查的能力。

（二）调查内容

产品和技术调查通常包括如下内容。

（1）了解公司的产品系列调查如相对产品质量、相对价格、相对单位的直接成本、相对小时工资率、产品的辅助性服务、产品形象与公司声誉等。

（2）调查公司核心技术的选择。调查公司相比同行业其他企业在技术方面的领先程度，关注其核心技术是否可能被其他新技术所取代。

（3）获取公司专利技术权利证书，了解公司的专利技术、非专利技术有哪些。了解公司新技术及其来源（自主研发、股东投资、购买）或是仅仅拥有使用权。调查公司对于上述技术拥有的权限，并且关注公司是否存在与上述技术相关的重大纠纷，核心技术是否超过法律的保护期限。

（4）了解公司是否建立了相应的保障机制来保证与主要产品相关的非专利技术不被泄露。

（5）了解研发机构设置，获取公司目前研发人员构成、近几年来用于研究开发的支出、研发支出占销售收入的比重等数据。

（6）了解公司是否存在与科研院的合作开发的项目，合作机构有哪些，合作项目有哪些，合作方式，合作项目的进展情况。

（7）调查公司新产品研究开发周期（从产品开发到进入市场的周期），主要研发项目的进展情况，并对项目的市场需求做出描述。

（8）调查公司研发项目的产业化转化情况，研发部门对业务部门的支持力度。

四、市场及客户调查

投资者应当清楚，并不是最领先的技术就一定能够成功，更多的情况是，那些容易被市场接受的产品可能会获得成功。对于使用了一项新技术的产品，执行很重要，而对于一项服务来说，执行更重要。因此，除了专利保护外，创业者必须考虑商业模式，以便快速获得市场的认可并建立竞争优势。因此，需要对市场及客户做出详尽的调查，以判断产品或服务较之同行业可比公司的竞争地位，为预测未来的市场销售状况提供基础。

（一）市场及客户调查的目标和方法

对于早期投资，市场和客户调查的目标是了解创业企业的产品是否已被市场接受。以下问题可以用于达到调查目标：

（1）销售人员是否已和潜在买家的决策者联系上？

（2）产品是否在实验室进行了检验？

（3）有无竞争对手？

（4）有没有人要求项目方案报价？

（5）企业是否被邀请参与投标？

（6）是否收到了中标的通知？

（7）是否收到了购买订单？

对于中后期投资，市场和客户调查的目标是了解产品技术的竞争优势，并评估创业企业所做的销售预计。对于中后期的投资，市场和客户调查工作量大、指标多，调查者最好有市场营销专业知识，以能够高质量地完成调查工作。

需要注意的是，从客户身上获得不偏不倚的信息尤其困难，但来自客户的信息却十分重要，客户可能会把访谈当作是真诚反馈产品缺点的机会，因此投资者必须对信息进行过滤。另外，值得注意的是，销售人员是天生的乐观派，为了不断鼓励自己，他们必须告诉自己下一单销售就要快谈成了。这些所谓的就要谈成的销售最终会葬送投资者的希望。

（二）调查内容

1. 市场机会判断

如下问题有助于风险投资经理了解创业企业面临的市场机会：

（1）市场机会是否存在——机会已经出现？预计将来会出现，或是永远不会出现？

（2）是否存在同类竞争？

（3）目标市场上是否有成规模的企业？

（4）准备开辟一个崭新的市场，还是意欲在现有的市场上引进新技术？

（5）企业的成功是否需要目标客户改变他们的行为和思维方式，甚至是日常生活习惯？这行得通吗？

（6）最初的市场开拓是呈现指数型增长吗？

2. 渠道调查

包括以下几方面的调查：

（1）了解公司分销渠道。了解直接销售给最终用户、通过批发渠道或自营的零售销售给最终用户、全部通过批发商销售给最终用户三种模式在公司销售中所占的比例。

（2）对于自营零售的情况，采取访谈、实地考察等程序调查公司销售专卖店的设置。

（3）对于公司通过批发商销售的情况，与公司营销部门负责人沟通，查阅年度营销计划、经销或代理协议等资料。

3. 客户调查

调查目的：了解公司产品销售的主要客户；公司销售回款、销售退回等情况；了解公司客户的地域分布。可以从以下几个方面进行调查：

（1）了解公司的客户信用评价、管理制度及执行情况，分析公司的管理制度等是否合理。

（2）了解公司与客户之间的资金结算方式（包括赊销、现销）、信用期限，是否一句客户信用评价的结果确定了不同客户授信额度。

（3）取得前几年主要产品的"主要客户统计表"，了解主要客户；通过关联调查得知的关联方名单，检查主要客户中是否有关联方；对表中主要客户的销售合同、销售发票、出库单、运输单据进行抽查。

（4）获取权威市场调研机构的报告，与公司销售部门负责人沟通，调查公司产品（服务）的市场定位；与公司客户、与公司销售部门负责人沟通，调查产品（服务）的最终消费群体，及其是否有稳定的客户基础。

（5）获取并编制公司近几个会计年度对主要客户（至少前5名）的销售额、占年度销售总额的比例及回款情况，调查其客户基础是否薄弱，是否过分依赖某一客户；分析其主要客户的回款情况，是否存在以实物抵债的现象。

（6）通过向银行系统查询，或对公司主要客户的历史回款情况进行分析，调查其主要客户的资信情况。

（7）获取或编制公司近几个会计年度按区域分布的销售记录，调查公司产品（服务）的销售区域，分析公司销售区域产品的销售是否收到地方保护主义的影响。

（8）获取公司近几年主要客户产品返修率、客户诉讼等方面的资料，判断公司销售方面可能存在的负债。

（9）对于销售集中于单个或少数几个大客户的情况，需追查销货合同、销货发票、产品出库单、银行进账单等资料以确定销售业务发生的真实性。如果该项销售系出口，尚需追查出口关单、结汇水单等资料，以确定销售业务的真实性。

在可能的情况下，投资者应该尽可能地获取一份详尽的客户清单，找出前十大客户或者定位一些零散的客户作为调查对象。对前十大客户进行访谈，通过访谈得到大客户对产品的满意程度，了解客户对企业的评价。通过对客户的访谈，了解企业的服务态度，企业发货和产品质量等问题，来发现企业存在的问题，整体评价客户对企业的满意度。对于零散的客户，投资者可以尝试做客户满意度调查，通过调查分析了解客户的满意程度。投资者可以通过查阅企业客户的投诉数量，分析客户对企业的产品或服务的满意程度。分析客户的满意或不满意是否是企业技术或服务的问题，是否是质量等的问题。

4. 市场竞争调查

调查的目的：了解市场竞争状况，分析未来的竞争态势。对公司目前、未来的市场地位做出描述和判断。

（1）市场容量、竞争者数量、公司与市场竞争者各自的市场份额；对公司与竞争者的比较应包括相对产品质量、相对价格、相对成本、新产品占总销售额的比例、先对广告促销费用、相对的产品形象及公司声誉等。

（2）分析公司主要竞争者及各自的竞争优势。包括：

①调查竞争对手的产品定位，了解竞争对手的“愿景、目标和使命”，获取竞争对手的资料，分析竞争对手的企业文化，了解其竞争对手对自己的定位情况。

②了解竞争对手的整体战略，竞争对手是实施低成本战略还是差异化战略，竞争对手的整体战略是否强于被调查企业。

③调查竞争对手的营销策略，从竞争对手的具体市场定位、定价、包装、促销、渠道、售后服务等方面进行全面了解，与被调查企业做相应地对比。

五、财务尽职调查

财务尽职调查对企业所处的阶段非常敏感。如果投资者尝试将后期投资的调查清单用于初创公司，注定会失败；反之亦然。投资团队应当清楚哪些是重要指标，以及如何发现这些信息。重要指标不仅会随着时间或者企业变化而变化，而且也会随着企业所处生命周期阶段变化而变化。

对于一家早期企业，现金流是很重要的指标。资产负债表则相对没那么重要，因为这个时候的资产主要是无形的人力资本。现金流决定了企业在再次融资前可以取得多少进展，而这种进展将决定企业再融资时的价值。因此，早期企业和其团队应该注重现金效率。随着企业发展，财务状况的其他方面变得更加重要。一旦企业有了收入，损益表变得重要起来，其次是资产负债表。在后期投资中，资产负债表是非常重要的，它能帮助投资者和银行判断企业偿还债务的能力。而另一方面，现金流非常关键，因为它反映了可以用于支付债务的资金情况。这里必须重申，会计必须是透明的，这样投资和管理团队才能获得准确的可行信息。

风险投资家应该对本行业的基本经营规律比较清楚，对行业动态有深刻理解，能对新兴趋势做出迅速反应，并且对基本的财务指标有大致的感觉。例如，销售收入、价格、成本等关键指标随时间和规模如何变化，对数字的敏感性可以发展成为一种竞争优势。

（一）组织结构与会计制度

调查目的：了解企业内部财务人员组织结构是否合理；企业的会计制度是否合法、合理。

（1）查阅公司的《公司章程》，调查与财务相关的所有人员。

（2）取得所有财务人员的资料，了解并核实财务人员中是否存在职位不相符合的情况（例如：出纳不能兼职记账等违背职务分离制度的岗位）。

（3）查阅公司的有关资料，了解公司财务部门的组织结构，组织结构是否存在不合理设置情况。

（4）查阅公司的会计制度、会计规章等相关文件，与国家企业会计制度相比较，是否存在与国家企业会计制度相违背的情况。

（5）查阅公司的会计制度、规定等相关文件，企业是否在同一会计年度使用不同的会计核算方法。

（6）获取会计核算制度的变更情况相关的文件，判断企业的会计核算制度的变化是否符合相关规定。

（二）负债能力

调查目的：了解并核实企业的负债能力与现有债务偿还能力，以及企业财务状况的稳定情况。通过财务指标分析，综合判断企业的负债能力以及财务状况的稳定性。

1. 短期偿债能力

（1）营运资本（营运资本=流动资产-流动负债）

查阅最近几年及最近一个会计期间的流动资产和流动负债总额，计算出营运资本数额，判断企业的短期偿债能力的情况；判断企业的财务状况是否稳定。

通过营运资本判断企业财务状况：如果流动资产与流动负债相等，应该查找相关凭证分析，不能确定其短期偿债能力；如果流动资产远大于流动负债，说明企业的短期偿债能力强，企业的财务状况稳定；如果流动资产小于流动负债，说明企业的短期偿债能力差，可能还需要筹集资金，企业的财务状况不稳定。

（2）短期债务的存量比率包括流动比率和速动比率

①流动比率（流动比率=流动资产÷流动负债）

查阅最近几年及最近一个会计期间的流动资产和流动负债总额，计算出流动比率的值，判断企业的短期偿债能力的情况；判断企业的财务状况是否稳定。

通过流动比率判断企业的财务状况：流动比率的偿债能力与营运资本的原理相同，流动比率排除了企业规模的影响。如果相近一个会计年度相差较大时，应逐项分析流动资产和流动负债，寻找形成差异的原因，判断差异的原因是否会对企业未来的财务状况产生较大影响。

②速动比率（速动比率=速动资产÷流动负债）

速动资产是指出流动资产除去存货、预付款项、一年到期的非流动资产以及其他流动资产。

查阅最近几年及最近一个会计期间的速动资产和流动负债总额，计算出速动比率的值，判断企业的短期偿债能力的情况，判断企业的财务状况是否稳定。

速动比率是表明每一元的流动负债有多少速动资产来作为保障，速动比率越大说明企业偿债能力越强，如果最近几个会计期间比率差异较大时，查明引起差异的原因并判断对企业财务状况的稳定性是否有影响。

2. 长期偿债能力

（1）资产负债率（资产负债率=总资产÷总负债×100%）

通过资产负债率可以判断企业的偿债能力，资产负债率越低，企业的偿债能力越强，当资产负债率提高时，企业的偿债能力在下降。企业的资产负债率高到一定程度时（50%），企业的财务状况就会出现不稳定。

（2）长期资本负债率（非流动负债÷长期资本×100%）

长期资本负债率反应的是企业长期资本的结构。通过计算长期资本负债率的高低来判断企业偿债能力与财务状况的稳定性，长期资本负债率越高，企业财务状况越不稳定。

影响长期偿债能力的因素：

①查看企业的资产负债表中长期租赁（经营租赁或融资租赁），是否存在大量经营租赁，如果存在，判断租赁费用对企业偿债的影响。

②查看企业是否存在债务担保，如果存在，判断债务担保可能会对企业财务状况和偿债的影响。

③查看企业相关文件，企业是否存在未决诉讼，判断该诉讼对企业的偿债和财务状况的影响。

（三）经营能力

调查目的：通过对营运能力的调查，了解企业资产管理效率。

1. 存货周转率（存货周转次数＝销售收入÷存货）

查阅公司最近几年及一个会计期间的会计账簿，判断企业存货数量是否在合理的区间，企业的存货计价是否合理，是否有大量的存货，查看企业的存货是否真实存在，应该查看构成存货的原材料、在产品、半成品、产成品和低值易耗品的比例关系是否合理。

2. 流动资产周转率（流动资产周转次数＝销售收入÷流动资产）

查阅公司最近几年及一个会计期间的会计账簿，测算流动资产周转率，判断企业的流动资产的利用次数。如果流动资产周转率很低时，询问会计人员原因，判断企业未来的经营能力，企业未来可能存在的风险有哪些。

3. 总资产周转率（总资产周转率＝销售收入÷总资产）

总资产周转率是衡量企业总资产在一个会计期间能否充分利用，查找总资产周转率是由哪些项目驱动的，重点查看这些项目，判断这些项目可能对企业未来的经营产生的影响，比较同类企业的总资产周转率，判断企业在行业中的经营能力。

4. 会计期末销售收入是否异常

是否存在会计期末销售收入的异常增长，采取追查至会计期末几笔大额的收入确认凭证、审阅复合会计师期后事项的工作底稿等程序，判断是否属于虚开发票、虚增收入的情形。

5. 是否存在异常的大额销售退回

查阅销售合同、销售部门与客户对销售退回的处理意见等资料，判断销售退回的真实性。

6. 是否存在大量存货

查阅会计师的工作底稿，调查是否存在大量的残次、陈旧、冷背、积压的存货；与会计师沟通存货跌价准备是否足额计提？获取或计算公司最近几个会计年度产品周转率，与同行业可比公司比较。

（四）盈利能力

调查目的：通过对企业盈利能力的调查，判断企业的经营状况和预测企业未来的盈利能力，判断企业的未来价值。

1. 销售净利率（销售净利率净利润+销售收入×100%）

查阅公司最近几年及最近一个会计期间的利润表，计算出企业的销售净利润，比较企业近几年的销售净利率的增长情况，判断企业的未来盈利的能力。销售净利率越大，说明企业的盈利能力越强。如果企业的盈利能力远远超过了行业其他企业，应该重点查明其原因，是否存在不真实的交易。

2. 总资产净利率（总资产净利率=净利润÷总资产×100%）

查阅公司最近几年及最近一个会计期间的资产负债表和利润表，计算出企业的总资产净利率，比较企业近几年的资产净利率的增长情况，判断企业总资产创造利润的能力。总资产净利率越高说明企业盈利能力越强。如果企业的总资产净利率下降明显，询问相关的会计人员情况，分析下降的原因，总资产净利率的下降是否会影响到企业未来的盈利能力。

3. 权益净利率（权益净利率=净利润÷股东权益×100%）

权益净利率是一个对企业盈利能力综合的评价。杜邦分析法通过对权益净利率的分解，结合使用企业历史数据和同行业历史数据，来辨别企业经营状况，发现预警信号。

（五）现金流状况

企业的现金流包括三部分：经营性现金流、投资性现金流和融资性现金流。风险投资家在做尽职调查时应从这三方面来做调查。

调查目的：

第一，经营环节的财务调查，了解并核实各会计期间的经营成果、经营利润的真实性。

第二，投资环节的财务调查，了解并核实各会计期末短期投资余额、期末市价、跌价准备、长期投资余额、减值准备与投资收益的真实性。

第三，融资环节的财务调查，了解债务融资的规模、结构和权益融资。

1. 经营性现金流

经营性现金流反映公司销售商品或服务实际收到的现金，减去实际支付的成本费用后就得出现金净利润。

（1）查阅企业的相关会计规定，了解企业的固定资产、存货等的折旧方法是否正确，计算企业的利润是否真实。

（2）取得企业的收入明细表，查看企业的主营业务收入，是否存在关联交易的大额营业收入。

（3）获取企业的经营现金流量表，查看经营现金流量表中的“其他收到的与经营活动有关的现金”，判断是否将与经营活动无关的现金流入纳入其内。观察现金流量表“其他收到的与经营活动有关的现金”的数额是否接近或超过“销售商品、提供劳务收到的现金”，如果是，应该查看其凭证，问其原因。

（4）查阅企业最近几年及最近一个会计期间的报表，由销售收入情况、增值税比例，以及当年往来款项数据推算销售收入，与表中数据比较，如果差异较大，应询问会计人员原因。

2. 投资性现金流

投资性现金流主要反映公司在资本性开支上的投入。

（1）取得最近几年及最近一个会计期间的短期投资及跌价准备余额明细表。

①若投资金额较大，重点抽查其交易记录、对账单。

②若存在委托理财，应重点检查合同是否合法，并取得交易记录，判断投资风险。

（2）取得最近几年及最近一个会计期间委托贷款及投资收益明细表。

①若委托贷款金额较大，重点抽查贷款合同，借款方经营状况、信用情况，判断委托贷款的安全性。

②对逾期或延期贷款应特别关注，并查明逾期或延期的原因。

（3）取得最近几年及最近一个会计期间长期股权投资、减值准备及投资收益明细表。

①根据明细表，取得投资金额大，所占股权比例高、投资收益对企业经营业绩影响大的被投资企业的各期经审计的会计报表。

②对上述被投资企业进行重点抽查，查看是否存在重大投资风险。

（4）取得最近几年及最近一个会计期间长期债权投资、减值准备。

（5）取得各投资收益汇总表，对大额投资收益进行抽查。

①重点关注大额及异常投资收益，必要时抽查收益凭证。

②对现金分得的红利，关注是否收现，有无挂账情况。

（6）取得应收股利、应收利息明细表，与会计报表核对是否相符；取得分红凭证，验证真实性；关注挂账时间是否正常。

（7）取得货币资金明细表，判断是否有大量闲置资金。

3. 融资性现金流

融资性现金流是公司发行股票债券或向银行借款等融资行为带来的现金流入，以及偿还债务、支付股息和回购股票的现金流出。

（1）取得最近几年及最近一个会计期间短期及长期借款增减变动及余额表，与会计报表核对是否相符，抽查大额贷款合同。

（2）取得最近几年及最近一个会计期间应付债券明细表，并与会计报表核对相符。

（3）取得财务费用明细表，与贷款合同规定的利率进行复核。

（4）取得最近几年及最近一个会计期间应付款及专项应付款明细表，与会计报表核对是否相符；抽查相关合同，并验证与合同相关负债的资产。

（5）取得最近几年及最近一个会计期间所有者权益增减变动及余额表，与各年增资、配股情况相核对；与各年利润分配方案相核对。

（六）应收账款分析

调查目的：通过对应收账款的调查，了解企业销售收入中是否存在大量的赊销商品，应收账款是否能及时收回，了解企业的呆账、坏账的风险大小。

1. 测算应收账款的周转率

应收账款周转次数=销售收入+应收账款

应收账款周转天数=365÷（销售收入+应收账款）

应收账款与收入比=应收账款+销售收入

应收账款周转次数，表明一年中应收账款周转的次数；应收账款周转天数也叫应收账款收现期，表明从销售开始到收回现金平均需要的天数；应收账款与收入比，表明每一元销售收入需要的应收账款的投资。从这三方面测算应收账款可以全面地了解应收账款对企业财务状况的影响程度。

2. 调查坏账、呆账风险

由上面测算的应收账款周转率，查阅会计师事务所对应收账款账龄分析的工作底稿，分析最近几年财务报表中“销售商品、提供劳务收到的现金”与“主营业务收入”项目，调查公司坏账、呆账风险的大小。

3. 判断应收账款对公司账务状况的影响

查阅会计师事务所对企业销售收入中赊销比例的大小，分析企业赊销商品所占的份额。查阅应收账款票据，是否存在长时间的应收账款，如果存在，发函求证应收账款收回的可能性，如果收不回，判断其可能对公司财务状况的影响。

4. 调查应收账款的真实性

查阅公司应收账款凭证，向应收账款客户发函求证应收账款年末收回的可靠性，是否存在真实的应收账款。

5. 查看应收账款减值准备账户

查看应收账款减值准备账户，测算应收账款减值准备是否足额计提。

6. 调查应收票据的真实性

在计算应收账款周转率时，是否将应收票据加入，如果是，应该发函求证应收票据的真实性，判断应收票据收回的可能性和对企业财务状况的影响。

六、法律尽职调查

法律尽职调查的目标是了解和确认目标企业的财务、法律、运营状况等存在的风险和问题，通过对目标企业的历史沿革、财务状况、运营情况、发展预期等基本信息的调查，弥补交易双方在信息获知上的不对称。法律尽职调查有助于投资人评估投资的必要性和可行性，合理设计交易产品，制定风险防范措施。尽职调查更是交易价格确定、交易双方谈判、目标企业日后整合的基础和重要依据之一。

（一）基本情况调查

调查目标是了解公司历史上的重大事件，检查其对公司发展演变和企业文化形成的重大影响，判断公司商誉对其持续经营的影响。通过对以下各方面的内容的调查，可以了解到公司的历史沿革。

（1）获得公司行业管理体制历次改革的有关资料，调查行业管理体制改革对公司产生的影响。

（2）调阅公司历次重大资产变化、技术改造、重大销售政策变动的有关会议记录或其他资料，就其对公司经营、发展的影响与管理层进行讨论，并形成会议纪要。

（3）获得公司历次产品、管理能力等方面的获奖情况的有关资料，判断核心竞争力在行业的地位。

（4）调查公司历史上重大的人事变动，判断作为公司重大“无形资产”的核心管理者的去留和如果离开可能对公司产生的重大影响。

（5）审查公司历史上是否存在重大的违反法规行为，以及受到重大处罚情况判断其影响是否已经消除。

（6）调查公司的改革资料，判断其是否有国企改革的遗留问题。

（7）查阅公司的企业法人营业执照，调查公司经营范围和经营方式是否符合法律、法规有关规定。

（8）调查公司的企业法人营业执照、最近几年的财务报告，调查公司是否存在大量业务以外的经营。

2. 股东股权变化

调查的目标：股东是否符合有关法律法规的规范；公司股东变更的行为和程序是否合法、合规。我们可以通过以下几个不同的方面进行调查。

（1）取得公司的股东花名册，查看法定代表人或股东人数、住所、出资比例是否符合法律、法规和有关规定。

（2）追溯调查实际控制人，并与“关联交易调查”结合，查看其业务、资产情况是否对公司的供应、生产和销售以及市场竞争力产生直接或间接的影响。

（3）检查公司是否发行过内部职工股，或出现工会持股或职工持股会进行股权转让的，应该按照中国证监会〔2001〕41号文第59条的要求进行调查。

（4）取得公司发起协议书和创立大会的会议记录，检查并确认公司的所有创始人不存在一年内转让股份的情况。

（5）调查创始人中战略投资者和过去风险投资者的相关情况。

（6）编制公司股本结构变化表，检查公司历次股份总额及其结构变化的原因及其结果。

（7）调查公司的股份是否由于质押或其他争议而被冻结或者拍卖而发生转移并导致股权结构发生变化。

（8）调查股份发生变化前公司决策层的会议记录，查看股权结构变化对公司业务、管理和经营业绩的影响。

（9）获取公司与股本结构变化有关的验资、评估和审计报告，审查公司注册资本的增减变化以及股本结构的变化和程序是否符合法律规范。

3. 公司治理结构

调查的目标：公司章程及起草案件是否合法合规；股东大会、董事会、监事会的设立、运作的实质性判断；董事、监事、高级管理人员任职及变动是否合法合规。通过下面的几个方面调查，可以了解到我们所需要的基本内容。

（1）查阅股东大会的会议记录、董事会的会议记录，对照《公司法》等法律法规，确定公司章程和草案的制定和修改过程是否遵照了法律程序。

（2）查阅公司章程及草案，对照《公司法》的强行性和禁止性条款，判断公司章程草案的内容是否与之相抵触。

（3）查阅公司章程及草案，确定公司章程与草案是否与之符合，判断公司章程中是否存在相应的条款，是否有效地发挥作用。

（4）确认公司是否有健全的股东会、董事会、监事会的议事规则及其合规性，并查阅历次会议记录，对照议事规则及公司章程的相关规定，确定公司历次股东会、董事会、监事会的召开是否合乎相关规定。

（5）查阅历次股东会、董事会、监事会的议事会议记录，对照议事规则及公司章程的相关规定，确定公司历次股东会、董事会、监事会的决议内容是否合法合规。

（6）查阅公司的董事、监事和高级管理人员的个人资料，获得个人承诺，对照《公司法》等法律法规以及公司章程的要求，确认上述任职人员的任职资格是否符合规定及要求。

（7）查阅公司最近几年的股东会、董事会会议记录，确认上述人员在最近几年是否发生过变化；确认如果发生上述变化，这种变化是否符合有关规定，是否履行了必要的法律程序。

（8）获得董事、经理的承诺，确认董事、经理是否挪用公司资金或者将公司资金贷给他人；是否将公司资产以个人名义或他人名义开立账户存储；是否以公司资产为本公司的股东或者其他个人债务提供担保。

（9）调查董事、经理的业务活动，获取董事、经理的承诺，确认董事、经理是否自营或者为他人经营与公司同类的营业活动或者从事损害公司利益的其他活动。

（10）查阅公司保密情况的相关记录，对照相关的法律规定和经股东会的会议记录，确认除依照法律规定或者经股东会同意外，董事、监事、经理是否泄漏公司秘密。

（11）查阅公司章程与组织结构的设置，确认公司是否设立独立董事，任职资格、职权范围等是否符合有关规定。

（12）考察公司高级管理人员的选聘、解聘机制，判断其变动是否符合法律规定，是否履行法定程序。

（13）考察公司高级管理人员的激励与约束机制，是否符合相关法律规定，是否有利于吸引人才，保持高级管理人员的稳定。

（14）了解公司研究人员的薪酬情况，包括公司核心技术人员的薪酬水平、公司主要竞争者（国内、外同类型公司）同类技术人员的薪酬水平。了解公司研究人员历年来的流失情况，公司是否实行了包括股权激励的其他激励措施。

4. 组织结构

调查目标：全面了解企业主要股东（追溯到实质控制人）所有相关企业的业务和财务情况，查找可能产生同业竞争和关联交易的关联方；了解企业内部组织结构模式的设置情况，及其对企业实现经营管理目标的影响；了解企业各部门是否职责明晰、责任明确，管理是否规范。投资者可以从以下几个方面来验证上述目标。

（1）取得企业所有成员的有关资料清单，查找其中异常或者重要的联营企业，并作深入研究，必要时进行实地考察，将获得的一手资料进行整理分析，形成调研报告。

（2）画出企业与关联方的组织结构图，标明各经营实体之间的具体组织联系。

（3）取得企业经营目标调整和风险控制政策改变，及为保证上述目的实现而进行的相应地组织结构调整的有关文件记录，分析公司组织结构的来龙去脉。

（4）画出企业组织结构图，并以实线和虚线标明各个机构之间的权利与信息沟通关系，分析其设计的合理性和运行的有效性。

（5）与管理层有关人员交流，进一步获得企业组织结构的设置、运行方面的资料，了解企业各部门之间分工是否明确、责任是否明确、管理是否规范。

（6）与企业管理部门沟通、查阅企业内部管理规定，了解企业内部利润中心、成本中心和职能中心的设置和划分情况。

（二）独立性调查

调查目的：公司与具有实际控股权的法人或其他组织及其关联企业是否做到人员、财务、机构、业务独立以及资产完整。

（1）获取股东单位及其他关联方的营业执照、公司与关联方签订的所有业务协议，检查公司与关联方的业务是否存在上下游关系。

（2）公司是否具有独立完整的供应、生产、销售系统。

①调查公司的部门设置，检查原材料的采购部门、生产部门、销售部门是否与关联方分开，检查法人代表与关联方的采购人员、生产人员、销售人员是否相互独立，有无兼职现象。

②检查所有采购、销售或委托加工协议，确认是否存在委托关联方采购、销售或委托加工的情况。

③获取公司的采购、销售账户，检查原材料的采购、货物销售是否与关联方账务分离。

（3）如供应、生产、销售环节以及商标权等在短期内难以独立，公司与控股股东或其他关联方是否以合同的形式明确双方的权利和义务关系，获取公司与控股股东或其他关联方签订的协议：综合服务协议、委托加工协议、委托销售协议、商标许可协议、其他业务合作或许可协议等，是否明确了双方的权利义务。

（4）公司拥有的房产及土地使用权、商标、专利技术、特许经营权等无形资产情况，获取产权证明、土地使用证书、商标注册证明、专利证书、特许经营证书等，确认其所有人、使用者是否合法。

（5）公司有无租赁房屋、土地使用权等情况，租赁是否合法有效，检查有关房屋、土地使用权证明，有租赁的，对相关租赁协议进行检查。

（6）实地考察办公场所，对管理层的背景及职务进行全面了解，检查是否存在表面分开，实际混合经营的情况；观察控股股东与公司是否混合生产，混合经营；到基层与普通员工沟通，调查前面的情况是否存在。

（7）公司董事长是否由主要股东或控股股东法定代表人兼任，对董事长、主要要股东或控股股东法定代表人进行核对，对公司历届变换进行调查。

（8）与人事部及财务部沟通，检查有关工资表，公司经理、副经理、财务负责人、营销负责人、董事会秘书等高级管理人员是否在本单位领取薪酬，是否在股东单位兼职。

（9）控股股东和政府部门推荐董事或经理人选是否通过合法程序进行任用，是否存在早于董事会、股东大会已经做出的任免情况的决定；检查有关任免文件，对有关决议、程序进行检查。

（10）通过检查公司的组织结构、组织制度，对公司全部机构进行现场了解；检查组织结构、组织制度的执行情况；检查公司的组织结构是否与控股股东相互独立。判断公司是否已按有关规定建立和健全了组织机构，是否与控股股东相互独立。

（11）公司是否建立了独立的财务会计部门，是否建立了独立的会计核算体系和财务管理制度。

①检查公司的财务会计部门的有关规章制度，人员安排。

②检查会计核算体系和财务管理制度是否独立，设计是否合理。

（12）检查公司与控股股东的银行账户、往来账项和检查控股股东占用（包括无偿占用或有偿使用）公司资金、资产及其他资源的原因及历史；判断是否存在控股股东违规使用公司资金、资产及其他资源的情况。

（13）检查控股股东法人财务公司或结算中心账户情况，判断公司是否存在将资金存入控股股东的财务公司或结算中心账户的情况。

（14）获取公司与控股股东的税务登记证，检查其是否依法纳税，是否依法独立纳税的情况。

（15）公司是否能够独立做出财务决策，是否存在控股股东干预公司资金使用的情况。

①检查公司有关财务决策制度，对其条款进行审核。

②对已做出的决策进行检查，检查资金使用是否与控股股东有关。

③与财务部门有关人员进行沟通，了解他们的看法。

（三）资产状况调查

调查的目的：了解并核实固定资产、在建工程、无形资产及其技术专利和商标权等，通过以下几个方面的调查了解核实。

（1）了解固定资产规模、类别，并核实期末价值。

①取得前三年及最近一个会计期末“固定资产”“累计折旧”及“固定资产减值准备”明细表，并与会计报表核对是否相符。

②调查房屋建筑物的成新度、产权归属。

③调查机器设备成新度、技术先进性、产权归属。

④对大额的固定资产增减变动应询问原因，抽查购买和处理的凭证。

⑤了解有无设置抵押的固定资产，并与“融资财务调查”了解到的借款抵押进行核对。

⑥了解并描述计提折旧的方法，并将本期计提折旧额与《制造费用明细表》中的“折旧”明细项核对是否相符。

⑦了解并描述固定资产减值准备计提方法，结合生产特点及设备状况，并向会计师询问，判断减值准备计提是否充分。

（2）了解在建工程规模，若规模较大，则进一步调查在建工程价值、完工程度，判断完工投产后对生产的影响。

①取得该期末“在建工程”“在建工程价值准备”“工程物资”明细表，并与会计报表核对是否相符。

②取得工程建设可行性报告及政府批文，了解计划投资额、计划建设周期、建设资金来源、工程投产后的预计收益。

③现场勘察工程进度，并根据工程可行性报告和正常的工程建设周期，判断工程建设进度是否正常，有无长期停工在建工程。

④了解利息资本化的依据是否符合规定，长期停工在建工程，是否停止利息资本化，是否发生减值，减值准备是否充分。

（3）了解并核实无形资产入账依据及价值的合理性。

①取得无形资产及减值准备明细表、清单及权属证明。

②调查每项无形资产的来源，判断各项无形资产入账及入账价值的合理性。

③获取商标注册证明、专利证明、特许经营证书等，其所有人、使用者是否合法。

（4）是否存在产权纠纷或潜在纠纷，检查相关法律文件及协议，与公司法律部门及法律顾问进行沟通，检查是否存在产权纠纷或潜在纠纷，若存在，对其发生的原因及历史进行调查，并判断是否会出现或有事项。

（5）公司对其主要财产的所有权或使用权的行使有无限制，是否存在主要财产被担保或者其他权利受限制的情况；获取公司所有担保协议及产权证书，对主要贷款进行函证，检查是否存在主要财产被担保或者其他权利受限制的情况。

（四）关联与同业竞争

1. 关联方与关联交易

关联方调查是为了了解其是否存在不正当交易。检查所有的关联方，包括：与公司同受某一企业的控制的企业、合营企业、联营企业、主要投资个人或关键管理人员或其关系密切的家庭成员、主要投资者个人或关键管理人员或其密切相关的家庭成员直接控制的其他企业。获得公司的主要采购、销售合同，检查公司的主要采购、销售合同的合同方是否是关联方。

获取所有关联方的营业执照或身份证明文件、所有关联方与公司之间签订的所有关联协议。通过从下面几个方面的尽职调查了解关联交易是否合规：

（1）调查公司与关联企业是否发生以下行为：购买或销售商品、购买或销售除商品以外的其他资产、提供或接受劳务、代理、租赁、提供资金（包括现金或实物形式的贷款或权益性资金）、担保和抵押、管理方面的合同、研究与开发项目的转移、许可协议、关键管理人员报酬。获取上述关联交易的有关协议，并取得协议执行情况的支撑文件及其证明。判断上述关联交易是否必要，通过获取上述关联交易的交易背景资料、可行性研究报告（若有），判断该交易是否对公司产生积极影响。

（2）如果存在关联交易，那么关联交易的内容、数量、金额，以及关联交易占同类业务的比重如何。

①检查历年关联交易账户，检查关联交易的内容、数量、金额。

②检查关联交易占发起人同类业务的比重，对关联交易的递增或递减做出评价，并分析原因。

（3）关联交易的价格如何确定，是否公允，是否存在损害公司及其他股东利益的情况，如果交易与第三方进行，价格如何。

①获取价格确定的协议或决议，检查价格确定基础或计算方法是否正确。

②检查关联价格与市场价格的差异及原因，检查关联价格的制定是否遵循公允

原则。

（4）关联交易协议的内容是否公允。检查关联交易协议条款，检查其内容是否公允合理，有无侵害公司利益的条款。

（5）公司是否在公司章程及其他内部规定中制定了关联交易的公允决策程序，对其进行审查并检查其执行情况。

（6）关联交易是否履行了法定批准程序。

①获取关联交易执行程序、批准程序的规章制度。

②检查已执行的关联交易是否已经按照上述规章制度执行。

（7）公司是否为控股股东及其他关联股东提供担保。获取所有担保协议，检查为控股股东及其他关联股东提供担保的有关协议，是否存在不合理的条款。

（8）在关联交易中存在影响成本的重大采购交易，抽查不同时点的关联采购合同，获取关联采购的定价数据，分析不同时点的采购价格的变动，并与当时同类原材料市场价格比较。如果存在异常，分析其对成本的影响，判断关联采购定价是否合理，是否存在大股东与公司之间的利润输送或资金转移的现象。

（9）在关联交易中存在对主营业务收入有重大贡献的关联销售，抽查不同时点的关联销售合同，获取关联销售定价数据，分析不同时点的销售价格的变动，并与当时同类产品市场公允价格比较。如果存在异常，分析其对成本的影响，分析其对收入的影响，是否存在大股东与公司之间的利润输送或资金转移的现象。

2. 同业竞争

调查同业竞争是为了了解企业是否存在同业竞争，是否采取了有效措施避免了同业竞争。要想了解是否存在上述问题，投资者应该从以下几方面来做调查：

（1）公司与关联方是否存在同业竞争。

①检查公司与控股股东及其子公司的经营范围是否相同或相近。

②公司与控股股东及其子公司是否在实际生产经营中存在同业竞争。

（2）如果存在或可能存在同业竞争，公司是否采取了有效措施避免同业竞争。

①查阅有关避免同业竞争的协议及决议，检查上述协议，审查有无损害公司利益的情况的条款。

②查阅公司的股东协议、公司章程等文件，公司是否披露在股东协议、公司章程等方面做出的避免同业竞争的规定。

③调查有无其他有效措施避免同业竞争，如：针对存在同业竞争，通过收购、委托经营等方式，将相竞争的业务纳入企业中的措施；竞争方将业务转让给无关联的第三方的措施；公司放弃与竞争方相同的业务等措施。

（五）重大合同调查

1. 供应和销售合同

调查的目的：调查公司重大的供应和销售合同的合法性。公司重大的供应和销售合同对公司财务状况、经营成果等是否有重大影响。可以从以下几个不同的方面进行调查：

（1）获得公司董事的书面承诺，确认有关公司重大供应与销售合同的信息均已披露，材料均已提供。

（2）查阅公司合同材料，确认合同的重要性，获取公司供应与销售合同的信息。

（3）对照公司有关内部订立合同权限的规定，判断该合同的订立是否超越权限。

（4）对照法律法规，判断公司供应与销售合同的合法、有效性，是否对财务状况、经营成果产生影响；如果产生或可能产生影响，是否予以披露。

（5）判断公司重大的供应与销售合同履行的可能性，关注因不能履约、违约等事项对公司产生或可能的影响。

（6）发函给供应商与客户，查看供应与销售合同是否真实存在，如果不存在可能对公司财务状况产生的影响有多大。

（7）抽查部分重大销售合同，检查有无限制性条款，如产品须经安装或检修、有特定的退货权、采用代销或寄销的方式；查阅重大销售合同，分析公司是否对此项销售做出有其他承诺，与公司律师沟通上述承诺对公司可能造成的或有负债。

2. 劳动合同

调查企业的劳动合同文件，是为了知道企业对员工的薪酬是否符合国家劳动法，企业是否在薪酬上对员工有激励政策。

（1）查阅公司所有雇佣合同，公司现存在何种雇佣合同。

（2）查阅公司工资相关的文件，是否有起薪、提升、晋级和解雇的程序文件。如果有，查看公司执行情况；如果没有，询问管理层决定这些员工地位变化的程序是什么。

（3）查阅工资表中职员、监督、领导以小时的平均薪水，看公司的员工是否比区域和竞争对手的平均水平支付的少。

（4）查看公司相关文件，看公司是否有奖金计划，如果有，是如何计算的，是否按规定执行。

（5）查阅公司章程，看公司是否对员工有利润分享计划，获取一份复印件查看做出贡献的计算公式。

（6）查阅公司劳动合同，看公司劳动合同中是否包含社会保险、养老保险、医疗保险等劳动法中规定的基本条款。

（7）查阅公司劳动合同，对照《中华人民共和国劳动合同法》（以下简称劳动法）看公司劳动合同是否与劳动法有相抵触之处。如果有，询问管理层公司如何解决这些问题。

（五）税收

调查企业执行的税种、税率、税收及财政补贴优惠政策等法律文件，是为了知道企业执行的财政补贴优惠政策是否合法、真实、有效；发行人是否依法纳税。投资者可以从以下几个方面进行调查：

（1）查阅各种税法、企业的营业执照、税务登记证等文件，或与企业财务部门人员访谈，调查企业所执行的税种（包括各种税收附加费）、税基、税率，调查其执行的税种、税率是否符合现行法律、法规的要求。

（2）调查企业是否经营进出口业务，查阅关税等法规，调查企业所适用的关税、增值税以及其他税种的税率。

（3）如果企业享有增值税的减、免，查阅财政部、国家税务总局法规或文件，调查该项法规或文件是否由有权部门发布，调查企业提供的产品或服务税收优惠是否合法、合规、真实、有效，该项税收优惠的优惠期有多长。

（4）如果企业有所得税减、免的优惠政策或其他各种形式的财政补贴，查阅有权部门的法规或文件，调查该项政策是否合规、合法、真实、有效，该项税收优惠政策优惠期有多长。

（5）获取企业最近几个会计年度享受的税收优惠、退回的具体金额，根据第三、四条中获取的文件，判断其属于经营性损益，还是非经营性损益，测算其对企业各期净利润的影响程度。

（6）查阅企业最近几年的增值税、所得税以及其他适用的税种及附加税的纳税申报表、税收缴款书等文件，调查企业最近几年是否依法纳税。

（7）查阅企业所处管辖区内的国家税务局、地方税务局以及直属的税收分局征收处的证明，调查企业是否存在税务部门处罚的情形，是否拖欠税款。

（8）与管辖税务机关沟通，了解企业是否与税务部门存在税务争议，了解企业是否存在偷、漏税情形，如果有，测算出其可能补交的税款数额、罚金数额；了解企业是否可以获得税款返还，测算出其数额。

（9）对企业最近几个会计年度的增值税销项税额或营业税额与企业各期的主营业务收入进行分析性复核。如果“主营业务收入×适用税率”与销项数额或营业现额有异常大的偏差，应对企业的收入真实性做进一步的销售调查。

（七）诉讼、仲裁或处罚事项

调查诉讼、仲裁或处罚事项，是为了了解这些事项是否对财务状况、经营成果、声誉、业务活动、未来前景的影响。投资者可以从以下几个方面进行调查：

（1）调查公司情况，查阅披露文件，确认公司是否具有对财务状况、经营成果、声誉、未来前景等可能产生较大影响的诉讼或仲裁事项。

（2）如果有上述事项，确认是否披露这些主要内容：受理该诉讼或仲裁的法院或仲裁机构的名称；提起诉讼或仲裁的日期；诉讼或仲裁的当事人和代理人；提起诉讼或仲裁的原因；诉讼或仲裁的请求；可能出现的处理结果或已经生效的法律文书的执行情况；对财务状况、经营成果、声誉、未来前景等可能产生较大影响。

（3）调查持有公司5%以上股份的主要股东（追溯到实际控制人），获取相关信息，确认其是否存在前述重大诉讼或仲裁事项。

（4）调查公司董事、监事、高级管理人员和核心技术人员，获取个人承诺，确认上述人员是否存在前述重大诉讼或仲裁事项。

（5）调查公司、持有公司5%以上股份的主要股东（追溯到实际控制人）、公司董事、监事、高级管理人员和核心技术人员，获取上述单位或个人承诺，确认是否具有可预见的重大诉讼或仲裁事项。

（6）调查公司、持有公司5%以上股份的主要股东（追溯到实际控制人）、公司董事、监事、高级管理人员和核心技术人员，获取上述单位或个人承诺，确定是否具有尚未了结的或者可预见的行政处罚案件。

（7）查阅披露文件，获取公司的董事、监事、高级管理人员和核心技术人的承诺，确认上述人员是否受到刑事处罚。

（八）其他可能的法律风险

调查的目的：调查或有事项的具体情况，判断或有事项对公司财务状况、经营成果、声誉、业务活动、未来前景等可能产生的影响。投资者要从以下几方面进行调查，查看企业是否还存在其他法律风险：

（1）调查企业因诉讼或仲裁情况可能带来的影响。

（2）企业对售后产品提供担保，调查企业的销售政策，查阅企业的销售合同，确定提供担保的数额；参照历史数据，估量客户提出诉求的可能性；测算发生或有负债的金额；判断这些事项对公司财务状况、经营成果、声誉、业务活动、未来前景等可能产生的影响。

（3）公司为其他单位的债务提供担保。

①查阅公司的相关记录，询问负责人员，确认公司是否以公司资产为本公司的股东、股东的附属企业或个人债务提供担保。

②如有，要明确担保合同的具体内容：提供担保的债务数额；债务人履行债务的期限；担保方式；是否承担连带责任；是否采取反担保措施。

③根据被担保方履行债务的可能性，估算可能发生的或有负债金额。

④判断上述事项对公司财务状况、经营成果、声誉、业务活动、未来前景等可能产生的影响。

（4）环境保护的或有负债。查阅企业有关环境保护方面的批文，明确其是否达到环境保护的相关标准；调查企业是否有环境污染的情况发生；测算出企业可能发生的治理费用数额或者可能支付的罚金数额；判断上述事项对企业的影响程度。

（5）税收或有事项。查阅企业的完税证明，确定企业是否按章纳税，有无偷税、漏税等违反法律法规的行为；计算出可能补交的税款数额或者可能支付的罚金数额；如果有税款返还的情况，计算出税款可能返还的数额；判断前述事项对企业的影响程度。

（6）查阅公司资料，看是否有专利保护，查看是否存在商业模式的法律问题，投资者必须清楚各种协议的法律结构。

七、对调查结果的分析和使用

尽职调查虽然耗时耗力但还需力求详尽。单个投资者很难有全面评估一个项目所需要的全部专业知识，这就存在时间上的问题。投资者必须迅速得出结论，以便锁定一个好项目，并通过迅速地回复表示对创业家的尊重。

事实上，很多风险投资机会都有一些缺陷，否则，这些企业就可以获得更低成本的贷款。投资团队可能因为过于在意这些缺陷而忘记了主动投资可以改变这些状况的能力。

尽管外部专家——会计师、学术研究人员、顾问和其他人可以提供关键的看法并节约了合伙人的时间，但风险投资企业家必须确定识别各种风险的重要性以及这些风险对于整个投资的影响，即这些风险的实质。但不是所有的风险都能解决。管理投资项目，这是一个在初期谈判时就可能已经开始的过程。

风险投资家应该清楚，在这些风险中，哪一种才是最重要的？风险被划分为内部风险、外部风险和执行风险三类。内部因素——创业者通常会比投资者更了解创业者的自身行为、努力工作的意愿和道德，这既是投资原因，又是风险。例如，一般合伙人对创业者的技术知识印象深刻，但是对其管理能力却不太确定。外部因素——交易双方都不太了解，比如市场规模或者使用率，这会更经常被认为是投资原因，而不是风险。这可能是因为这些因素可以从外部进行聘雇或者是因不确定性由创业者和投资者共同分担。执行相关因素——不完全是内部或者外部的方面，比如战略是否能执行或技术是否可行。为解决这种不确定性，投资者会使用技术和证券来构建交易结构。另外一种控制这些不确定性的方法是良好的公司治理，通过董事会和股权分配达成的一致利益来执行。

尽职调查永远不会终结。如果有无限的时间，项目团队总是可以发现新的问题。而交易的艺术就在于要在有限的时间内对复杂的问题做出判断。虽然最好的尽职调查也不能预见 2008 年的金融危机，但是对管理团队进行的合理尽职调查却可以让投资者预期管理团队在发生金融危机时的反应。尽职调查中的疏漏说明团队的专业知识还存在缺陷，这也是风险投资家能在自己的专业领域内投资的原因之一。

尽职调查需要从细节出发，并能把握创业公司的全貌，过度关注未知细节会得到一个错误的全局判断。投资团队也必须清楚哪些额外信息对于整体决策有实质作用。成功运用尽职调查的关键是建立对项目的全局理解，找到不确定因素，并逐项解决和控制风险。

第三节 谈判与签订投资协议

风险投资家在与创业家经过多次的见面和接触，以及随后的实地考察之后，对投资项目已有了非常清楚的了解，可能已基本达成向该风险企业进行投资的意向。这时需要进一步和创业家商谈有关投资的具体协议和财务安排。具体协议和财务安排一般以谈判的方式进行，最终结果是双方签订具体的投资协议，形成相互之间按契约关系进行投资的行为方式。

一、谈判的主要内容

既然风险投资是以谈判的方式做出这种具体协议和财务结构的安排，因此谈判双方必然是力求以实现自身利益的最大化为目标。但为了使投资协议能够最终达成，谈判双方又必须确立相互协作的机制，互相考虑对方的利益，平衡各自的权益，在非原则问题上做出一定的让步。只有这样，风险投资才能最终进入风险企业。

从风险投资家的角度来看，他所关心和需要明确保护的，除了在一定交易的风险条件下取得相应的投资回报外，主要还包括以下内容：投资的数额、投资工具和股权结构，要求交易时产生的现金流的纳税最小化，并充分享有董事会席位及企业的控制权，以便在风险企业经营情况发生严重恶化时，能够通过特殊表决权方式，对所投资的企业实行管理权冻结或更换管理者。只有进行这样的安排，才能保证不管今后风险企业出现任何不确定或不可控因素，都能够保证实现风险投资退出，最大限度地收回本金和投资收益。对于创业家而言，当然也希望通过投资协议来明确他对所创建的风险企业的经营管理权，并从中获取合理的创业投资回报。同时他也希望能筹集到尽可能多的资金，以供风险企业运用，并使税赋负担达到最小化。在风险投资家和创业家的谈判中，双方所涉及的投资协议条款主要包括以下内容：

（1）投资的数额、投资工具和股权结构。风险投资公司向风险企业投资的数额，是谈判中要首先明确的重要内容。一般会根据风险企业在投资项目计划书中所列的资金需求，结合风险投资公司的资金实力，确定一个双方可以接受的数额。风险投资一般采用分期投资，不是一次性投资。因此在确定总投资额的情况下，还要进一步明确分期投资的数额和各期投资的时间和条件。

投资工具的选择是谈判中要涉及的另一重要问题。风险投资向风险企业投资的工具基本上有三种：即普通股、优先股和债券。西方经济学家对影响风险投资三种投资安排的各种外生变量和内在因素，进行了深入的研究。他们发现，风险投资公司最好是以可转换优先股作为优先考虑的投资工具。

风险投资公司如以债券形式投资，则风险投资公司是风险企业的债权人，而不是所有者。在典型的风险投资中，许多风险企业都有难以估量的增长潜力。此外，在风险企业的种子阶段及其他早期阶段，因新产品或服务在技术上和营销上引起的经营风险很大。在这种情况下，尽管采用债券投资可以确保风险投资者的权益，但它不适合风险资本的特性。当创业家为了处理突发性现金流量要求和其他危机需要相应的财务弹性时，债券投资对风险企业就不大适宜。债券投资也可能对企业将来扩大发债产生不利影响。同时，由于债券持有人对风险企业现金流量和资产有优先偿还权，这也给风险企业将来公开发行股票带来困难。一般的常规公司在其股权结构及权益安排中，股东要么享受普通股的权利，要么享受优先股的权利，一般鱼和熊掌是不能兼得的。但对于风险投资这种风险度极高的投资行为而言，风险投资公司所面临的首要问题是如何有效地管理和防范各种风险。

为了使风险投资按其正常的发展过程成长，甚至在风险企业失败时也能尽量降低风险，就需要在投资的财务处理和工具的保护条款上，保持一定的灵活性。在这种情况下，可转换优先股是一种比较合适的投资工具。风险投资公司若成为风险企业的普通股股东，则只享有普通股的权利，当风险企业发生严重亏损而导致破产等最不利的情况出现时，风险投资公司便不能通过享有优先股对资产优先偿付的权利，来最大限度地锁定和降低投资风险；风险投资公司若成为优先股股东，则只能享受优先股的权利，既不能享有对风险企业的管理权及决策时的表决权，也不能分享被投资企业高速成长所带来的巨额收益。这与风险投资希望通过增值服务和参与风险企业的经营管理，来享受增值收益的愿望是不一致的。为了解决这些问题，一般风险企业可采取向风险投资公司发行可转换优先股的形式来解决这两方面的矛盾。

风险投资公司持有可转换优先股的优点是：风险投资公司可以根据风险企业的发展

情况，来决定是否将可转换优先股转换为普通股。当投资成功，风险企业的规模迅速扩大、投资风险大大降低时，风险投资公司可将优先股转为普通股，从而分享风险企业快速成长的增值收益。当企业经营不善投资风险较大时，可不把它转换为普通股，这样可拥有对风险企业破产清算时的优先清偿权。因此，可转换优先股既可控制风险投资的一些风险，又有实现高收益的投资机会，它已成为风险投资运作中，一种较理想的金融投资工具。

风险企业的股权结构也是谈判中要谈及的内容。风险投资的特点之一是不强调控股风险企业，而是追求支持有高成长潜力的投资项目通过股票公开上市的退出方式来实现获利。因此，风险企业的股权结构一般被设计成为除了风险投资公司拥有一定比例的风险企业股权外，投资企业的创业者也拥有相当一部分股权，这样的股权结构安排可以使创业者的利益与风险企业的兴衰紧密地联系在一起，能够达到风险投资家与创业家同呼吸、共命运，共同推动风险企业的迅速成长和发展。

（2）风险投资公司权利的保障条款。风险投资家公司的保障条款主要体现在：

①董事会的席位。风险投资的显著特点是不追求控股所投资企业，但为了能为被投资企业提供增值服务和参与经营管理，风险投资家必须在被投资企业的董事会中占有一定的席位，只有这样，才能保证风险投资家通过对董事会的控制，对企业管理层实施监督和控制。

②反摊薄条款。反摊薄条款是在风险投资行业中，用来保证早期投资者投资利益的协定。反摊薄条款与其他常规投资协定不同的地方在于其规定后来加盟的投资者所拥有的权益，不能超过比他更早的初始投资者，从而确保风险投资者在风险企业的高风险期投资后，能够在未来取得与高风险相对应的高收益。反摊薄条款主要表现在以下三个方面：

第一，保证风险投资者所持股份的比例不变。当风险企业增发新股时，应无偿地或按双方认可的价格，给予风险投资方购买相应股份的权利，以保证早期的风险投资者作为初始投资者所持股份的比例保持不变。只有当双方按特定时间和条件约定的特定事项出现时，这种持股比例才可以减少。

第二，棘轮条例：当风险企业以低价出售股份给后来的投资者时，必须同时以相同的价格无偿给予风险投资方购买一定股份的权利，以保证作为初始投资者的持股股份比例不因企业出售股份而下降。

第三，当风险企业以低于原始股价格发行新股时，早期的风险投资者有优先权额外购买一定比例的股份。

③特定表决权。特定表决权是风险投资有别于其他常规投资，风险投资家在风险企业中行使特定权力的一种特殊方式。特定表决权主要表现在：一方面，对风险企业的重大经营决策和当企业发生经营不善时，或出现重大亏损或资不抵债时，风险投资家享有对企业的经营管理权和更换企业经理的管理冻结权；另一方面，当风险投资公司一方是以可转换优先股形式持有风险企业的股权时，其优先股同样可以行使与普通股相同的表决权。

（3）经理人员的股票期权。在风险企业的发展过程中，经常会涉及风险投资公司、创业家和经理人员（经营管理层）三者的利益。其中经营管理层作为投资者雇佣的经理人员，可能是风险企业的创业者自己，也可能是作为第三方的职业经理。

由于风险投资和风险企业经理人员的信息不对称，会产生潜在的“道德风险”，即经理人员以风险企业受损为代价来谋求自己的利益。因此风险投资公司要建立相关机制来协调管理层和风险企业之间的关系，这些机制可能分为两类：第一类为风险投资家对企业的直接控制，包括在董事会中的席位、反摊薄条款和特定表决权等。第二类为激励制度，主要是企业的所有者通过向经理人提供股票期权，来协调管理层和风险企业之间的利益。

股票期权主要是针对管理层而做出的一种利益激励机制，目的在于鼓励经理人员的长期经营管理行为。股票期权是让企业经理人员拥有与经营业绩相适应的剩余索取权。经理人员拥有股票期权，即是以现时约定的价格购买未来一定期限内风险企业一定数量股票的权利。这种期权一般是通过分阶段执行来实现的，在股票期权规定执行的期内，如果经理人员离开企业，就丧失剩余的期权。股票期权制度的好处在于将经理人员的利益和企业价值的增长和股东的利益紧密地联系在一起，促使经理人员能尽最大努力去实现企业的价值。

（4）退出路径。在谈判中，创业家要为风险投资提出明确的退出路径。风险投资家一般最希望能以 IPO 的方式退出风险企业，这样可以获取较高的投资收益。当然，股份回购和被其他公司兼并收购也是风险投资家可以考虑的退出方式。另外，创业家还要向风险投资家提出投资的回报预测。

二、签订投资协议

经过风险投资家和创业家多次的谈判和协商，风险投资公司和风险企业已在投资数量、投资方式和投资条件等方面，明确了双方的权利和义务，并最后形成有法律效力的投资协议。投资协议作为双方合作的依据和基础，将使合作双方互惠互利、风险共担、收益共享，将约束双方在风险企业中的有关行为，特别是以后参与管理、撤出资金的行为。

风险投资家和创业家双方签署有关投资协议，标志着风险企业争取风险投资过程的结束，同时也标志着双方建立长期合作伙伴关系的开始。在投资协议中，风险投资家和创业家必须明确以下两个基本问题：一是风险投资公司的出资数额和双方的股份分配比例，其中包括创业家的技术创意和创业的股份评定；二是风险企业的组织结构和双方人员在企业中的职务安排。为了保护风险投资家的利益，投资协议中通常还包括保护性协议和投资失败协定。保护性协议的主要内容是风险投资家对风险企业的管理控制权，如果确有必要，风险投资家可以改变风险企业的经营管理权，回购、并购或公开销售所持有的股份。投资失败协定需详细写明当投资失败时，风险投资家和创业家所享有的权利和应承担的责任。

风险投资公司对风险企业的投资，一般采用股权投资的方式，具体方式可根据合作双方的实际情况，以灵活的方式采用可转换优先股、普通股和可转换债券等多种投资方式。

一般投资协议的主要条款包括以下内容：

（1）项目的投资总额和股权分配方案。

（2）资金投入方式及投资组合，包括证券种类和价格，红利、股息、利息和可转换债券的转股价格。

（3）风险资金到位的时间安排与检查标准。

（4）企业商标、专利技术、租赁等协议。

（5）风险投资家监督和管理企业权利的确认，包括被投资企业治理结构安排，管理层工资，董事会席位安排，重大决策权和表决权分配以及管理层雇佣条款等。

（6）关于风险企业经营范围、经营计划、企业资产兼并和收购等方面的条件确认，也包括管理层的声明和保证，即创业家需要为业务计划中包含的财务数据提供证据。

（7）卖权和买权。即给予风险投资家卖出证券的权利，如要求风险企业或创业家赎回优先股。相比之下，在投资协议中规定风险企业或创业家在某种情况下有买回证券的权利的情况就较为少见。

（8）投资期限、转让权和偿付协议与投资退出。

（9）肯定合约（Affirmative Covenants）与否定合约（Negative Covenants）。前者是指对创业家在风险投资期内应该从事哪些活动所做的约定，后者则是对创业家在风险投资期内不得从事哪些活动所做的约定。

（10）其他双方认为需要写入协议的条款。

第四节　风险投资的管理

风险投资的一个重要特点是风险投资公司一般对风险企业不仅仅只是投入资金，还会在投资后适度参与风险企业的经营管理。一方面，由于代理问题的存在，风险企业家与风险投资公司之间目标函数的不一致性，会导致双方的利益冲突，风险投资公司通过投资后对所投资企业经营管理的适度管理，能降低代理成本，减少投资风险，更好地保障投资者权益。另一方面，风险投资公司往往具有风险企业家所不具备的相关方面的知识和经验，风险投资公司利用自己在该方面的优势，参与风险企业的经营管理，为风险企业提供增值服务，将有助于风险企业绩效的提高，从而提升风险企业的价值。还有，风险投资公司通过投资后的后续管理进行资本运作，可以促使风险企业价值得以体现或实现，并在资本退出后获得高额投资回报。因此，投资后的后续管理在风险投资中具有重要意义。

一、风险投资管理的概述

（一）风险投资管理的内涵

风险投资管理是风险投资家与创业者签订投资合约后，风险投资家积极参与风险企业的管理，为其提供增值服务并对其实施监控等各种活动的统称。具体来说，风险投资管理是风险投资整个运作过程的最后一个阶段，它起自投资合约的签订，止于风险资本的退出。它是一个具有特定内涵的专业术语，是一个广义的概念，它涵盖了投资后风险投资家对风险企业实施的监督、控制以及所提供的各种增值服务（包括管理）。

绝大多数风险企业创业者是工程技术领域的专家，经营管理知识不足的缺陷常常阻碍其企业的进一步扩大和发展。随着企业规模的扩大，企业管理职能的重要性日益突出，企业如不能适时地实现从初创性事业到成熟管理体制的过渡，建立完善的职能管理部门，企业就会因为混乱的内部管理陷入经营困境。只有少数风险创业家通过自己的努力，能使企业成功地度过青春期。风险投资公司在此则有自己的优势，通常风险投资公司拥有市场研究、生产规划、经营战略、财务法律等各方面的管理专家，并且在社会上有广泛的信息与关系网络，不仅可以为风险企业提供各种咨询和服务，帮助企业建立规范的管理体系，甚至在必要时，还可以替企业物色所需要的专业管理人才。风险投资公司对风险企业进行创业辅导有助于提高创业成功率，一方面减少了风险投资公司的投资风险；另一方面也降低了风险创业家的创业失败的风险，有利于激发科技人员创业热情。

（二）风险投资管理的特点

风险投资管理有以下基本特点：

1. 管理的主体是风险投资家

风险投资管理是从风险投资家的角度研究探讨如何对风险企业进行监控和服务，其管理的主体是风险投资家。

2. 管理的重点是战略和策略问题

风险投资家往往通过在董事会中的席位影响企业的决策，通过在产品市场、原料市场和资本市场上的优势帮助企业发展，一般不过多涉及企业的日常管理。企业的日常管理由创业者及管理团队来完成。

3. 管理的方式是间接的

通常，风险投资家只与风险企业的高层管理人员接触，向他们提供一些有创意的经营管理思路或方法，很少或根本不与基层经理人员接触。换言之，风险投资家是通过提供自己的学识、经验以及广泛的社会联系来间接地管理风险企业的。

4. 管理的目的是实现增值

风险资本是一种权益资本，风险投资家一旦与创业者签订合约后，二者就形成了成败与共、同舟共济的合作关系。风险投资家积极参与风险企业的管理、提供增值服务，目的是帮助创业者办好企业；实施监控的目的是规避企业发展过程中的风险，特别是创业者的道德风险。无论是增值服务还是监控，其根本目的都是为了实现风险资本的增值。

二、风险投资管理的方式与内容

（一）风险投资管理的基本方式

风险投资家一般通过如下几种方式进行风险投资管理：

1. 参加风险企业董事会

美国风险投资机制下的董事会与传统的董事会不同。通常情况下，风险企业董事会由名义上的非执行董事的风险投资家领导。董事会的成员比较少，风险投资家往往会担任董事会主席，为企业提供管理支持。与传统的一般投资者不同，风险投资家尽管是非执行董事，但他们都是积极的内部投资者。风险企业的董事会对企业的经营状况负责，包括聘任或解雇企业总经理、监督与评价企业的经营状况。风险投资家很少参与风险企业的日常管理，因而他们都把出席董事会作为提出自己的建议、影响创业者决策、保护自身利益的极好机会。风险投资家的管理介入将大大减小风险投资家与创业者之间由于信息不对称而可能出现的代理风险，使风险企业尽可能朝着资本增值的目标发展。

专栏

董事会——公司治理之地

董事会代表全体企业股东，并为企业的整体利益做出决策。交易结构将权利交到投资者手中，以换取他们投入的资金。通过谈判后的交易条款，投资者并不需要持有企业多数股权就可以获得对企业的有效控制。

董事会的规模各不相同。在种子阶段的初创企业，董事会可能只有2~3人；而对很多未上市企业而言，5~7人比较常见；对于被收购的企业，可能会有7~9个人。被收购的企业中，并购公司在董事会的5个席位中会占据4个，CEO则占据第5个席位。在绝大多数情况下，风险投资家占有大部分席位，或者在关键问题上有多数投票权。

不过，不是所有的投资者都会获得董事会席位。有时这来自优先权：私募股权公司有权指定一名代表，可以选择一名外部专家或者一名跟投方成员作为董事会成员，原因可能是这个人在地理位置上接近企业或者其具备相关的专业能力。在其他一些情况下，投资者可能没有足够的投资或足够强硬的谈判条件，无法获得席位（这称之为被动投资者）。一些公司设有观察员席位，但没有投票权；一些观察员有知情权，可以获得董事会全部信息；其他一些观察员可以出席全体董事会议，但不能参加执行会议，也不能获得会上所讨论的材料。拿微软的IP Ventures为例，其专门帮助微软来建立一些企业，这些企业会将微软已经开发出来但决定不再继续的技术进行商业化。由于微软深刻理解新企业的技术，持有其股权，并为其提供市场营销和公关服务，希望知道该企业的进展，但它并不想因为有投票权而控制公司。

2. 审查风险企业财务报告

风险投资家往往要求风险企业每月送交一份财务分析报告。通过财务报告中的数据了解风险企业业务进展情况、财务控制能力和潜在的问题。风险投资家善于从财务报告中发现潜在的问题，如延迟财务报告、发生重大变化、出现亏损等，善于利用现金流量表去发现风险企业的现金收支情况。如果是新创企业，他们还知道现金流量应在何时达到盈亏。

3. 与风险企业高层管理人员通电话或会晤

风险投资家常常采取电话或会晤等方式，与创业者或风险企业重要的管理人员进行交谈和接触，了解风险企业的情况，进行指导或咨询实现有效的沟通。根据国外调查统计，风险投资家平均每年会被投资企业视察 19 次，而通过面谈或打电话与企业进行直接接触需花约 100 个小时。

据有关调查显示，中国风险投资机构对风险企业的投资管理通常选择的方式依次为：参加董事会、提供管理咨询、派驻高层管理人员、派驻财务人员。

（二）风险投资管理的主要内容

风险投资管理的主要内容可分为两个部分，即增值服务（value add service）和监控（supervision and control）。

通常，将风险投资家为风险企业所提供的一系列的咨询服务统称为增值服务，归纳起来，其具体内容包括以下几个方面：

1. 帮助寻找和选择重要管理人员

一般情况下，除首席执行官的挑选外，风险投资家往往并不积极参与整个挑选过程，但参与面试潜在的经理人员，并向首席执行官提供决策参考意见。

案例

约翰·杜尔（John Doerr）1951 年 6 月 29 日出生于美国，是美国最有影响力、最具创意、最不拘传统的冒险资本投资家之一，被誉为“风险投资之王”。约翰·杜尔是 KPCB 风险投资公司的合伙人和 Google 公司的董事。作为全世界最具传奇色彩的风险投资家之一，从 1980 年开始，杜尔参与了众多硅谷成功企业的早期投资，包括 Google、SUN、康柏、亚马逊、网景、Intuit、Lotus、赛门铁克、Cypress 、S3、Millennium Pharmaceuticals 等。他同时也担任多家上市公司的董事，包括 Google 、Intuit、亚马逊、和 SUN。

在所投的公司中，杜尔更倾向于在所投的公司中扮演“上帝之手”。他就像一个安检站，能够迅速从这个领域中识别出最适合的人选，并竭尽全力把人挖到公司。在投资谷歌之后，杜尔为谷歌找了 70 多个 CEO 的人选。不过，佩奇和布林都希望找一个有技术背景、管理才能的人来当 CEO。可惜他们的目标人物——埃里克·施密特拒绝了他们的邀请。杜尔就开始了“杜尔式的狂轰滥炸”。活动上碰到施密特，杜尔就当面问，“你为什么不去 Google 看看?”平日里碰不到施密特，他就翻通讯录、打电话，邀请他去谷歌看看。几个月后，施密特终于同意和两位创始人见上一面。最终，“挖人”成功，施密特成了两位年轻创始人多年的得力帮手。

杜尔的回报自然不菲。他当初投资谷歌 1 250 万美元，谷歌上市之后，总回报约有 52 亿美元，是当初的 400 多倍。

2. 参与制定战略与经营计划

提高风险企业的管理能力是风险投资管理中最重要的工作。风险投资家利用其在董事会的席位来影响风险企业的行业选择和市场定位，对风险企业的重大经营问题与影响风险资本未来运作的战略规划提出自己的建议，并经常作为顾问专家向管理层提供一些有创意的经营管理思路或方法。例如，回答某位首席执行官提出的如何应对一名重要客户的问题。

3. 帮助企业筹集后续资金

风险投资家运用自己在资本市场上的联系和技能为风险企业的进一步发展筹集后续资金。为了实现组合投资，风险投资家往往利用其在投资业内的广泛联系，邀请其他风险投资公司一起投资。在风险企业的成长过程中，风险投资家常采取分段投资，其后续资金往往通过前一阶段风险投资家的示范效应或引荐得以解决。风险投资家往往与投资银行基金组织或者保险公司有十分密切的往来，这能够帮助企业选择适当的时机公开上市或者发行债券，让企业得到发展所必需的资金。正是由于风险投资家能够为企业创造出源源不断的资金供应源，许多企业为了能够得到连续的资金注入，往往会寻找那些在投资业内有广泛联系的风险投资公司或个人，希望通过他们的加入来保证企业后续资金的供给。

4. 帮助寻找重要的客户和供应商

风险投资家不仅利用他们业已建立的无形关系网络为风险企业寻找合适的管理人员和募集资金，而且还经常为其提供合适的供应商、销售商等，帮助企业顺利进行生产、销售和售后服务。在风险企业创建或早期发展阶段，这种帮助对企业的成功至关重要。因为在这个时期，风险投资家比创业者能更加客观、有条理地表达为什么供应商、销售商或者其他公司应该与他们的风险企业合作。由于风险投资家们多年在相关领域的经验，往往能打消这些供应商、销售商的疑虑而信赖他们的企业。

5. 帮助聘请外部专家

风险企业的管理特别是高新技术企业的管理可以依靠风险投资家的关系网络帮助风险企业聘请律师、会计师、管理咨询公司等外部专家。

6. 帮助实现并购或公开上市

风险资本的增值在很大程度上是通过其在风险企业的股权退出得以实现的。风险资本的退出渠道主要是并购和公开上市。风险投资家为了实现资本增值，要参与风险企业的资本运营，帮助风险企业进行一系列并购或上市前的准备工作，引入证券公司开展辅导工作，并利用自己在资本市场的关系，推荐并购的相关企业或上市的证券交易所。

为了使风险企业按照投资合同所设定的目标发展，特别是为了规避创业者的道德风险，风险投资家要采取各种具体的监控措施。这些措施主要有：

（1）分期注入资本。通过分段投资，风险投资家保留了放弃前景暗淡项目的权利（即所谓“中断机制”）。如果风险企业运行一段时间（通常为一年），经考察，投资效果和项目开发前景被认为发展趋势不好，且又找不到适当的补救措施，风险投资家就应当机立断，中止投资，赶紧处理已有资产和成果，尽可能减少损失。

第二，控制投票权。在美国，风险投资公司投向风险企业的资本，通常以可转换优先股为主。优先股一般是没有投票权的，但风险投资公司手中的优先股却在其已经转换为普通股的假设下，被授予特殊的投票权力。这种特殊的投票权力往往通过在风险投资合同中设置保障条款来实现，即规定超过一定比例的优先股股东享有某些重要的决策权力。比如，享有修改章程、清算公司、企业并购等决策权。

第三，适时替换不称职管理人员。如果不能拒绝向企业投资，风险投资家还可以通过解雇恣意妄为的管理者等办法来约束他们。这将有效规避管理者的道德风险，确保企业目标的实现。

案例 乔布斯重返苹果公司

苹果公司成立于1976年，由乔布斯和沃兹尼亚创办。乔布斯负责处理业务方面的事情，沃兹尼亚则负责工程设计。两位年轻人都没有任何运营公司的经验。

麦克·马克库拉是苹果早期的投资者和员工之一，他认为乔布斯和沃兹尼亚在运营公司方面欠缺经验。所以，马克库拉把他的朋友迈克尔·斯科特拉来，并让其担任苹果的首任CEO。苹果公司上市后，斯科特就在1981年离开了公司，马克库拉自己就成了继任者。

1983年，乔布斯找来了时任百事可乐公司CEO的约翰·斯卡利，并留下了经典的一句话："你想在接下来的时间里卖糖水，还是想和我一起去改变世界?"当时，乔布斯想成为CEO，但苹果公司的董事会并没有认可他。

苹果在1985年迎来了转机。在乔布斯的带领下，苹果发布了Lisa，这是第一台具有图形用户界面（GUI）的计算机。这是一个技术奇迹，公司的销售总额也翻了一番。他的后续项目Macintosh尽管卖得更好，但仍然难以撼动当时由IBM控制的PC市场。

斯卡利将乔布斯从Macintosh产品组别中撤出并重新分配其权力，这基本上是削弱了乔布斯在苹果的影响力。作为回应，乔布斯直接向苹果公司的董事会提出反对，不过当时董事会站在了斯卡利那边。事情发生后，乔布斯公开宣布他是被苹果解雇的。而斯卡利则表示，乔布斯是因为Macintosh的价格问题摊牌后，自愿离开苹果的。乔布斯离开后创立了NeXT公司。新公司研发的产品虽然在技术上令人印象深刻，但价格偏高，销售额增长也很缓慢。同时，回到苹果方面，在1991年，苹果公司推出了System 7操作系统，它首次为Mac带来了色彩。此外，苹果还推出了PowerBook笔记本电脑。不过，斯卡利最大的错误是将苹果的未来压在了一种名为PowerPC的新型处理器上。苹果将其设计转移到新的标准上花费了不少的精力，并且使得Mac的价格居高不下。同时，英特尔推出的X86处理器更受欢迎，而且越来越便宜。正是因为如此，斯卡利的日子越来越不好过。迈克尔·斯宾德勒接替了斯卡利的位置。不过斯宾德勒也只担任了3年的CEO，苹果董事会就解雇了他。斯宾德勒于1996年被吉尔·阿梅利奥取代。阿梅利奥给苹果留下的最长久的遗产是他在1997年初以4.29亿美元收购NeXT的决定。这一举措使得乔布斯重新回到了苹果公司，也给苹果公司带来了一剂强心针。在1997年6月，有匿名方在一笔交易中出售了150万股苹果股份。这一举动使苹果股价下跌至12年来的最低点。在当年7月4日，乔布斯说服董事会指定他为临时 CEO，并解雇阿梅利奥。在那年的8月，乔布斯带来了一个新的董事会，并与长期的竞争对手比尔·盖茨达成合作：微软董事长在 Macworld 大会上进行了一场直播，并宣布投资苹果1.5亿美元。在1998年，苹果推出了 iMac，宣布了公司的转型。2000年，史蒂夫·乔布斯的头衔正式脱离了“临时”两字。从此他成了独当一面的正式 CEO。

三、风险投资管理应考虑的因素

风险投资家在确定风险投资管理的方式与参与程度时，应主要考虑以下因素

（一）投资阶段

根据风险企业所处的发展阶段不同，风险投资管理的方式和参与程度应有所不同。在风险企业的早期阶段，由于创业者一般缺乏创业管理的经验，管理班子不健全，各种关系网络特别是市场网络尚未建立起来，这时风险投资家能否成功介入对风险企业的管理与否十分关键。此外，创业者在企业开始创办的阶段常常会遇到各种挫折或障碍，并且伴随着孤独，风险投资家的介入不仅给创业者商业上的支持，而且还能够给他们感情上的支持。随着风险企业的发展壮大，增值服务的方式和内容将随之变化，风险投资家的介入程度可能没有早期那么深，而转为多提供战略管理方面的帮助。

（二）股权比例

风险投资公司根据投资于风险企业资本股权的比例不同确定风险投资管理的方式和参与程度。一般来说，股权比例越大，参与越深，选择的方式就越多。比如，如果持有股份很少，可能只参与股东大会行使股东权力即可；若持股多，则可能参加董事会、监事会，甚至派员出任总经理（或副总经理）等重要管理职务。

（三）投资行业

根据所投资的行业性质不同，风险投资管理的方式和介入程度也不同。一般而言，对于高新技术企业，由于其不确定性大，风险投资家介入程度较深；反之，其他非高新技术企业，介入的程度则可以浅些。此外，风险投资家往往选择自己较熟悉的行业进行投资，这样可利用自身优势对风险企业提供增值服务，其介入的程度也会比投资于自己不熟悉行业要深。

（四）企业运行状况

一般而言，在风险企业运行正常时，风险投资家介入的程度可浅些；而在风险企业面临困境、出现经营困难时，风险投资家往往挺身而出，积极支持风险企业。新企业可能遭遇诸如未能如期生产出商品、大客户撤回合同、关键人物突然辞职等困境。风险投资家在这种时候要有耐心，提供支持，使企业渡过难关。倘若风险投资家解决危机的各种措施都无济于事，则应尽早退出，以免造成更大的损失。

课后阅读

美国TTI公司获得风险投资的过程分析

目前，我国高新技术企业普遍面临融资难的问题，引入风险投资成为一项非常好的选择。事实上，融资并不是一件孤立的、独立于企业经营的事情，而是与企业的经营状况紧密相连、息息相关的。同时，如何引入风险投资也是企业亟须学习和掌握的一门知识和技能。通过描述翔实的范例，企业能够更快地掌握融资过程中的各项要领。以下是对TTI公司获得风险投资过程的详细分析。

转换科技公司（Transition Technology Inc，以下简称TTI）在1987年初开始寻求风险资本，直到212天后终于获得了3i风险投资公司（以下简称3i公司）等提供的300万美元的风险资本。这是一个比较常规的风险投资过程，但其中的曲折历程也颇耐人寻味。

一、寻求风险投资过程

第1天：3i公司的副董事长Tom Stark（以下简称Tom）曾于20世纪70年代初与Abert Libbey（以下简称Albert）一同共事过。Tom从Albert处得知有一家叫TTI的创新公司正准备寻求第一次的风险资本融资。于是，Tom主动打电话联系TI的董事长Walter。Walter向Tom简单介绍了TTI寻求风险资本的意图，并告诉他预计需要的资金额。Tom对Walter的想法颇感兴趣，并表示了愿意合作的意向。Walter告诉Tom，他需要2~6个星期来准备商业计划书。

第50天：TTI的投资建议书送达3i，以下是商业计划书的内容摘要：

通过适宜的技术改进将使这些目标成为可能：改善工业输入/输出（DO）产品性能，降低工业输入/输出系统造价的20%~40%；设计出一套能与多种工业自动化计算机配套的工业输入/输出系统。

企业发展目标：5年内营业收入超过3 000万美元；税前收益达17%~20%，税后利润达8%~11%；在工业自动化计算机输入/输出市场处于主导地位。

上述目标需要大约275万美元的股东权益投资。

第57天：在波士顿，3i在其每周例行工作会议上讨论TTI项目。Tom认为这是一个非常好的机会，应当认真考虑TTI的投资建议；与会者同意Tom的意见。接下来，Tom需要确定投资建议中哪些内容是关键之处，并需要进行大量的研究。他也开始考虑寻找其他会对TII感兴趣的风险投资基金。

如果向TTI提供所需的全部资金，并采取最简单的直接的融资结构，那么3i将处于控股地位，但3i向来不愿意控制所投资的公司。而且，3i与TTI以都希望组成一个小型的辛迪加，这样既可以为TTI的后续阶段融资带来更多的后备资源，也可以带来更多的经验与商业联系以协助公司发展壮大。Walter继续寻找其他基金，Tom也在考虑他所认识的、能够加入此项目的其他风险投资基金。

第72天：Tom第一次参观TTI，并与其3个创建者深入地讨论该投资建议。TTI的创建者们曾一同在另外一家公司共事2年多，他们的技能也是互补的。这个3人小组可以出色地完成设计、制造与销售产品的整个流程。尽管由于公司仍处于初建阶段，还没有完整的实物产品可供演示，但是他们成功地演示了产品的一个重要部件：电波—频率链路模块。

第 74 天：Tom 写了一份长达 4 页的邮件，描述 TTI 的创建者、计划产品以及营销计划，然后附上预测的资金平衡表、收入与现金流报告以及可能投资回报的计算结果，并发给了在伦敦、英格兰、Newport、Beach、加州等其他分支机构中熟悉工业自动化或相关领域，能够对市场、竞争与技术作出评价的其他同事。他们将凭借自己的经验，协助 Tom 完成对 TTI 的调查评估。

第 77 天：Tom 与 Walter 会面并讨论了融资的一些具体细节，包括：Walter 需要的资金额，而不是 Tom 能够提供的资金额是多少；Walter 在投资建议书中所列数字的可信度如何？Walter 如何估价其公司？Walter 正在接触的其他投资者都有哪些人，他们的反应如何？

根据 Walter 的回答以及其他讨论结果，Tom 初步决定分阶段进行投资。这样有利于减少风险投资企业的初始投入，但必须保证风险公司有足够的资金以展示其制造产品的能力。

第 86 天：Tom 与 Walter 再次会面，围绕着融资规模与开展公司业务所需最小资金额继续讨论。投资建议书中列明的融资总额为 275 万美元，但他们讨论得出只要 150 万美元就足够让公司运转直到产品开发进入 Beta 测试阶段。另一方面，对公司的估价问题成为双方讨论的焦点。Walter 作为所有者之一，对公司的估价较高；而 Tom 对 TTI 也有一个估价，他不愿意付出更高的代价。通过几次会晤，Tom 与 Walter 不断地磋商交易的细节。

第 94 天：Newport、Beach 的报告认为，TTI 的产品存在一个潜在的良好市场；但是，Reading 与英格兰的报告却发现了该产品存在竞争者。Tom 把这些情况告诉了 Walter。

第 109 天：完成了主要交易问题的谈判之后，Tom 整理出一份详细材料。首轮投资额为 150 万美元。Tom 向法律顾问 Ropes 和 Cry 送去了一份投资条款清单草案和一份预想的资本结构说明书。投资条款清单是 3i 的初步投资承诺，其中包含了交易的关键条件。

第 111 天：投资条款清单送达 TTI，双方很快就达成了协议。

第 112 天：直到目前为止，3i 仍然是唯一一家对 TTI 继续保持兴趣的投资者。其他几家风险投资企业虽然也曾考察过 TTI，但都没有产生投资的意愿。Walter 有一个名叫 Rube Wasserman（以下简称 Rube）的顾问，曾经是 Gould（一家有数十亿美元业务的多元化的公司）的一位战略投资负责人。Tom 与他们共进午餐，讨论还有谁会愿意参与投资，并且讨论该如何去做。

第 113 天：北大西洋创投基金（North Atlantic Venture Fund，以下简称 NAVF）表示愿意投资于 TTI，Tom 并与 NAVF 的一位合伙人 Gregory Peters（以下简称 Gregory）见面，讨论 Gregory 还需要哪些信息以开展他的调查评估工作以及他们如何确保 TTI 能达到预定目标。Gregory 提出了一些关键问题，包括：因为有产品竞争者的存在，是否存在足够大的市场支撑 TTI 按照预定的利润卖出预定数量的产品；TTI 能否最终生产出产品，并在行业中保持主导地位；TTI 的创建者们能否对潜在的机会或问题作出有效的反应。

Tom 与 Gregory 都有自己的一套信息源，而且重合之处不多。两人对需要集中处理的问题与信息共享达成了共识。

第 115 天：Tom 完成了一份内部投资计划书，一共有 9 页文字与 4 张数字表格。

二、融资要求与建议

运作费用与流动资金：$ 450 000

产品开发：$ 850 000

资本支出：$ 200 000

$ 1 500 000

资金来源：$ 750 000

$ 1 500 000

$ 750 000

三、融资方式

以每股 20 美元的价格购买 A 系列可转换优先股 37 500 股，3i 的总投资额为 75 万美元，占公司份额的 19.5%，每股 A 系列优先股可以转换为一股普通股。A 系列优先股拥有正常的投票权、反稀释保障（Antidilution Protection）以及共同证券登记权利（Piggyback Registration Rights）。建议中的首轮 150 万美元风险资本应当足够支撑 TTI 完成其几件输入/输出模块以及其与 IBM 个人电脑和 DEC Macro Vax 的计算机接口的开发与推广。预计在首轮融资后的 14 个月左右，该公司需要进行第二轮融资，以应付流动资金增加的需要。首轮融资应当证明产品有足够的市场接受程度与可行性。董事会通过后生效。

第 121 天：Tom 的投资计划书在 3i 董事会上得到通过，3i 承诺投资，前提是有其他险投资企业同时投入至少 75 万美元。

第 122 天：Tom 发送给 NAVF 的 Gregory 一份投资条款清单。

第 135 天：投资条款清单与调查评估记录被送往另一家风险投资企业——Hambro International Venture Fund（以下简称 Hambro）。

第 138 天：黑色星期一，华尔街股市危机爆发。在接下来的几天里，Tom 都忙于应付打来的电话。Tom 所投资的许多公司都怀疑，上市公司股价的暴跌，是否意味着他们公司的估价都显得过高。Walter 也打来了电话，但他关心的是随着金融环境的剧烈变化，Tom 是否还有能力提供约定的风险资本。但 Tom 保证仍然有效。

第 148 天：Walter 与 Rube 会面。虽然到目前为止，只有 3i 承诺提供的 75 万美元以及 NAVF 承诺提供的 40 万美元，但人们似乎正逐渐对 TTI 产生兴趣。有 10 家其他的投资者也在考察 TTI。在金融市场一片糟糕的时候，大萧条极有可能随之而来。这样，风险资本将会变得稀缺，因此 TTI 决定尽其所能筹集到更多的资金。

第 155 天：Tom 与 TTI 的创建者们共进午餐，讨论融资进程。他们重新评估了潜在的投资者及其投资的可能性。

第 161 天：Tom 与 Rube 见面，讨论为什么还是没有其他风险投资企业承诺投资这一问题的原因：是否二人的努力不足？但他们想不到做错了什么，所以决定继续接触潜在的投资者。既然承诺了投资，就再没有退出的余地。但在私下里，Tom 不得不开始怀疑他与 Gregory 所共同做出的判断。

第 186 天：Tom 向 Aegis Fund Limited Partnership（以下简称 Aegis）送去了一份投资条款清单。

第 188 天：突然间，投资者对 TTI 的兴趣又浓烈起来。在几天之内，Tom 收到了 200 万美元的初步投资承诺。目前，初步承诺的风险资本总额已经超过了 300 万美元。

第 190 天：又来了一份 75 万美元的初步投资承诺。

第 193 天：Tom 继续收到了更多投资者打来的电话，表示愿意向 TTI 投资。

第 194 天：Tom 与 Walter 讨论总共需要的风险资本额。按照原来制定的股票价格，这次融资最多只能接受 300 万美元。

第 195 天：投资者们开始协商如何把总风险资本供给额降至 300 万美元。

第 211 天：所有投资者来到 Ropes 和 Cray 处，讨论融资的细节。

第 212 天：TI 在这一天收集到了所有的 300 万美元风险资本：Aegis 投资 90 万元，Hambro 投资 100 万美元，NAVF 投资 40 万美元，3i 投资 70 万美元。Walter 和他的伙伴们终于有足够的资金可以开展计划的业务了。

案例分析

根据以上背景情况，我们可以总结出风险投资过程的几个关键之处。

1. 风险投资过程的几个重要步骤

风险投资企业一般化的投资决策流程主要包括以下几个环节。

（1）搜寻投资机会。投资机会可以由风险投资企业自行寻找、企业家自荐或第三人推荐。

（2）初步筛选。风险投资企业根据企业家递交的投资建议书，对项目进行初次审查，并挑选出感兴趣的做进一步考察。

（3）调查评估。风险资本家会花大约六至八周的时间对投资建议进行广泛、深入和细致的调查，以检验企业家所提交材料的准确性，并发掘可能遗漏的重要信息。在从各个方面了解投资项目的同时，根据所掌握的各种情报对投资项目的管理、产品与技术、市场、财务等方面进行分析，以做出投资决定。

（4）寻求共同出资者。风险资本家一般都会寻求其他投资者共同投资。这样，既可以增大投资总额，又能够分散风险。此外，通过辛迪加还能分享其他风险资本家在相关领域的经验，互惠互利。

（5）协商谈判投资条件。一旦投、融资双方对项目的关键投资条件达成共识，作为牵头投资者的风险资本家就会起草一份“投资条款清单”，向企业家做出初步投资承诺。

（6）最终交易。只要事实清楚，一致同意交易条件与细节，双方就可以签署最终交易文件，投资生效。

2. 风险资本家对投资项目的考察方式

风险资本家考察投资项目的方式一般包括以下几种。

(1) 阅读投资建议书。看项目是否符合风险投资家的企业特殊标准，并初步考察项目的管理、产品、市场与商业模型等内容。

(2) 与企业家交流。重点考察项目的管理因素。

(3) 查询有关人士与参观风险企业。从侧面了解企业的客观情况，侧重检验企业家提供的信息的准确性。

(4) 技术、市场与竞争分析。主要凭借风险投资企业自身的知识与经验，对项目进行非正规的市场、技术与竞争分析。

(5) 商业模型与融资分析。根据企业家提供的和自己掌握的有关信息，对企业的成长模型、资金需求量以及融资结构等进行分析。

(6) 检查风险企业。主要考察企业以往的财务与法律事务。

3. 风险资本的投入方式

风险资本家一般不会向风险企业一次性投入全部所需资金，而是根据项目的具体情况，分阶段投入资金。每阶段都定有一个阶段性目标，上一阶段目标的完成，是下一阶段融资的前提。但是，每一阶段的投入资金应当保证足够支撑企业家完成该阶段的目标。这样做既有利于投资者降低投资风险，又可对企业家构成一定的压力与动力。

4. 辛迪加在风险投资中的作用

投资项目一般都会组建辛迪加共同投资。这对风险资本家与企业家双方都有好处。首先，这样既能够为风险企业的后续阶段融资带来更多的后备资源，也可以带来更多的经验与商业联系以协助公司发展壮大。其次，对于企业家来说，由于风险资本的提供者分散了，其控制公司的余地也更大了；对于风险资本家来说，在放弃控股地位的同时，原来集中的风险也被分散了。

5. 风险资本家与企业家的关系

在风险投资中，风险资本家与企业家实际上是在共同创业。从风险资本家与企业家达成初步投资协议时开始，双方就是一种合作关系，共同计划融资方案，寻找尚缺资金，以求最终实现投资；此后双方继续紧密合作，共同的目标只有一个——让企业顺利成长并促其最终成熟，使企业家圆其创业梦，风险资本家也得以撤出投资获得高额回报。随着投资过程的逐步进展，双方关系越来越紧密。

6. 投融资双方的目标调整

风险投资作为一种动态的投资过程与创业过程，必须要能适应金融、商业环境的变化要求。投融资双方要针对金融、商业环境的客观变化作出及时反应，适时调整自己的目标与对策。在本例中，华尔街股市暴跌之后，由于估计日后融资难度将会增大，TTI 及时调整了其融资目标，决定首次融资就要募集到尽可能多的资金。而对于 3i 来说，尽管已经计划好要自己投资 75 万美元，占总投资额的 50%，但由于形势的变化，共同投资者突然增多，为了顾全各方利益，最终决定投入 70 万美元，只占总投资额的 23%，不到 1/4。

第六章 风险投资退出机制

资本的生命在于流动，风险投资公司一旦进行创业投资，资金就将在一定时期内固化为资产。风险投资不像传统投资那样主要从投资项目的盈利中得到投资回报，而是通过风险资本的不断进入与退出的运动来实现自身价值的增值。如果说风险投资的进入是为了取得收益，那么退出则是为了实现收益。风险资本的增值就是在这种“投入——退出”的不断循环中实现的。可以说，退出不仅是实现盈利的渠道，而且是唯一的渠道。所以，风险投资赖以生存的根本就在于资本的高度流动性，流动性的存在保证了风险资本的有效退出，使资本在不断循环中实现增值。风险投资有多种退出方式可供选择，但无论选择哪一种方式退出，都需要有健全完善的资本市场作为保障，尤其是二板市场，对风险资本的增值变现以及退出，具有更加重要的意义。

退出机制在风险投资过程中的重要性可以从以下几个方面来认识：

1. 实现投资收益

风险投资追求的是资本利得而非财务利润，追求的是高新技术企业的高额垄断利润，而不是成熟企业的常规利润。投资者之所以愿意承担高风险并涉足风险投资领域，最根本的动力是追求“高收益”。在企业进入成熟期后，它就应该退出高新技术企业。获利性退出是风险投资的最终目标，这也为风险投资实现自我增值提供了可能。

2. 评价投资价值

风险投资的对象是极具发展潜力的新兴企业，这些企业是新思想、新技术、新产品和新市场的综合集成，其价值不可能通过简单的财务核算来确定，只能通过市场来评价和实现。风险投资退出机制为风险投资活动提供了一种较为客观的评价方法，风险投资的效率和价值高低最终体现为风险投资退出时风险资本的增值大小。

3. 保证风险资本再投资

风险投资是一种周期性投资，风险投资者的风险资金毕竟是有限的，如果风险资本不退出，就不可能有资金从事新的投资。风险投资者在风险企业创业阶段投入资金，一旦创业成功，他们即在风险市场上转让股权或抛售股票，收回资金并获得高额利润，转而寻求新的风险投资机会。风险投资退出机制不完善、不健全，成功项目的投资收益就很难实现，失败项目的投资损失也无法从成功项目中得到补偿，风险投资活动也就难以为继。

4. 实现风险性、收益性及流动性的辩证统一

任何一项投资活动都是在风险性、收益性、流动性的辩证统一中进行的，从高新技术企业的性质来看，风险企业的高风险性决定了它要想吸引风险资本的介入，不但要保证有较高的回报率、资本的高度流动性，还必须保证要有顺畅的资本退出渠道。风险资本的顺利流动是保持其活力的基本前提，而顺利流动的决定因素是退出渠道的畅通无阻。

5. 吸引社会资本

风险投资是由筹资——投资——撤资三个环节构成的连续的商业投资活动。没有退出机制，风险投资活动的链条就会中断，因此也就无法产生示范效应，无法吸引和动员社会资本加入风险投资行列。

6. 形成对风险企业家的激励机制

对于风险企业家来说，退出机制也是十分重要的。一方面，这对持有股份的风险企业家和管理人员提供了激励机制，他们手中的股票在企业上市后的价值将取决于企业的发展状况；另一方面，由于风险投资家一般在企业上市时变现投资，因此，风险企业家获得了一种回购期权，以保证对企业的控制权。

目前，风险投资的退出方式主要有四种：公开上市、股权回购、兼并收购和破产清算。表 6-1 列举了美国风险投资退出的渠道方式。

表 6-1　　美国风险投资退出渠道分析

退出渠道	背景	转让客体	转让对象	市场性质	投资年限	回报倍数	发生概率
公开上市	完全成功	股票	社会公众	二板市场	4.2	7.1	20%
一般并购	比较成功	整体或大部分股票	大公司	产权市场	3.7	1.7	25%
二次并购	情况一般	股权	风险投资机构	产权市场	3.6	2.0	10%
管理层回购	比较成功	整体或大部分股票	风险企业	产权市场	4.7	2.1	25%
破产清算	完全失败	资产	企业家	产权市场	4.1	0.2	20%

第一节　公开上市

首次公开发行（IPO）是指风险投资公司通过将所投资的风险企业的股票首次公开发行上市，出售其所持有股份，以实现退出和资本增值。这种方法可以使风险投资家的资本安全退出，并可能获得高额回报，同时还使公司获得了在证券市场上持续筹资的渠道。通过股份上市退出资本，是风险投资家最经常采用的一种方法。

风险企业通过首次公开发行带来的收益是非常可观的。1995 年 8 月，成立仅有 16 个月，从事网络浏览器开发且从未盈利的网景（Netscape）公司股票公开发行上市。证券界权威人士事先预测每股能卖 14 美元，但开盘结果为每股 58 美元。这家上市前资产只有 1 700 万美元的小企业一鸣惊人，一夜之间公司的市场价值立即暴升至 20 亿美元，增值 100 多倍，成为继微软公司之后的又一奇迹。风险投资家克拉克之前投资在网景的 400 万美元变为 5.6 亿美元，一跃成为亿万富翁。像网景公司这样通过上市获取巨额投资回报的例子还有很多，如苹果公司首次发行股票就给老股东带来 235 倍的投资回报。

根据威廉姆·D. 拜哥利夫和 J. A. 蒂蒙斯对 1979—1988 年美国首次公开发行股票上市获利情况的研究得出，通过首次公开发行股票上市方式退出的风险投资各期投资的回报为：第 1 期投资为 22.5 倍，第 2 期投资为 10 倍，第 3 期投资为 3.7，如表 6-2 所示。

表 6-2　　不同阶段首次公开发行股票收益

阶段	首次公开发行股票收益（倍）	第一年（风险资本退出时间）	第二年	第三年	第四年
第一期	22.5	42.1	40.8	39.2	61.7
第二期	10.0	13.9	20.2	21.6	38.1
第三期	3.7	5.4	5.0	6.3	13.5

上述数据可以看出，采用首次公开发行股票上市方式退出的风险投资，其获利的高低程度与其投资风险企业的时间早晚有很大的关系，投资风险企业越早，则投资回报越高。但也要注意，投资风险企业越早，所承受的投资风险也越大，可能遭受的损失也越大，这正是风险投资高风险高盈利的显著特点，也是风险投资吸引越来越多投资者参与的魅力所在。从美国的情况看，采用公开上市退出的风险企业呈逐步上升的趋势。

正是这种高额的投资回报，才吸引着越来越多的投资者，将资金投入风险投资公司，并最终成为风险企业的间接投资者。可以这样说，首次公开发行股票上市是风险投资的最佳退出方式。因为公开发行股票上市是证券市场对公司生产和经营管理水平的一种肯定，同时也使公司获得了今后在证券市场上连续融资的渠道，这将使风险投资家所持有的风险企业股票的价值大幅升值。据美国风险投资业的统计，风险投资的各种退出方式的年平均回报率是：破产清算为 0，回购和并购为 14.9%，而 IPO 则最高，平均在 30%~60%。风险企业的上市使风险投资获得了与其他退出方式所不能比拟的巨额投资回报。

首次公开发行股票上市这种方式不仅对风险投资家有利，而且对创业家也是有利的。创业家可以借助股票的上市，卖出自己所持有的一部分股权，通过股票市场获取高额创业利润，并可将自己的投资收益投资到其他领域，通过分散投资可以使创业家无后顾之忧，即使企业今后出现意想不到的情况，创业家也有了生活保障，这将大大降低创业家的创业风险。当然在公司上市初期，创业家出售股权会受到交易所一些规定的限制，因此在上市初期只有少数缺钱的创业家才会出售小部分股票，大多数创业家会继续持股以分享股票上涨所带来的收益。

风险企业上市就是得到股民的认可，这就要求风险企业有不凡的业绩。所以大多数风险企业一般会选择在企业发展成熟阶段的后期上市，这时企业失败的风险已大大降低，其发行的股票也容易被二板市场和投资者所接受。股票的承销商一般要看该企业是否有30%~50%的业务和盈利增长，并在确定企业今后发展前景良好且仍有较高增长性的前提下，才会协助风险企业上市。由于公司上市的机会只有一次，因此创业家和风险投资家也不会随便就将公司上市，只有在股票发行价格合理和公司急需大量资金的情况下，创业家和风险投资家才会选择将企业公开上市。

一、首次公开发行步骤

（一）选择上市市场

如果风险投资公司决定以公开上市的方式退出，则首先要考虑的问题就是在哪个股票市场上市。一是要考虑是选择主板还是创业板，当然，由于风险企业的特点，一般会选择创业板上市，但在实践中也有在主板市场上市的情况。二是要考虑具体在哪个市场上市。在选择上市市场时主要应考虑以下两个因素：一是各股票市场的情况，包括上市标准、交易条件、交易规模、当地的股市行情等；二是风险企业目前的上市条件，应对风险企业本身的业绩状况和发展前景做出准确判断，与各股票市场的上市标准进行比较，同时考虑是否适合当地投资者的投资偏好。

表6-3展示了主要国家或地区创业板市场的定位。

表6-3　主要国家或地区创业板市场的定位

创业板市场	市场定位
美国NASDAQ全国市场	世界范围的大型企业和经过小型资本市场发展起来的企业
美国NASDAQ小型资本市场	与高科技有关的企业，包括新成立的企业
新加坡SASDAQ	本土的中小型企业
马来西亚MESDAQ	与高科技有关的企业（本土及海外）
中国台湾OTC	台湾地区的中小型企业和新成立的企业
中国香港创业板（GEM）	增长型企业，特别是高科技企业。目前主要是为香港和内地的中小企业提供融资服务，以后将发展成为一个国际性的市场
英国AIM	各种新兴企业，包括新成立的企业（本土及海外）

（二）选择上市时机

选择上市时机一般应主要考虑三个因素：

1. 股市状况

一般应是在股市行情比较好的时候安排上市，因为，只有在这样的时间上市，才能使风险企业的价值得到最大限度的实现，风险投资公司才能得到应有的投资回报甚至得到超额回报。

2. 风险企业的经营状况

一般认为应在风险企业相对价值（相对于投资）最大的时候上市，以获得最大回报，但在实际操作中是很难把握的。在实践中，以上两个因素是很难同时达到最优的，这时风险投资公司就要在这两个因素之间进行权衡。

3. 投资组合和资金机会成本

考虑是否上市时，风险投资公司应该认真分析自身的投资组合情况，一旦发现另外有更好的投资机会，则应毫不犹豫地把手中的股票卖出去以收回资金投入收益更高的项目中去。当然，有时即使没有更好的投资机会，但如果在风险投资公司的投资组合中某项资产所占比例过大，那么，风险投资公司也应卖掉一部分股票，因为把过多的资金集中投向一项资产的做法是很危险的。

另外，能否上市还有个重要条件，即能否被保荐人看中。目前保荐人制度是世界各创业板市场普遍采用的上市制度，每个保荐人在选择评价对象时，都有自己的评价标准。上市最核心的条件是公司的历史业绩及发展前景，如果一个公司的利润无论在过去还是在将来都能保持较高的增长率，并且又符合保荐人最基本的要求，那么它就有可能被保荐人看中。

（三）选择保荐人

保荐人的作用类似于中国内地证券市场的上市推荐人，可以是商业银行、投资银行、股票经纪商或其他有保荐人资格的专业机构。在选择保荐人时，知名度是首先考虑的因素，另外还应重点考虑金融实力、做市能力以及为风险企业提供其他服务的能力等。

保荐人制度是一种企业上市制度，保荐人的主要职责就是将符合条件的企业推荐上市，并对申请人上市文件的真实、准确、完整以及董事知悉自身责任义务等负有保证责任，保荐人的责任原则上随着股票上市而终止。香港创业板推出后，保荐人制度的内涵得到了拓展，资格要求更高，职责范围更广，对其监管更严，保荐人的任期也被法定延续到发行人上市后的两个完整的会计年度之内。香港创业板规定的保荐人责任如下所述。

发行前的主要职责有：

（1）协助企业资产重组。主要是突出主营业务，剥离非经营性资产，以满足创业板市场的发行和上市要求，同时尽量避免和规范关联交易。

（2）协调资产评估和报表审计。按上市规则要求，保荐人与资产评估机构、会计师事务所等其他中介机构协调资产评估和报表审计等方面的工作。

（3）尽职调查。即从合同、章程等法律文件入手，对发行人的基本情况、公司业务情况、公司财务情况、股份发行有关情况、公司法律文件和其他有关法律事宜等方面进行审查和核实。

（4）指导被保荐人建立规范的法人治理结构。

（5）安排企业的发行结构。即根据企业的实际情况和资金需求，确定新股发行的数目，公开招股和配售的数目等。

（6）代表被保荐人向证券交易所提出上市申请。

（7）完成招股说明书。

（8）企业包装与促销策略。即根据企业的特点，对企业进行适度的包装，同时找出企业的最大“卖点”，采取恰当的促销策略，以吸引投资者。

（9）协助公司高级管理层准备推介工作。

（10）推介路演。私下了解基金经理人的态度和意图，划定发行价格区间，同时为即将正式开展的路演活动收集信息并积累经验。

发行中的主要职责有：

（1）组织承销团，签署承销团协议。

（2）组织发表发行前的公司研究报告。以专业人士的身份，站在独立的立场上，用专业的标准和分析方法，实事求是地分析公司的各项优势、投资价值和发展前景等，供投资者参考。

（3）正式开展巡回推介。通过路演，使策略投资者了解公司和公司所发行股票的情况。同时，探明策略投资者的需求情况，以最大限度地提高发行价格。通过路演，可以为发行人与策略投资者保持良好的关系打下基础。

（4）接纳订单和初步配售。通过统计反馈的投资者股份预定单和初步配售情况，可以大致确定承销的结果和超额认购倍数。

（5）定价。股票定价的时间一般安排在路演之后和正式发行之前。

（6）最终配售。

发行后的主要职责有：

（1）市场维护。稳定市场是主承销商为促销证券而采取的一种做法，主承销商可于指定期间在二级市场竞价购买新发行的证券，以减慢并在可行的情况下阻止该证券原定公开发售价的下跌，从而达到稳定市场价格的目的。在香港联交所进行的稳定市场活动，限于主承销商只是为了应付有关发售超额配发而在二级市场购买证券。

（2）继续承担保荐责任。在企业上市当年的余下时间及其后的两个会计年度内，保荐人要继续承担保荐责任，包括为企业持续提供遵守相关法律、法规及交易所相关规则的专业指导意见；督促企业严格履行公开披露文件中承诺的业务发展目标、募集资金使用及其他各项义务；审核公司拟公告的所有公开披露文件等，从而在持续信息披露、关联交易、管理层承诺等方面履行“看护者”的责任。当公司在上市以后的实际进展情况与原先的发展计划进行比较出现一定偏差时，保荐人需要向市场作大量的解释。

（3）持续股票研究支持。公司挂牌上市之后，保荐人还需要为上市企业和投资者提供持续的股票研究方面的支持，目的是吸引投资者的关注，增强投资者的投资热情，提高股票交易的活跃度。

（4）协助公司与投资者建立和维系关系。作为社会公众公司，上市企业在发行上市以后，还需要与投资者保持良好的关系，保荐人在这方面可以发挥桥梁和纽带作用。

（四）编制上市申报材料

作为风险企业的投资人之一，风险投资公司有责任参与准备上市申报材料。准备上市申报材料是拟上市企业获得批准的一项既重要又很费时的工作，上市申报材料应该按股票交易所规定的规范格式编写。上市申报材料包括交易所要求的所有应向公众发布的信息，从而使投资者在投资前了解所有应该知道的信息。不同证券交易所要求上市材料的具体内容会有所不同，一般主要包括：

（1）董事会发布信息的正误承担责任声明。

（2）有关财务报表的审计声明及审计师的意见。

（3）拟发行股票的性质、数量及发行后的净利润和用途。

（4）与股本相对应的股东权益情况，对公司具有控制权的个人以及占有总发行股本一定百分比或以上的个人名单，公司股本的构成情况，资本变化及各层次股东权益变化情况。

（5）主要业务活动。

（6）任何与税收及利润有关的信息。

（7）按地区与业务项目分类销售情况及分析。

（8）研发政策、雇员数量及其他关于公司投资情况的信息。财务状况及其他支持性文件，发行者的债务、信用等级状况。

（9）主要风险来源情况等。

二、上市公司的责任与义务

（一）公布财务报告

上市公司的财务报告必须经过专业的会计师事务所的审计并通过，每年必须向投资人和股东提供年度财务报告，说明上一年的业务经营情况以及财务基本状况。

（二）提供季度业绩报告

上市公司需定时定期向股东和投资者提供季度业绩报告以便让投资者随时作出投资决定。

（三）遵守上市规则

许多设有证券交易所的地方都有证监会，并会颁布一系列的规章制度。公司的董事会成员以及主要的管理者必须遵守上市的规则，以一定的职业道德来约束自己。

（四）股东代表大会决定重大事务

许多重大的决定都要由公司的所有股东投票表决决定，当董事会成员或管理层人员的个人利益与公司利益发生冲突时，有冲突的个人应该尽量避免参加投票表决，而把决定权让给没有利益冲突的股东决定。当涉及有关兼并或资产评估的事宜时，公司应聘请专家来帮助解决并书写报告。同时，这些报告要呈交给股东，让他们作出投资的决定。

（五）向股票交易所提供报告

定期向股票交易所和证监会提交有关公司的各种报告。

三、公开上市的优缺点

（一）公开上市的主要优势

（1）为风险企业的发展筹集了大量的资金。风险企业在发展的过程中需要大量的资金，特别是在企业发展的中后期，对资金的需求与早期相比，已呈十倍和百倍地增长，这时单纯依靠企业自身积累、创业家和风险投资的投入已远远不能满足企业发展的需要，企业发展迫切需要资本市场的支持，因此多数风险企业一般都选择在企业成熟阶段的后期公开发行股票上市。通过股票上市可以筹集大量的社会资金，并为企业今后利用证券市场进行多次筹资打下良好基础。公司上市之后，就有了资本经营的渠道，只要公司的业绩出色，可以通过增发股票的形式进行再次融资，以弥补风险资本退出后的资金空缺。

（2）为创业家和风险投资家提供退出路径。公开上市可使风险投资家、有限合伙人拥有的股份转变为公司上市股票。风险投资家可借股票上市之机逐步卖出股票，收回投资，将套现资金投资到新的风险企业，实现风险投资的良性循环。创业家如果愿意退出风险企业，也可采用相同的方法退出风险企业。这是公开上市最主要的好处，风险投资家可以通过这种方法使其资本安全地撤出，并有可能从中取得巨额利润，风险投资家投资的根本目的也在于此。

（3）使创业家和风险投资家一夜暴富，成为亿万富翁。上市前的无价权益随着公司股票的上市而成为有价证券，其股票的市场价值即为股票的价格。股票的上市一般都会使其市场价值成十倍和百倍的增加，这使创业家和风险投资家所持股份的价值大大增值。

（4）有利于提高风险企业的知名度。公司因所发行的股票上市而成为上市公司，这本身就说明这家公司是一家不错的公司。为了保护投资者的利益，上市必须符合一定的条件，交易所在公司上市时已对其作了严格的资格审查。另外，因广大股民参与上市公司股票的买卖，使得人们更加关注上市公司的情况，证券传媒也会对公司情况进行不断的报道，这无疑会大大提高公司的知名度，其市场效应是任何广告都难以达到的，这对于风险企业推销自己的产品是极为有利的。同时，风险企业可借上市的机会规范自身的运作，树立良好的形象，广纳人才，为公司取得突破性发展创造条件。

（5）投资者分担投资风险。众所周知，投资必然存在风险，所不同的只是风险的大小而已。在风险企业上市之前，企业的投资风险全部由创业家和风险投资公司承担。在企业上市之后，原来控股股东只需保留一定比例的股权，就可控制上市公司的经营活动，实现运用社会资金来发展企业的目的。今后即使公司投资遇到损失，创业家和风险投资公司也仅承担公司风险的一部分，其余风险则由其他股东分担。

（二）公开上市的劣势

（1）上市公司经背的透明度提高，自主性下降。风险企业上市要受制于股票交易所的监管，需向公众披露风险企业大量的内部信息。根据交易所的规定，上市公司必须遵守公开原则，除每年定期向公众报告其每季和全年的经营活动和财务状况外，公司所发生的重大事件也必须及时披露。而对于公司来说，这些资料在未上市之前是商业秘密。公司内幕信息的公开使竞争对手和客户可以从这些公开信息中了解到许多有用的资料，这可能使公司在市场竞争中处于不利地位。

（2）不利于风险企业原有大股东把持公司控制权。根据交易所的上市条件，上市公司的股东必须达到规定的最低人数以上，以使其股份尽量分散，否则不能上市。这便意味着风险企业原有大股东要以某种方式减少原来持有的股份比例。另外，企业上市后，如果原有大股东持有公司50%以下的股份，则存在着因被收购而失去公司控制权的可能。这对于公司规模不大，既无力绝对控股又想继续把持公司控制权的创业家来说，是一个极大的威胁。

(3) 上市后股价波动会影响公司形象。一旦风险企业成为上市公司，所有股民都希望公司业绩优异，一旦公司经营业绩下降，股民就会争先恐后地抛售公司股票，使股价一路下跌，这会大大影响公司的市场形象。

(4) 风险企业在上市后，其大股东所持有的股票的出售在股票上市初期有一定的比例限制，这会延长风险投资的退出时间。

(5) 公开上市将耗费公司大量的精力和财力。上市的准备工作是复杂又细致的，上市公司将为此耗费大量的精力，同时，惊人的费用也是上市公司所必须面对的困难。费用一般由股票经纪人的认购费、律师费和一些必要的手续费构成。有时一次上市的费用会占到整个筹款14%左右，这一大笔开支，也构成了上市公司的负担。

第二节　股份回购

一、股份回购的概述

股份回购（Buy-back）是指风险企业或者创业家本人采取现金或票据等支付形式，或通过建立一个员工持股基金，来买断风险投资者持有的风险企业的股份。通常，发行股票对风险企业的要求较高，一般此时的风险企业已闯过了技术风险和市场风险等险关，成长为一家较有发展前途的中型企业，并已基本达到了在二板市场上市的条件。但对许多风险企业来说，二板市场上市的条件仍然过高且难以达到，风险投资无法选择以这种方式退出。此外，发行股票的退出方式还存在退出周期较长，退出费用较昂贵，先期出售的股票有比例限制等不足。因此，对于那些达不到上市条件或不愿接受股票上市种种约束的风险企业，风险投资一般会选择以其他方式退出。股份回购方式即为风险投资另一种主要的退出方式。股份回购只有风险投资不是很成功时才使用，事实上它更像一种对风险企业的投资者进行保护的预防措施。

（一）股份回购的类型

股份回购主要有两种类型：风险企业股份回购和创业家股份回购。风险企业股份回购是指风险企业采用现金或票据等形式，从风险投资家手中购买他所持有的风险企业的股份，并将回购股票加以注销的一种方法。而创业家股份回购是指创业家采用现金或票据等形式，从风险投资家手中购买他所持有的风险企业的股份。股份回购后，风险企业就100%由创业家和其他股东所拥有，风险投资则完全退出了风险企业。

（二）股票回购的条件

股份回购在实施时一般须具备一定的条件：

(1) 在引入风险投资时即已由投资双方签订关于在若干时间后回购股份的协议。在协议中，风险投资家可能要求创业家列出所拥有的资产权益、资产负债等各种证明文件，同时制定今后股份的回购条款。可以是给予风险投资家卖股期权，或是给予创业家买股期权，在适当的时机由风险企业或创业家回购风险投资家所持有的股票。通过卖股期权，风险投资家可以在公司经营状况不力或发展不明时，及时地从风险企业退出。

（2）风险企业签订协议后，虽然经营状况并非太差，也有足够的能力支付回购股票所需的资金，但由于风险企业的失败率非常高，有时即使是在风险投资进入前签订了回购协议，也会因公司的发展超过预期，致使风险企业创业家根本无力按照回购协议来支付资金。在这种情况下，股份回购就不能顺利进行，风险投资将受到较大的损失。

（3）股份回购的支付方式。风险企业或创业家对风险投资家所持股份的回购一般采用现金票据等形式支付。如果公司没有现金，也可以通过向银行贷款来支付回购所需的资金，但公司的负债率将大幅提高。如果公司具有其他固定资产，或是其他公司的股票，也可以用来交换风险投资家手中的股票。这种交换一般以股票互换、土地和建筑物换股的形式进行。

有时风险企业也可通过建立一个企业员工持股基金来买断风险投资家手中的股份。员工持股基金类似于养老基金或利润分成计划，唯一的不同之处在于，它买进的不是上市公司的股票，而是未上市的本公司股票。员工持股基金可以从公司的税前赢利中划拨，也可先向银行贷款，然后在公司今后一定年度的税前赢利中扣除。由于员工持股基金是从公司的税前赢利中划拨的，因此它是可以免税的。

股份回购一般可以通过卖股期权和买股期权来实现。所谓卖股期权，即是在引入风险投资签订投资协议时，由创业家或风险企业给予风险投资家一项选择权，允许风险投资家可以在今后某一时间要求创业家或风险企业按照预先商定的形式和股票价格购买他手中的股票。与此相似，买股期权则是给予创业家或风险企业一项选择权，让其在今后某一时间能按照预先商定的形式和股票价格购买风险投资家手中的股票。两种期权实质上非常相似，都是风险投资家向创业家或风险企业卖出股份，区别仅在于是把权利赋予哪一方而已。

在股份回购时到底采用卖股期权还是买股期权，这主要看风险企业对风险投资吸引力的大小而定。如果风险企业是许多风险投资公司普遍看好的一家公司，则可能会采用买股期权；如果是风险企业急需引入风险投资则可能采用卖股期权。绝大多数股份回购一般是采用卖股期权方式进行的。

股份回购对于大多数风险投资家来说，是一个备用的退出方法。当风险企业不是很成功时，为了保证已投资本金的安全，使可采用这种方式退出。因此，股份回购是风险投资控制风险的一种重要的保证措施。

二、股份回购中股票价格的确定方法

在股份回购中，股票价格的决定是股份回购能否成功达成的关键。如果股票的价格定得过高，那么作为回购方的创业家或风险企业就要支付较高的回购资金；如果股票的价格定得过低风险投资家就只能回收较少的资本金或获取较低的投资收益。因此，股票的回购价格一般由风险投资家和回购者在事先协商，并以协议的形式确定。股票定价的形式多种多样，一般以风险企业的某些经济指标作为股票定价的依据。最主要的定价方有以下五种：

（一）市盈率定价法

最流行的股票定价方法是将公司的股票当作已上市企业来对待。在进行股份回购时，首先计算公司股票上市前一年度的每股税后赢利，然后参照证券市场上当时同行业股票的平均市盈率，以前一年度每股税后赢利乘以当时同行业股票的平均市盈率，作为股票回购时的价格。这是一种相对简单的定价方法，这种股票回购的定价方法对风险投资家较为有利，因为这种定价法没有考虑公司的上市费用，因此一般股票的定价会比其实际价值相对要高。有时，为了公平起见，回购双方会对价格减让定比例的折扣。

（二）销售额估算税后赢利定价法

市盈率定价法对于一些刚刚起步的企业来说是不适宜的。因为在企业开办初期，企业的广告费用、折旧费用和研发费用相对较多，投入远远多于产出，因此，公司往往需要经过几年的时间才能获利。在此期间，公司一般处于亏损或微利状态。当公司处于亏损状态或税后赢利很少时，就无法采用市盈率定价的方法。因为此时或因股票的每股税后赢利为负值，无法计算股票的价格；或因每股税后赢利很小，按此方法计算出的股票价格极低，可能远低于其实际价值，失去了股票定价的意义。

在公司处于亏损或微利状态下，为了合理估算股票的价格，有时会采取以销售额估算税后赢利的方法来估算股票的价值。假设与该公司同行业的其他公司的税后赢利为销售额的10%，可以简单地根据这一百分比数，用风险企业的销售额来估算其税后赢利，从而计算出公司的每股税后赢利，再以市盈率定价方法来计算出公司股票的价格。对于创业家和风险企业而言，采用此法估算的价格回购风险投资家的股票，有时代价会较高。因为销售额有时可能会因产品的畅销或广告的大量投入而大幅增加，在此情况下，创业家或风险企业采用此法，就会付出较高的代价。但从风险投资家的角度来看，公司的销售额是不会随意变动的，因而它是衡量股票价值的较为公平的指标。

（三）销售额倍数定价法

在某些行业中，某些公司的价值是根据公司销售额的一定倍数来确定的。例如，传统上广播公司的价格是其销售额的2~3倍。如果公司的价值可由其销售额的一定倍数计算而得，那么用公司的价值除以公司的总股本就可以作为其风险企业股票的价格。这是一种较为简便的估算方法，但它只能适合某些特殊行业的公司。

（四）现金流量倍数定价法

对于某些公司来说，用公司的现金流量比用现行会计准则中公司的赢利指标更能准确地反映公司的实际价值。因此，会用事先确定的一定倍数的公司现金流量来估算公司的价值，从而定出公司股票的价格。现金流量定价法比较适合较为稳定的公司。

（五）专家评估定价法

寻找几个相关行业的专家或资产评估公司，组成一个专家组，对风险资产的价值进行评估，再除以总股本，从而得出公司股票的价格。资产评估公司在评估公司价值时，一般会在综合考虑公司历史上的各种经济指标如销售额、净资产值和税后赢利等数据的基础上，推算公司未来的赢利能力，最后估算出公司的实际价值。

这是一种公平的股票定价法，一般较容易为股份回购双方所接受。因为作为评估者的专家或资产评估公司，一把都是在社会上公开执业的评估机构或人士，具有较高的公正性和权威性，不会偏向某一方；而且资产评估公司在评估时是在综合考虑各种经济指标的基础上，才估算出公司的实际价值，与上面其他只考虑某一指标的定价法相比，其评估结果应更为准确。但是，用这种方法，需要支付较高的资产评估费用。

三、股份回购的特点

（1）股份回购只涉及风险企业或企业家与风险投资机构两方面的当事人，产权关系明晰，操作简便易行。

（2）股份回购几乎不受管制，风险资本可以迅速退出，并取得合法、可观的收益。

（3）股份回购可以将外部股权全部内部化，使风险企业保持充分的独立性，并拥有足够完整的资本进行保值增值，预留了巨大的升值想象空间。

正由于股权回购是风险企业和风险投资公司的“双赢”策略，因此近年来在风险投资领域得到了广泛的应用。但是，许多风险投资者在考虑回购时仍有不少顾虑，因为它往往要求风险资本投资于企业之初就签订回购协议，而如果到期时企业经营得更好，回购协议就会限制风险投资者获取更高的收益。

第三节 兼并收购

一、兼并收购概述

兼并收购（Mergers & Acquisition，M &A）是指一个公司通过产权交易取得其他公司一定程度的控制权（包括资产所有权、经营管理权等），以实现一定经济目标的经济行为。有时创业家也可以与风险投资家一起把整个风险企业出让给另一家公司，即风险企业被另一家公司兼并收购。兼并收购是风险投资机构退出风险投资的一种主要方式，通过公司兼并收购，不仅风险投资家可以收回投资并达到退出风险企业的目的，而且创业家也可收回其投资并实现其高额的风险投资利润。与企业回购相比，兼并收购通常是经营较为成功的风险企业采取的方式。近年来，以并购的方式退出在迅速发展的风险投资业中所占的比例越来越大，并已经超过了采用 IPO 方式。

兼并是指由一家实力较强的公司与其他一家或几家独立的公司合并组成新的公司，而实力较强公司占主导地位。在兼并过程中，被兼并企业的产权有偿地转移到兼并企业，同时被兼并企业的独立法人资格也随之丧失。兼并不同于合并，合并的企业双方地位是平等的，合并之后双方的法人资格都丧失，进而形成新的法人资格。而兼并是一方实力强于对方并吃掉对方的不平等关系。合并方式仅仅是资产存量的流动和移位，是无偿的；而兼并方式是资产存量的转让，因而是有偿的。兼并更不同于联合，联合方式仅是一种企业双方业务的合作，不仅双方的法人资格没有丧失，而且，也没有资产的流动和转让。

收购是指企业通过证券市场购买目标公司的股份或者购买目标公司的产权从而达到控制目标公司的行为。在收购过程中，被收购的企业作为一个独立的法人实体依然存在，但是，收购方已经成为被收购方的大股东从而对其享有控制权。收购方式与兼并方式的区别在于：第一，在兼并中，被兼并企业的资产整体归入兼并企业，被兼并企业消亡；而在收购中，被收购方的资产只是部分转让，被收购方仅仅受控于收购方，但被收购方仍然存在。第二，兼并的手段是现金购买、债务转移等；收购的手段是购买股权。第三，兼并一般发生在被兼并企业资产大于负债但经营不善的情况下，兼并企业拥有被兼并企业的全部资产、债权、债务；而收购方式，只有股权的部分转让，收购方并不承担被收购方的债权、债务。

案例 PowerPoint：**来自并购的"明星"**

PowerPoint 的早期名字是 Presenter，由 Forethought 公司开发，面向苹果 Macintosh 计算机，该软件在 1987 年更名 PowerPoint。

1987 年 2 月，Forethought 举行了 PowerPoint 的发布活动。微软迅速意识到该产品的价值，并向 Forethought 发起了收购邀约。比尔·盖茨当时表示，微软一定会进军文档演示市场，他非常看好 PowerPoint，并希望能得到这一产品。

Forethought 公司是一家风险企业，获得来自风险投资家迪克·克拉里奇的风险投资，但是 Forethought 公司的创始人认为 Forethought 公司并没有一个合理的组织架构且缺乏资金，是没有办法成功上市的，于是，该公司的创始人和微软公司达成了收购意向。

微软对 Forethought 开出的第一份报价是 530 万美元，并又在后来数次提升了交易价格。1987 年 5 月，微软正式发出收购要约，出价为 10 万股微软股票（当时价值 1 200 万美元）。

然而并不是只有微软看好 PowerPoint，包括苹果、施乐以及 Borland 等公司都希望能获取该软件。

当时，苹果尚未敲定报价，Borland（1983 年成立，曾是世界第三大软件公司，已被收购）愿意拿出 1 800 万美元现金收购，并保证在一周内行动。施乐则提出来一项非常复杂的报价，要求获取 PowerPoint 的独家销售权。

经过多次协商后，微软最终同意以 1 400 万美元现金，外加一些激励措施来吸引 Forethought 员工加入微软。

时任微软总裁 Jon Shirley 称，这是"微软的第一笔重大收购"。值得一提的是，这项交易让微软获益颇丰：1993 年，PowerPoint 发展为年收入过 1 亿美元的业务。现在，PowerPoint 更是成了用户制作幻灯片的首选。

兼并与收购是资本运营的重要形式，它的运作充满技巧性和灵活性。风险资本选择并购方式退出，可操作途径多种多样，最常用的主要有以下几种方式。

1. 直接收购（Straight Forward Takeover）

直接收购指收购者用现金直接购买目标企业的股份，这种方式是目前市场上小型高科技公司被收购的主要方式。

2. 杠杆收购（Leveraged Buyout）

杠杆收购是指收购者并没有足够的资金来收购目标企业，它是通过贷款或发行债券的方式筹集收购资金来购买目标企业的股份，再利用被其收购的公司所能提供的现金流

（Cash flow）来支付该项贷款的利息，有着“借力”的意思。杠杆式收购中的收购者要确保被收购公司有充足的现金流，这样才能够保证有稳定的资金来源偿付高额的债务和利息。在美国一般最大型的收购行动都是杠杆收购，但这类收购的对象只限于有大量现金流的大型科技企业，并不适合销售量较低的早期科技企业。

3. 管理层收购（Management Buyout）

管理层收购指的是企业内部管理层以杠杆收购的方式贷款购买公司的大部分股份并成为收购者，这类情况常出现在管理层与股东之间在企业价值或经营方式的问题上产生重大分歧的时候。管理层对企业有深一层的认识，所以他们常常能以较其他投资者更高的代价收购公司的股份。

案例 通过管理层收购（MBO）实现风险资本退出

深圳市大族激光科技有限公司（以下简称“大族激光”）是由深圳市高新技术产业投资服务有限公司（以下简称“高新投”）和深圳市大族实业有限公司共同发起的高科技企业。主要从事激光加工设备的研发、生产和销售。该公司是我国工业激光设备制造业的开拓者，是亚洲最大、国际知名的激光加工设备生产厂商，同时也是深圳国家科技成果推广示范基地重点推广示范企业。

1998 年，学激光制导的高云峰创办了“大族激光”，专门生产激光雕刻机。创业时高云峰把自己的房子、车子都算进了公司，注册资本只有 100 万。在深圳上步工业区 200 平方米的办公室里，他和 20 多个员工一心想做中国激光雕刻机市场的主人。

当时，大族激光实业公司在经济上遇到了困难，找到了以担保为主要业务的“高新投”，但因为大族激光的净资产只有 100 万元，按规定，“高新投”无法对其提供担保，但在双方的接触中，“高新投”的决策者发现，这是个好项目，因为这个产品有一个扩张性的市场。而且，大族具有技术上的核心竞争力——拥有自主知识产权的软件。经过详细的调查和分析，“高新投”终于动心了。

如果 1998 年年底“高新投”就投资 200 万元给高云峰的话，那么他可以占公司 51%的股权，但到 1999 年 4 月份正式投资的时候，同样是 51%的权，“高新投”必须投资 438.6 万元，4 个月的时间大族激光的市场价值就增加了 200 多万元。最后经过慎重研究，“高新投”还是将资金投给了大族激光。

这笔风险资本虽然数量不多，但恰如及时雨，对大族激光的发展起到了至关重要的作用。投资当年，大族激光就在产品开发、生产和销售等方面呈现出飞速发展的势头。到 2000 年，全年销售额突破了 6 000 万元人民币，2001 年销售收入更是突破了亿元大关。

鉴于大族激光已经进入成熟期，“高新投”决定退出，以便将变现的资金资助更多嗷嗷待哺的高新技术创业企业。

然而，如何退出成为“高新投”决策者们面临的难题。IPO 在当时显然还遥遥无期，而且上市公司股票不能全流通也阻碍了股权变现；虽然可以考虑 MBO 或者转售，但没有可以参考的价格，变现收益难以保证。最终，“高新投”决策者决定在深圳市产权交易中心挂牌交易，让市场为大族激光定价。

2001 年 4 月 4 日，随着拍卖师的一声锤响，深圳“高新投”拥有的大族激光股权，由大族激光创始人以 2 400 万元人民币的价格成功回购。这是深圳市个人购买国有股权成交额最大的一宗案例。回购完成后，“高新投”仍保留了 5%的股权。

“高新投”退出后，仍然为大族激光提供了总计 4 000 多万的贷款担保。但这时的大族激光已经不再为资金发愁，不仅股东多了起来，融资渠道也越来越宽，诸如中小企业担保中心、银行等都纷纷为其担保或直接贷款。2001 年 9 月，大族激光成功实行了股份制改造，吸纳了红塔集団、华菱管线、招商局集团等机构投资者。2004 年 6 月 25 日，大族激光成功在深交易所上市，成为深圳中小企业板开市以来首批上市的 8 家企业中的一员。

二、风险企业并购的特点

（一）直接现实性

并购的最大优势在于风险投资公司在风险资本退出时，可以拿到现金（或可流通证券），而不仅仅是一种期权。同时，交易的复杂性较低，花费的时间也较少，风险资本可以迅速从风险企业中撤出。与企业回购一样，并购能比 IPO 更快地收回投资，且适用于大多数不能上市的风险企业。

（二）完全、彻底性

在风险企业发展过程中，风险企业家有时愿意与风险投资机构联手，将风险企业整体出售，换取足够的自有资本，并重新用自有资本开办其他企业，在完成原始积累后，彻底摆脱风险投资公司的束缚。

（三）灵活性

兼并收购的退出方式，给予了投资人以最大的灵活性来撤出资本，以保证资金的赢利与循环。只要风险投资公司愿意，他们可以在种子期、起步期、成长期、扩张期和成熟期的任一阶段，将自己拥有的某一项目的股权随时变现，来调整投资组合或修正投资战略，从而使整个公司的收益最大化。虽然这种方式不及首次公开发行收益高，但资金更快地撤出可以提高资金的流动性，避免潜在风险，所获得的收益可以投入下一个项目，从而带来新的回报。一般说来，应该选择在企业未来投资收益的现值比企业的市场价值高时把企业出售，这样有利于和购买者进行价格谈判，从而有利于风险投资机构赚取最大的投资收益。

兼并收购的这种干净、利索、简易的特点，使其作为次佳退出方式，越来越受到欢迎和关注。一些风险投资公司甚至专门将兼并收购作为他们投资的最主要的退出方式，因而，兼并收购市场为风险投资机构的顺利退出提供了广阔的空间。

三、风险企业价值评估内容和方法

风险企业在被并购时，首先必须确定其资产的价值。公司资产的价值一般由公司的有形资产和无形资产两部分的价值相加而成。有形资产主要包括土地房地产、机器设备和产成品等；而无形资产则由各种专营权、特许权、专利权和商誉等组成。

在对风险企业进行资产评估时，不仅要了解公司有形资产的数量及其产出能力，而且还要了解公司无形资产如专营权、特许权、专利权等的有效期和综合赢利能力；不仅要对公司历史的生产能力和赢利情况有所知晓，而且还要对公司未来的市场条件、增长潜力和赢利能力有一个合理的预测，这是因为公司的价值是由多种可变要素所构成的，公司资产的产出赢利能力是其特殊的使用价值。由于各公司所处的市场环境、生产资料质量、行业特点及结构的不同，再加上劳动者素质存在着差异，账面价值相同的资产在不同的公司具有不同的产出赢利能力，此外，不同公司在产品价格、市场策划和资金筹集渠道等方面的差异，也决定了不同公司资产的赢利能力也有所不同。因此，资产评估的主要内容应该包括有形资产的评估、无形资产的评估、公司现在与未来经营能力的预期和对并购后产生的赢利增值等方面能力的研究分析。无形资产是公司资产中一种无长期固定形态、价值变化较大的资产，评估起来较为困难，需要特别加以重视。从狭义的角度讲，无形资产主要是指产品的商标权、专卖权、专利权、土地使用租赁权和服务标记等；而从广义角度来说，无形资产还应包括生产工艺、配方、经销渠道、企业规章制度、员工素质和劳动力结构等生产经营要素和公司在行业中的知名度以及商誉等。尽管在账面价值上无法予以准确定量，无形资产对公司的产出能力起着十分重要的作用，其在公司经营和产品销售方面所引起的作用不容低估。因此，它也是风险企业资产评估中的重要组成部分。

风险企业资产评估的方法很多，主要有以下四种：

（一）市场效率法

市场效率法是根据证券市场上公司现在股价反映公司价值的准确程度来评估公司资产价值的方法。西方财务理论专家通常认为，市场的效率性可以分为弱式效率性、次强式效率性和强式效率性三种类型。弱式效率性是指在市场中，所有包含过去股价变动中的资料和信息并没有完全反映在股票的现在市价中。因此，投资者在投资股票时，并不能从与股价变动趋势有关的公司资料和信息中获得任何帮助。次强式效率性是指市场中股票的现在市价已反映出所有公开的资料和信息。在一个具有次强式效率性的市场中，投资者就算充分分析了股票有关资料，仔细阅读年度报告或其他的资料，也无法获取超常利润。但公司的董事、经理和高级管理人员等内部人员，却能利用他们的有利地位而取得其他投资者所无法得到的资料，通过买卖自己公司的股票，从而获取超额利润。强式效率性是指股票的现在市价已反映了所有公开或未公开的信息，因此，任何人均无法在股市中获取超额报酬。

由于证券市场处于均衡状态，因此，其股价反映了投资者对公司未来的现金流量、市场风险和盈利的预期，于是可近似以其市场价格来评估其市场价值。市场效率法依据已上市公司股价或目前市场上已成交公司的价格来作为评估未上市风险企业的标准，它具有计算容易且资料真实、可信度较高的特点。在进行风险企业评估时一般采用以下三种价格作为评估标准。

1. 以公开上市交易的公司股价为标准

对未上市风险企业价值的评估可根据同类型已上市公司股价作为参考，据以计算其价值。此法的优点是，资料可靠，且可根据分析者目的的不同，采用不同的比较标准例如营业收入、净收入、税后利润等，这可使风险企业的评估价值更为合理。但使用此法的缺点和难点是，对公司管理部门和董事会要求较高，且要求评估者有一定经验与技巧，常见的错误是高估或低估风险企业的经营价值，甚至可能低估风险企业的未来发展机会或隐藏价值。

2. 以同类型公司过去的并购价格为标准

本法在实际操作中具有以下优点：

（1）并购公司可以按风险企业的真实价值计算的价格作为支付标准。

（2）风险企业继续经营的溢价或折价均已包括在公司并购的成交价格中。

（3）通过上市公司与非上市公司之间的差额，可计算出折价比率。

（4）可以多次使用资料评估类似的并购业务。但是，运用此法有时很难找到经营项目、财务状况、规模和盈利水平等相似的公司，且无法区分不同的并购公司对被并购公司溢价比率的估计。因为有些并购公司认为单独考虑被并购公司价值，无须为并购后被并购公司能创造出综合效益而多支付一部分报酬。

3. 以新上市公司的发行价为标准

对于风险企业的价值评估，也可依照并购时在市场上公开发行股票公司的初次发行价格，作为评估风险企业市场价值的比较标准。风险企业也可将按公开发行价评估的价值与出售、清算或继续经营下去的公司价值进行比较，以作出最有利的决策。但是，许多新上市公司为刚刚成立的公司，每股利润较低，其股价的可参考性大打折扣，且由于刚公开发行股票的公司股票的发行量较少、价格波动较大，因此其股价更容易被市场投机者所操纵，以致股价脱离其实际价值，这严重干扰了本法使用的准确性。

（二）未来盈利还原法

未来盈利还原法是目前美国公司并购常用的评估方法。与市场效率法相比，它对风险企业的了解着重于对风险企业未来盈利的分析，因此尽量避免了并购中的市场短视现象。由于要正确估计风险企业未来的盈利情况，因此并购公司必须对其所在行业的市场前景有所了解。此法的基本原理是，若公司并购风险企业，着重于未来的经营业绩，则公司应基于并购后的未来利润予以资本化后的价值作为购买价格。传统上以会计盈利为基础估算公司的价值，而忽略了货币的时间价值，且未考虑公司经营、管理和财务上的风险，因此无法反映并购后继续经营的价值。此外，由于未曾考虑并购后可能增加投入的经营资金或固定资产投资，且会计盈利即税后利润的计算也受到会计处理方法的影响，因此经常高估被并购公司的价值。这使并购公司在并购以后经常发生其股票价格下降、并购的公司股东蒙受损失等现象。

由于公司未来现金流量的估算不仅涉及行业前景，而且涉及被并购公司的盈利能力，并购公司可以根据被并购公司过去的财务报表资料加以预测，但必要时须进行适当的调整。常见的调整项目一般有异常项目、存货与计提所使用的折旧方法，高于正常市场利率的存贷款和非经营资产与负债等。除进行财务数据分析外，对于足以影响投资者对公司信心及印象的有关财务指标，如资金支出预测、加权平均资金成本、税前盈利、有形资产账面价值、长短期负债和非营运资产等，并购公司均应予以充分重视，并进行认真细致的评估。

（三）盈余倍数法

盈余倍数法的基本原理是并购公司愿意支付多少价格购买风险企业目前的盈利。此法的使用准则是：如果收购后能使并购公司每股盈利增加，则进行收购；如每股盈利没有增加则不进行并购。例如，若风险企业每股盈利 1 元，并购公司愿意以目前盈利的 20 倍作为支付价格来购买其股票，则每股价格为 20 元。但是，由于此法未考虑并购后产生的综合效益，因此并不十分准确。

（四）会计评价法

会计评价法是对风险企业有形资产的估算，是并购风险企业后再次出售时的最低价格，并购的公司由此可以衡量其并购的风险。此外，在会计评价法下的价值评估适合向金融机构融资，尤其是那些对资产抵押具有偏好的银行；并购公司可根据风险企业重估后的价值和并购的目的与规划适当地在有形资产和无形资产间进行分配。一般来说，用此法评估的公司价值往往较低，并将被并购的风险企业视为不适合继续经营。并购公司对被并购的风险企业资产的价值常用的计算标准有以下三种：是清算价值，即风险企业按清算价格出售，这时的风险企业价值为并购后风险企业不再存在时其资产的可变现净值；二是净资产价值，即总资产减去负债后风险企业的权益净值；三是重估账面价值，将资产的历史成本标准换为现行成本，即以资产现行成本作为公司价值评估的计价基础。

但会计评价法未能考虑公司的盈利和现金流量，另外对不同类型的资产需使用不同的分析方法，计算复杂烦琐，也无法评估公司的无形资产。

四、风险企业被并购的主要支付方式

（一）现金支付方式

最简单、最迅速和最方便的并购支付是并购方以现金的形式来购买风险企业的产权。但对并购方而言，并购所需资金是一笔巨大的即时现金负担，且有时要通过融资的方式来解决，这可能要承担较高的利率债务，公司的负债率将大幅上升；而对于卖方而言，能够立即收回投资并可能实现巨额投资利润，但当年的所得税会大幅增加，这必然会加重并购双方的心理负担。

因此，并购双方有时会经过商议，采取分期付款的支付形式来进行并购。这可使并购方避免在短期内出现巨额的现金支出，大大减少公司并购时的现金压力，并可减少财务费用和降低其负债率；而卖出方则可以享有税赋延后的好处，因为分期付款使其支付的所得税也可分期支付。

分期付款对并购方的另一好处是可以防止被并购的风险企业人才的流失。有时并购方看中的主要是风险企业的人才，如果采用一次性支付现金的方法，风险企业的人才就可能会流失，这样并购的风险较大，而采用分期付款的方式，可以增加特别条款。例如，可以要求并购后创业家继续保留为经营者，且可要求在并购完成后，还有部分产权价格未确定，须根据未来被收购企业的经营业绩而定。譬如并购方可同意先给卖方一定的预定金额，如果被并购企业在并购两年内，每年盈利增长达 15%，再按协议支付其余金额。

如果并购方要求采用分期付款，且部分支付价格按其经营业绩的一定比例支付，这种支付方法有助于拉近双方在并购价格认定上的差距，可使卖方在刚并购时，努力保持公司的正常经营，以证明公司的价值。而并购方也可保护自己，以免公司业绩在收购后急剧下降，也可按商定价格的一半支付现金，另一半视未来某一时点的业绩支付。

（二）票据支付方式

并购方也可用票据（如本公司的债券或其他公司的债券、期票等）的形式来支付给卖方。也就是说卖方不能立即得到现金，而是通过卖出风险企业的产权来换取票据，并在今后一定时间内，如几年内卖方才逐步收回并购款项。在风险企业这一行业中，人们把这种支付形式戏称为“白条子”。这种支付方式如果出现问题，支付的票据就会成为一张废纸，一文不值。但是用票据支付的形式是非常常见的，因为这对卖方也有利，即可以通过推迟收款获取所得税税赋延后的好处。但在卖股票票据时有时会引起与毫不相关的第三者打交道的麻烦，如果并购方是一家大公司，产生问题的可能性较小，如果是小公司或个人，则有时候会出现比较大的麻烦。为了避免买卖票据中间产生的问题，一个简单的解决办法是将风险企业的资产作为票据的担保。

（三）支付上市公司股票形式

如果并购方本身是一家已上市的公司，则可以将自己公司的股票作价支付给风险企业的股东，即以换股的形式并购风险企业。此种换股并购的形式与现金支付的形式相比，对并购方而言完全没有现金支付的压力，公司的负债和负债率不会大幅增加，因此并购方的心理压力相对较小。

在这种换股并购中，并购方必然考虑自身股票目前股价和今后股价波动的趋势，以及各种长期性的税赋问题。并购方若是业绩优良的上市公司，其用股票支付的方式比用现金会更受卖方欢迎，因为现金必须在当年度申报所得，缴纳所得税，而若以股票支付，卖方只有在卖出股票时需对所得缴纳所得税，因而这种支付形式对卖方较为有利，也比较受到卖方欢迎，这种形式有时可大大压低风险企业的卖出价格。

但是，在决定是否以换股形式并购时，并购双方对并购方股票的价格是否有一致的认识至关重要。在估算上，卖方需考虑并购方如发行新股，则必然会降低每股盈利而使股价下降，而且最重要的是，在完成并购后所取得的并购方股票，价格是否会大幅下降。要解决这个问题，并购方就必须以足够的理由证明，采取股票支付形式，不会使该公司股价下跌。只有这样才能增强卖方的信心，顺利完成并购交易。

以换股形式并购对并购方的不利是会降低其大股东的比例，影响其对公司的控制权。因为换股形式一般是由并购的公司定向向风险企业股东增发股票换股，这样并购的公司总股本必然增加，而大股东的持股数量并没有随之增加，其持股比例必然下降。

因此，有时并购的公司会发行无表决权的优先股进行换股，这种股票在鼓励发放方面享有优先权，但不会影响大股东的控制权。而且，不同于公司债券，不管公司当年有无利润均应发放利息，优先股在公司没有利润时可以不用派发股息。但是从税赋的观点来看，公司债券的利息可在税前利润中扣除，而优先股的股息是在税后扣除的。

（四）支付未上市公司股票形式

有时并购方本身并不是已上市的公司，它只能用其未上市的股票来支付卖方。这对并购而言，是一种较好的并购形式。并购公司不出一点现金，就可以通过并购来扩大公司规模。

对于卖方来说，是否采用这种换股形式出让股权，主要要从并购的公司今后的发展前景来决定。如果并购的公司今后发展前景很好，在短期内有上市的可能，则这是一种可以接受的并购形式。因为未上市的股票定价一般偏低，换股时风险企业的股东可以换得更多的股票。一旦并购的公司股票上市，其价格会成倍上涨，这时的获利数量会比采取已上市的公司股票的并购形式来得高。如果并购的公司对卖方是不利的，卖方一般不会接受这种并购形式。

第四节　破产清算

一、破产清算概述

清算是指当创业企业经营每况愈下且难以扭转时，为避免更大的损失，对该创业企业进行破产清算以收回部分投资。由于高科技创新企业所具有的巨大的不确定性和高风险性，相当一部分创业企业最终会以失败而告终。特别是处于萌芽阶段的创业企业，失败的比率非常高。对于风险投资家来说，一旦确认创业企业失去了发展的可能或者成长太慢，不能给予预期的高回报时，就要果断地撤出，将能收回的资金用于下一个投资循环；若不能及时抽身而退，只能带来更大的损失。因此，从降低风险、减少损失以及避免由于资金沉淀而造成的机会成本的角度看，清算也属于风险投资一个必不可少的退出渠道。

风险投资的巨大风险，反映在高比例的投资失败上，越是对处于早期阶段的创业企业进行的风险投资，失败的比例越高。失败的项目以及部分受到挫折的项目只能以公司清算的方式退出风险投资。关于创业企业的成功与失败，美国硅谷有一个在科学意义上并不算太精确的大拇指定律，即一般每 10 个创业企业中会有 3 个以清算的形式结束，另有 3 个停留在 2 000 万~3 000 万美元规模的小公司水平，还有 3 个能够上市并有较高的市值，只有 1 个会成为大拇指——最成功的公司。

可见，相当数量的创业企业是不成功的。如果是投资在萌芽期的创业企业，则风险投资失败的比率往往更高。当风险投资家确认某个创业企业不能安全运行或成长太慢，甚至已出现赔本迹象，无法保证预期的巨额投资回报时，他就会果断地选择以清算的方式从创业企业退出，并将回收的资本用于下一次的风险投资。据统计，以清算方式退出的风险投资项目的占全部风险投资项目的 32%，而且这种清算一般只能收回原来投资的 64%。

以公司清算的方式退出，对风险投资家来说是十分痛苦的，但这是在企业经营状况恶化的情况下必须采取的措施。因为创业企业的投资风险非常大，同时风险投资必要的投资收益又必须有所保证，如果不能及时退出前景不好的创业企业，只能给风险投资带来更大的损失。即使仍能继续经营的企业，如果成长缓慢，年收益较低，一旦被认定没有发展前途，风险投资家也会果断决定立即退出。因为经验证明，沉淀在这一类企业中的资金的机会成本非常大，风险投资家一般不愿把资金投入这类没有发展前途的企业中。

公司清算的意义在于，避免风险投资对没有前途的项目投入过大，以免将更多的资本变成死账、呆账；同时，也只有通过大量痛苦的清算退出，风险投资家才能在众多的高风险项目中积累宝贵的经验教训，寻求真正的市场机会。从这种意义上讲，公司清算退出反映了市场淘汰劣质项目的过程，大量的公司清算为捕捉高回报的市场机会开辟了道路，具有积极的现实意义。

风险企业的清算一般采用普通清算的形式，很少以破产清算的形式进行。普通清算的基本条件：一是企业资产能够抵偿债务，如果清算过程中发现企业财产不足以清偿债务时要转为破产清算；二是企业的董事会或管理机构能够自行组织清算，如果由于某种原因而不能自行组织清算，则可转为特别清算。由于风险企业在清算时，一般都是企业所有者主动结束公司经营，收回投资者投资，并非风险企业被申请破产清算，且此时企业资产一般都足够抵偿债务，并有较多的剩余资产可供公司所有者分配，因此风险企业一般以普通清算的方式进行。

风险企业的清算由企业的董事会依照法律规定的程序，自行组织对本企业债权、债务及财产进行清理结算的活动。普通清算的基本要求是组织清算委员会或清算组，并依照法律规定的程序和要求进行清算。

二、清算组织

风险企业清算的组织一般叫作清算委员会或清算组。根据我国《公司法》的规定，有限责任公司的清算委员会由股东组成，股份有限公司的清算委员会由股东大会确定其人选。逾期不成立清算委员会的，人民法院经债权人申请，指定清算委员会成员。《中外合资经营企业法》实施条例规定，董事会负责提出清算委员会人选，其成员一般应在董事中选任。董事不能担任或不适合担任时，合资企业可聘请在中国注册的会计师、律师担任。审批机构认为有必要时，可以派人进行监督。《外商独资企业法》实施细则规定，清算委员会应当由外资企业的法定代表人、债权人代表以及有关主管机关的代表组成，并聘请中国的注册会计师、律师等参加。

风险企业清算委员会或清算组的职权主要有：

（1）通知或者公告债权人，召集债权人会议。

（2）处理与清算企业未了结的业务。

（3）清缴所欠税款。

（4）接管并清理企业财产，编制资产负债表和财产清单。

（5）收回债权和清偿债务，包括追回股东应缴而未缴的款项。

（6）分配企业的剩余财产。

（7）代表企业参与民事诉讼活动。

三、清算步骤

（一）成立清算委员会

风险企业决定或者依规定终止的，当风险企业无力清偿债务时，可以向法律机构提出破产要求，并提供企业破产申请书以及会计报表、债权债务资料等，并应当在15日内成立清算委员会，逾期不成立清算委员会进行清算的，人民法院经由债权人申请，应及时指定清算委员会成员进行清算。

（二）停止业务活动

法律机构首先对于破产诉讼进行审查，以确定是否符合受理条件，不符合条件的不予受理。符合条件的进行受理。法律机构受理破产诉讼之后，企业的业务活动和其他的民事诉讼都应停止，继续发生的视为无效。风险企业进入清算之日，清算期间除为清算目的或为了企业日常维持所必需的开支外，企业不得开展新的经营活动。

（三）接管企业事务

风险企业清算委员会自成立之日起，接管企业一切事务，企业的管理机构和法定代表人终止对企业的管理权和对外代表权。

（四）通知和登记债权

风险企业清算委员会应当自成立之日起10日内通知债权人，并于60日内在报纸上至少公告3次。债权人应当自接到通知书之日起30日内，未接到通知书的自第1次公告之日起90日内，向清算委员会申报其债权。债权人申报其债权，应当说明债权的有关事项，并提供证明材料。清算委员会应当对债权进行登记。

（五）清理财产

风险企业清算委员会在了结企业未了业务和收回企业债权的基础上，清理公司财产并进行必要的变现。在编制资产负债表和财产清单后清算委员会应当制定清算方案，并报股东会或者有关主管机关确认。

（六）清偿债务

风险企业财产能够清偿企业债务的，依次支付清算费用、职工工资和劳动保险费用，缴纳所欠税款，清偿企业债务。若发现企业财产不足以清偿债务，清算委员会应当立即向人民法院申请宣告破产。企业经人民法院裁定宣告破产后，清算委员会应当将清算事务移交给人民法院。

（七）分配剩余财产

风险企业按规定清偿之后的剩余财产要分配给股东或投资者。法律规定，有限责任公司按照股东的出资比例分配，股份有限公司按照股东持有的股份比例分配。外资企业、合资企业经清算后，其资产净额或剩余财产超过注册资本的增值部分视同利润，应依法缴纳所得税。

（八）报告和注销登记

风险企业清算结束后，清算委员会应当制作清算报告。报股东会或有关主管机关确认，并报送企业登记机关。申请注销企业登记，公告企业终止。不申请注销企业登记的，由企业登记机关吊销其营业执照，并予以公告。

第五节 退出决策

一、退出决策原则

（一）收益最大化原则

当风险企业发展成熟并逐步步入正轨，企业的盈利能力逐年上升，风险投资者应当遵循收益最大化原则进行退出决策。无论是选择 IPO，还是选择并购，均是选择那些带来最高回报倍数的方案。在 IPO 情形下，企业可以根据具体经营状况和企业业务的特点选择合适的上市途径、时机和地点，以得到更高可能的回报倍数。在并购的情形下，选择出价最高的收购者，从而实现退出的收益最大化。

（二）损失最小化原则

但对于一些经营不善的企业，风险投资者就不能一味地追求 IPO 上市退出，对于这样的企业要遵循损失最小化的原则，即能收回原始投资或者在损失降到最低时快速退出。在面对企业经营不善乃至亏损时，风险投资者可通过并购或者股权回购的方式出售所持股权，回收本金，一旦企业资不抵债，并购和股权回购等方式也无法操作时，风险投资者只能等待企业破产清算，收回部分原始投资。无论采取何种退出方式，都要遵循损失最小化原则，以保留实力进行下一轮风险投资。

二、退出选择

风险投资的退出条件和方式通常在最初签订投资协议时即已确定，但在退出时机的判断上往往会留给风险投资经理抉择，因而具有较大的不确定性。一般来说，投资项目的培育、发展过程是比较漫长的，如果退出时机太早，会难以达到风险投资支持企业发展的目的，也不利于风险投资者获得理想回报；如果退出太晚，可能会错过最佳回报期。因此，能否选择合适的退出时机对风险投资的成功退出至关重要。

根据发达国家的经验，风险投资基金通常选择在风险企业处于高速增长后期进行退出。但由于风险企业的复杂性，风险投资基金的投资风格或偏好又各有差异，因此很难给出统一的退出时机选择标准。在风险企业经营状况正常的情况下，风险投资的退出时间选择主要受风险企业成长阶段、市场环境和个人偏好的影响等。

（一）根据风险企业成长周期选择退出时机

风险企业具有独特的生命周期一般而言，风险企业的生命周期为 3~7 年，通常经过几个阶段：种子期、创业期、成长期、成熟期、衰退期。从理论上讲，企业在成长后期，处在经营快速增长、产品拥有一定市场份额、其他品牌也有一定影响力的时期，这个时候选择退出是比较好的选择。因为在此之前还需要向企业注入资本，而投资者不愿接受前景不确定甚至现金流为负的企业，此时风险投资退出就非常困难。而在成长后期由于企业较为稳定，获得超额利润的机会已不大，风险投资继续滞留就没有意义。因此风险投资会将成长期或成熟初期的投资项目出让给抗风险能力较低的普通投资人，由于风险企业已经具有稳定的收益，这点恰好符合这样一类投资者的需要，风险投资选择在此时退出也是比较合适的。

风险投资退出的最晚时间在企业成熟期的初期。当风险企业逐年走向成熟时，风险大为减少，此时创业者通常希望自己控制企业，而不是继续听命于风险投资家。就创业投资特点而言，一般在成长期的末期就应该考虑退出。此时的企业给新投资者留有一定的想象空间，退出价格可能比成熟期还要高。

（二）根据技术变化和市场环境选择退出时机

从市场角度看，风险投资的退出时机受两方面因素的影响：

1. 技术替代度

风险企业的核心竞争力往往是其拥有核心技术和独特的管理模式，随着风险企业在市场上露面的机会增多，企业核心技术外泄的可能性也会增大。一旦市场上出现替代技术或新一代技术，风险企业就失去了赖以生存的技术基础，这时企业的寿命就可能提前终结，风险资本则被迫退出。

2. 市场扩张度

随着市场竞争的不断发展，市场上可能出现众多的替代品，风险企业的扩张、增长势头会明显放缓，市场扩展速度也明显下降，但现金流显著增加，呈现成熟企业的特征，风险资本也就到了该退出的时候。

（三）根据风险投资者偏好选择退出时机

风险资本家是创业投资项目的实施者，其偏好对风险项目退出时机的选择有直接的影响，主要体现在对风险的承受能力上。一般来说，风险承受能力强，则倾向于稍晚退出，期望获得更高的回报；风险承受能力低，则倾向于较早退出，期望实现更稳妥的回报。

（四）根据资本市场的热度决定退出时机

一般而言，资本市场较热时更有利风险投资机构的退出，这是因为较热的市场环境可以使得风险企业在上市伊始便很快地受到市场投资者的追捧，从而实现资本的快速增值，使得风险投资机构获得超额收益。相反，如果此时资本市场处于下行时期，即使风险企业已经成长成熟，但由于资本市场的走势较差将可能导致风险投资机构很难实现快速增值获得超额收益的目标，此时继续持有反而更有利于投资机构的保值增值。

总之，在市场环境既定的情况下，风险投资退出时间主要取决于风险企业所处的生命周期阶段和风险投资者的偏好。根据企业不同生命周期阶段的基本属性，以及风险投资者的偏好，风险投资基金可以根据自己对风险的承受能力以及既定的退出方式，选择合适的退出时间。

三、上市与并购的选择

有四个主要因素，影响着上市与并购两种方式的选择。

（一）企业发展阶段

通常认为，当企业进入成熟期，经营业绩稳步上升，达到 IPO 条件，IPO 是风险投资最佳退出方式。此种方式，收益率最高，有利于激励管理层考虑企业的长远发展；否则，选择兼并收购这种退出方式次之，这种退出方式相对于上市而言更加迅速而且操作便捷。

（二）资本市场行情

在风险企业自身的发展阶段是否达到了上市的最佳时机之外，资本市场行情是影响企业上市决策的另一个重要因素。因为经济的萧条和不景气会影响 IPO 上市的数量。资本市场行情好的时候，发行情况就好，发行后的市场表现就好。反之，行情不好，发行价格就难以理想，即使上市，后市表现也不理想。良好的资本市场走势是企业上市时机选择的重要因素。

（三）对流动性的需求

此外，选择上市还是并购，对创业者和投资人带来了不同的影响。通过公开上市，对于风险投资机构来说，可以得到最佳的财务回报；对于创业者而言，能较大程度保留对风险企业的控制权，激励创业者提高经营业绩。但是，当风险企业经营业绩逐步上升，但在短期内难以达到上市条件，或者风险投资家有打算尽早撤资，或基金清算时间临近必须退出，此时并购为风险投资机构提供了一个便捷的退出通道。在对上市还是回购的权衡中，风险企业更倾向于 IPO，因为这样可以保证对企业的控制，并获得最大收益，但对于风险投资家来说，通过收购这种相对可预测的方式来退出也是一个不错的选择。

（四）管理团队的反应

对于上市决策，创业者和投资人利益是绑定的，容易达成一致；对于并购决策，由于创业者控制权受到影响，不容易和投资人达成一致。

综上所述，到底是选择公开上市还是并购退出，主要是取决于被投资企业的成长情况、资本市场行情、风险投资机构的流动性需求，以及风险企业管理团队的反应。

专栏

回报——注解

IPO 平均产生的回报比收购要高，部分是因为选择效应的影响。上市的企业一般更大，更成功，对独立运营也更有准备。收购是为两类企业提供退出途径：一类是表现好的，一类是那些虽处于困境，但已经创造一些价值并出售的企业，结果可能是获得较小的收益，也可能是重大（但不是全部）损失。企业被象征性地出售是为了两个目的：一个是提供少量的回报，而更重要的是，能让投资公司抽身，避免更多的时间和资金投入。这种有少量回报收购的数量很难确定，因为收购的价格并不需要公开宣布。尽管一些收购能创造高额回报，例如 eBay 对 Skype 的 26 亿美元收购或者谷歌对 AdMob 的 7.5 亿美元收购，其他收购给风险投资者带来的最大好处可能只是可以把企业从其投资组合中去掉。收购的回报如果较低，部分原因是因为这类交易的对象是糟糕的企业。

课后阅读

电子商务技术支持企业 Webmethods

1. 站在 B2B 背后的年轻企业——Webmethods

随着因特网的兴起，一个全新的商业活动也随之悄然诞生，这就是“电子商务”，即“通过网络传输电子数据进行交易”。其中 B2B 模式在电子商务中占有极其重要的地位，就交易额而言，占总交易额的 85%以上。但是，是什么促使这种简便快捷的交易模式如此盛行呢？除了归因于全新的商业理念外，我们不得不提到与 B2B 密切相关的一家美国的软件企业——“WebMethods”，以及它的主要产品——XML 计算工具——帮助 B2B 实现的魔术棒。

WebMethods 的主要业务是开发和销售 B2B 软件包，这种软件包可以使大公司通过因特网将其不同的存货、采购及运数据库相连，不用改写代码或改变数据库，这是电子商务实现的基础。帮助这种功能实现的是一种可扩展的置标语言，通常叫作 XML。这种新的计算工具可以使不同 legacy 的计算机能自由地交流信息。通过这种 XML 的帮助，公司可以共享生产及销售信息，从而大大缩短电子商务交易所需的时间，减少纸面工作量。

Web Methods 是一家典型的高科技创业企业，它依靠风险投资的支持逐渐成长在激烈的竞争中生存并发展。因此，这个公司的成长及融资过程在分析风险投资和高科技风险企业的发展之间的关系方面很有指导意义。

2. 市场机会

十几年前，XML 语言还鲜为人知，只有一些编程高手如万维网的创造者 Tim Berners-Lee 等人才会使用这种语言。当时盛行的另外两种语言也可以帮助完全不同的计算机共享信息：一是 SGML（Standard Generalized Markup Language）—XML 的前身——一种晦涩的计算机平台语言，但是这种语言对多数用户而言太复杂了；另一个是 EDI（Electronic Data Interchange），但是使用这种语言，许多大公司必须将其公司的后端系统与供应商通过特定的软件、昂贵的私有网络连接，同时还得动用许多技术人员。基于上述原因，早期的语言都逐渐没落了。

当时 WebMethods 公司的 CEO 麦瑞克正在考虑如何使网络成为企业间电子商务的有效中介，他无意之中遇到了万维网的创造者 Tim Berners-Lee。在麦瑞克与 Tim Berners-Lee 第一次交谈的过程中（当时世界上只有大约 300 人知道 XML），麦瑞克意识到这种语言将帮助他实现使用网络连接公司的梦想。随着许多公司逐渐放弃了 EDI 和 SGML，Web 及 XML 的出现改变了一切。麦瑞克预见到了一个机会，创建一个充分灵活的平台，可以在后台安静的运行，公司不用改变其业务模式或现有系统就可以进行电子商务。

3. 创业历程

麦瑞克依据传统的高科技企业创业模式于 1996 年正式建立了 WebMethods。与许多创业企业一样，开始的时候麦瑞克将自己全部的积蓄投入公司，没有借助任何外部资金。但是到1997年年底的时候，公司必须进行外部融资才有可能继续生存。这时，一个名叫鲍勃·库克（Bob Cook）的天使投资者从天而降，XML及电子商务出乎意料地引起了他的兴趣："我过去认为这是一个巨大的市场，现在我仍这么认为。"于是他向公司投资了40万美元。

1997年和1998年风险投资公司也加入了对公司投资的行列。Friedman，Billings，Ramsey&Co在1997年下半年对WebMethods进行了第一轮风险资本的投入，投资额为360万美元，公司的第二轮融资在1998年9月结束，FBR及梅菲尔德（Mayfield）基金共投入650万美元的风险资金。

这两次总价值达1 000万美元的融资给了麦瑞克喘息的机会，使他可以继续从事产品开发，同时还要进行XML的市场营销工作，因为人们对它还一无所知。他在全国的各类行业展示会上积极宣传这项新技术，并将其产品主要定位于高科技和金融服务公司。计算机行业的出版商也迅速意识到XML的重要性，这种新的语言及Web Methods逐渐受到媒体的关注，这对公司知名度的提高很有利。

公司在1998年3月的时候正式推出了其主打产品——B2B软件包，这个产品前景十分乐观，公司所处的市场地位也十分有利。B2B的价格比传的EDI系统要便宜得多，安装的软件费用及许可费用为12万到70万美元左右，初始的集成费在75万到100万美元之间。安装的时间也比较短，只需几个星期到4个月，但是EDI系统通常需要耗资千万，而且往往要经过数年才能完善。所以对于那些希望低成本地将现有的系统与交易伙伴的系统集成的公司而言，这个产品无疑提供了最佳的解决方案。

4. 生存战略

自1998年秋天起，WebMehtods赢得了六十多个新用户，其中有一些广为人知的公司，如惠普、思科、3Com、华盛顿邮报（拥有Tech Capital）及Dun and bradstreet等。一些原来打算自己开发系统的公司也纷纷转向使用B2B软件包，例如Dunr and Bradstreet，公司本打算自己开发系统，但是在测试过B2B之后，他们放弃了自己开发的想法。

到1998年结束时公司的收入额已达7位数，而且收入以每季度70%的速度增长，只有WebMethods的B2B采用完全支持XML的模式，而且可以提供更加完整的电子商务解决方案。行业分析师认为WebMethods处于令行业同仁羡慕的位置。它的竞争者包括Bluestone软件及Visual Edge，这些公司提供的软件包只使用少量的XML，只有WebMehtods是完全建立在这项技术基础上的。VEO和On Display公司都提供以XML为基础的软件包，但是两家公司都不完全针对B2B电子商务。

WebMethods清楚地了解到底何处可以使用XML技术，而且公司清楚地认识到它需要赢得最大和最好的客户和合作伙伴，这样才可以提高竞争者进入壁垒，帮助公司进步，开拓和深化市场。

WebMethods积极寻求与大公司的合作机会。它与微软紧密合作，从1998年11月起联合开发一种新的语言，用于查询XML文件。这种可扩展的查询语言被包含在微软 I5.0 的版本中。1999 年 3 月的时候，WebMethods 向公众宣布，其 XML 开发模块将与微软未来版本的 Biztalk 及 Commerce Interchange Pipeline 软件一起出售。这种关系只是共同开发，不存在任何金钱的交换，也不存在被微软购买或侵吞的危险。麦瑞克认为 WebMethods 与微软的合作伙伴关系对公司的长期发展十分有利，因为这意味着有机会将 B2B 植入微软领先的电子商务产品中。

1999 年 WebMethods 又与阿瑞巴技术公司（Ariba）建立了合作伙伴关系，阿瑞巴技术公司是一家快速发展的公司，为大公司提供软件。WebMethods 将为阿瑞巴技术公司即将推出的“Ariba.com 网络”提供 XML 技术支持，“Ariba.com 网络”专为阿瑞巴的软件用户提供因特网服务。同时，WebMethods 还提供所有 SAP 的 XML capabilities 这一合作关系对 Web methods 意味着巨大的机通，因为 SAP 是一家世界 500 强企业，专门提供企业软件平台。至今为止，许多分析师都认为 SAP 将是 WebMethod 来来的几家竞争对手之一。

5. 退出机制

1998 年，软件应用服务公司的购买市场十分活跃，出现了一批大公司购买小公司的风潮，并购成为许多风险投资理想的退出方式。1998 年 9 月，BEA 系统公司收购了 WebLogic，收购价格为 19 300 万美元。Sun 收购了 NetDynamics，价格为 160 万美元。1997 年 10 月网景公司收购了 Kiya 软件公司，价格为 17 900 万美元。1998 年 8 月以 ML 为基础的搜索引擎公司 Junglee 被出售给了 Amazoncom，价值 18 000 万美元。虽然这些公司使用的技术与 WebMethods 相似，但是他们着眼于不同的市场方面，针对不同的用户群。因此，不能根据 Junglee，Kiva，Weblogic 或 NetDynamics 公司的价值对 WebMethods 公司进行估价。有利的市场地位使 WebMethods 也不能避免许多公司的垂青，麦瑞克收到了无数有关收购的请求，但是他觉得还不是出售公司的时候。因为他相信他们正在建造一个非常庞大的企业，所以任何开价都没有意义。

WebMethods 在 2000 年 11 月成功上市。

第七章

我国风险投资的发展

第一节　我国风险投资的发展历程

中国风险投资从20世纪80年代中期开始，兴起于20世纪末，经2002年至2004年的调整，2005年全面复苏并快速发展，持续至今，2009年随着创业板市场的推出，风险投资进入新的高潮。中国风险投资伴随着国家在该领域政策、法规体系不断完善而发展。中国风险投资分为5个阶段。包括酝酿期（1985—1996年）、兴起期（1997—2001年）、调整期（2002—2003年）、回缓发展期（2004—2006年），迅速发展期（2007年至今）。

一、1985—1996年风险投资发展的孕育期

1985年3月，中共中央发布了《关于科学技术体制改革的决定》，指出："对于变化迅速、风险较大的高技术开发工作，可以设立风险投资给予支持"。这一决定使得我国高技术风险投资的发展有了政策上的依据和保证。其后，由国家科学技术委员会和财政部共同出资成立中国新技术创业投资公司，标志着中国风险投资事业的开端。继中创公司之后，地方政府纷纷效仿，成立基金对国有企业进行投资以促进科技进步，资本金大都由当地的政府机构（科委）提供，如上海信息投资股份有限公司、深圳高新技术产业投资服务公司、中国长和科技基金、深圳科技银行、黑龙江科技实验银行等。

1991年，风险投资公司再次在中国兴起，并且激发了外资对中国的投资兴趣，由于法律制度、资本市场以及文化的差异，外资以合资方式进入中国的效果并不理想。

1995年和1996年，受国家政策引导和相关制度发展的影响，国内出现一批风险投资公司，国际资本也采取新的投资战略进入中国市场。国际风险投资的开路先锋是美国国际数据集团（IDG），1992年美国太平洋技术风险投资基金进入中国，分别在北京、

上海和广州设立分公司。IDG技术创业投资基金对搜狐、百度等风险企业成功实现了投资。与此同时，世界银行所属的金融公司发起组建的华登风险投资基金对深圳等地的成长型高技术企业或项目成功进行了投资。1997年底，四方利通公司获得美国美洲银行罗世公司、华登国际投资集团和埃芬豪国际集团三家风险投资公司650万美元的风险投资。

二、1997—2001年风险投资发展的兴起期

1998年“政协1号提案”的提出，风险投资受到了科技、金融、企业界的关注。此后连续两年形成了“风险投资热”，一批新的风险投资机构纷纷成立，以上市公司为主的民间资本开始进入风险投资领域。2000年，新浪、网易、搜狐等一系列门户网站，在外资风投的支持下，掀起中国互联网行业上市第一波浪潮。

2001年中国加入世界贸易组织后，外商投资随之增长。当中国的风险投资机构伴随着政策刺激和网络大潮兴起时，欧美的高科技市场却面临着一场空前危机，21世纪之初全球“光通信泡沫”和网络泡沫相继破裂。随后几年，风险投资市场随之进入低谷。

三、2002—2003年风险投资发展的调整期

2003年，中小企业促进法中提出“国家通过税收政策鼓励各类依法设立的风险投资机构增加对中小企业的投资”，明确了政府对中小企业融资难问题的关注以及对通过风险投资途径解决这一困境的政策扶持。此后几年，国家对风险投资的政策体现为左右摇摆的势态，风险投资受到影响，本土风险投资机构数量及风险投资资本总量在2003年和2004年较上一年都有减少，但是我国风险投资活动总案例数量及投资额数据反映了风险投资活动相对活跃，主要是这期间外资风险投资机构的投资活动仍然活跃。

四、2004—2006年风险投资发展的回缓期

2004年5月，深圳中小企业板正式登场，一批符合条件的成长型中小企业获得上市融资机会。此举为创业板市场建设打下基础，为本土风险投资退出创造了另一种国内途径，推动了国内风险投资回缓。

2005年之前，国际资本借助娴熟的投资技巧和对国际金融市场的运作，采用“返程投资”的方式在我国境内进行股权投资。通过在境外设立离岸公司，实现间接海外上市，蒙牛、盛大、百度等百余家中国企业通过这一“红筹”路径登陆海外股市，而没有遇到任何法律风险。但是，这种红筹现象被政府监管机构视为造成巨额资本“体制外循环”。于是，2005年1月和4月，国家外汇管理局先后发布了《关于完善外资并购外汇管理有关问题的通知》（11号文件）和《关于境内居民个人境外投资登记及外资并购外汇登记有关问题的通知》（29号文件），要求中国境内个人和企业的海外投资活动必须经中央政府的审批。而在风险投资机构看来，实践中，外管局并不授予批准，风险投资活动因此一度放慢了脚步。同年10月，国家外汇管理局75号文件《关于境内居民通过境外特殊目的公司融资及返程投资外汇管理有关问题的通知》修改了上述11号文件和29号文件的规定，将中央登记改为容易获得的地方登记，从而使海外上市的交易得

以继续。但是，2006 年 8 月商务部等六部委联合发布“10 号文”《关于外国投资者并购境内企业的规定》，规定严格限制了境内企业以红筹方式在海外上市的模式，对创投基金的退出产生重大影响，尤其是给外资的退出设置了障碍。

2005 年 10 月通过新修订的《合伙企业法》，正式确立了有限合伙企业的形式，为有限合伙制的人民币股权基金的设立提供了法律依据；加快多层级资本市场体系建设，为人民币基金的投资和退出创造了合理的渠道；经济持续发展和民间资本充足为人民币基金的发展提供了市场需求和融资基础。

2007 年 2 月，财政部、国家税务总局发布了《关于促进创业投资企业发展有关税收政策的通知》（财税〔2007〕131 号），规定了对创业投资企业的优惠政策：用投资中小型高新技术企业的投资额的 70%抵扣该创业投资企业的应纳税所得额。同年 3 月颁布的《中华人民共和国企业所得税法》（以下简称《企业所得税法》），规定了创业投资企业从事国家需要重点扶持和鼓励的产业投资可以按投资额的一定比例抵扣应纳税所得额。《中华人民共和国企业所得税法实施条例》明确了：创业投资企业采取股权投资方式投资于未上市的中小高新技术企业 2 年以上的，可以按照其投资额的 70%在股权持有满 2 年的当年抵扣该创业投资企业的应纳税所得额；当年不足抵扣的，可以在以后纳税年度结转抵扣。这就对年初作为通知形式的税收优惠政策进行了法规层面的确认。

税收法律和政策优惠体现了政府促进中国创投市场发展的意愿和决心。受政策法律对风险投资大力支持倾向的影响，2005 年至 2007 年三年间风险投资活动极为活跃，国内风险投资市场规模扩张迅速，投资金额年增长均超过 50%。根据科技部统计，2005 年全国已有创业投资机构 319 家，管理的资本达到 631 亿元。截至 2005 年年底，中国创业风险投资机构累计投资 3 916 项，其中高新技术投资项目达 2 453 项，投资额达 326 亿元。截至 2007 年年底，我国风险投资机构超过 360 家，管理资金超过 660 亿并且超过以色列，成为仅次于美国的世界第二大获得风投资本的国家。

五、2007 年至今风险投资发展的高速发展期

受金融危机影响，从 2007 年三季度开始，国内风险投资活动趋于下滑，到 2009 年第一季度降到近几年的最低点，但 2008 年的投资数量和投资金额总规模较上年仍然增长。从我国风险投资的案例数量和总投资额环比来看，2008 年第二、第三季度都有微幅上升，这说明目前投资者投资动机在稳步增强，但除第一季度大体与去年持平以外，第二、第三季度均低于 2007 年同期水平，可见次贷危机与国内经济不景气对风险投资业还是造成很大影响。

由于金融危机的潜在影响，越来越多的风险投资者突破以往的投资理念，风险资金投向趋向保守，不再全方位地关注高科技产业，而是将目光逐步转移到传统民生行业上来。2008 年，我国风险投资发生的投资案例共 501 项，总投资金额为 337. 90 亿元。其中，传统行业发生的投资项目为 119 起，投资金额为 99. 38 亿元。项目数量和金额所占比例均最高，分别为 23. 75%和 29. 4%。此外，随着传统能源的日渐枯竭和政府对节能减排的高度重视，对节能环保项目的投资成为风险投资关注的热点。2008 年，我国能源环保行业的案例有 45 起，占总案例数的 8. 98%；投资金额为 22. 96 亿元，占总投资

金额的 67.9%。

由于传统的风险投资热门行业 TMT 受外部金融环境、经济周期的影响较大，因此从 2008 年下半年开始，风险投资开始倾向投资于非 TMT 行业。例如对经济周期变化不敏感的新能源行业、医疗健康行业、教育培训行业。2008 年第三季度，当传统行业投资额一直下降，而北美、欧洲、中国和印度以风能和太阳能为代表的清洁技术领域总获投资 26 亿美元，环比增长 17%，同比增长 37%。而我国的医疗健康业也开始得到风险投资的青睐。2008 年第三季度，投资在医疗健康业中的案例数大幅度增加，在总案例数中所占的比例也同样增加。

2008 年 8 月底证监会出台了 142 号文，指出那些合伙制企业支持的公司不可以上市，这条法令直接影响到了风险投资的退出问题。此外，在次贷危机之后，国家对风险投资的监管和控制也比以往更加严格。

2008 年 10 月，国务院颁布《关于创业投资引导基金规范设立与运作指导意见》。创业引导基金是由政府设立并按市场化方式运作的政策性基金，主要通过扶持创业投资企业发展，引导社会资金进入创业投资领域。该引导基金本身不直接从事创业投资业务，而是将政府看成是一个特殊的 LP（有限投资人），因此风险投资基金可以通过与当地政府创业引导基金的合作，在获得一定资金支持的情况下，还能发掘出当地具有投资价值的项目。

2009 年，酝酿已久的创业板正式推出，意味着风险投资在国内可以通过创业板上市获得收益。风险投资机构受对创业板预期的影响，以及国内经济基本好转，投资活动恢复活力，投资案例数量和投资规模环比增长显著。

2009 年，人民币风投基金开始在国内占据绝对主流的地位，越来越多的外资机构开始尝试在国内设立人民币基金。中国风险投资研究院调研数据显示，去年中国股权投资市场完成募集的人民币基金共 116 只，占完成募集的基金数量的 85.29%。人民币基金的募资规模达 50 560 亿元，占新募集资本额的 52.49%。去年完成募集的外币基金共 20 只，占完成募集的基金数量的 14.71%。外币基金的募资规模为 457.69 亿元，占新募集资本额的 47.51%。去年中国国内的风险资本中，来自非金融类企业的资金占据主导地位，占比达到 52.74%。

2016 年，我国风险投资管理资本总量达到 8 277.1 亿元，较 2015 年增加 1 623.8 亿元，增幅为 24.4%；管理资本占国内生产总值的比重达到 1.11%；基金平均管理资本规模为 4.05 亿元。

表 7-1 列举了 2007—2016 年中国风险投资管理资本总额的变化。

表 7-1　　中国风险投资管理资本总额（2007—2016）

项目＼年份	2007	2008	2009	2010	2011	2012	2013	2014	2015	2016
管理资本（亿元）	1 112.9	1 455.7	1 605.1	2 406.6	3 198.0	3 312.9	3 573.9	5 232.4	6 653.4	8 277.1
增长率（%）	67.7	30.8	10.3	49.9	32.9	3.6	7.9	31.7	27.2	24.4
基金平均理资本规模（亿元）	3.36	3.55	3.24	3.34	3.72	3.52	3.26	4.48	4.66	4.05

从1985年设立中国新技术创业投资公司开始至今，中国风险投资事业走过了近33年的历史。按照成思危先生的设想，随着创业板市场的推出，“为风险投资提供出路，形成比较完备的风险投资体系”，从而使我国的风险投资事业迈上一个新的台阶。

第二节　中国风险投资的体制及制度特征

一、中国风险投资具有中国经济改革开放转型期特征

自1985年3月提出设立风险投资以来，风险投资伴随着中国经济的快速增长，从无到有，由市场贫乏到增速加快，中国也成为紧随美国之后全球第二大风险投资国。中国风险投资的发展与中国经济转型阶段的特征密切联系。改革开放以来，中国经济取得的巨大的成就，得益于经济领域的转型，包括经济体制改革、法制建设、金融体系完善、政府职能在经济领域转变、科教文化事业的进步等，这些都对风险投资有直接或间接的促进作用。

（一）中国经济市场化转型孕育了风险投资发展的基础环境

风险投资是经济高度市场化的产物，需要发达的市场体系作为运行环境。在计划经济体制下，产品服务的产、销、用均由政府行政计划指令完成，全国只存在真正的决策机构，不存在自主行动的市场实体。个人、企业（非市场化的）或其他实体没有自身的利益诉求，没有创新的激励，科技成果停驻在实验室或者论文集之中，没有人想着去将它们产品化和商业化，同时制度环境也不允许这么做。缺乏市场经济的体制和市场化的运行机制，经济活动和科技创新都与风险投资的本质不相容。近20年来，中国经济市场化的转型成功孕育了风险投资的必备环境。

中国经济体制改革经历较长时期的观念突破过程。1984年，有计划的商品经济的提法为发展市场经济初步打开了思想的枷锁。1987年，邓小平提出“计划和市场都是发展生产力的方式”。1992年的南方谈话进一步打破了姓“社”姓“资”的思想禁锢。中共十四大确立了建立社会主义市场经济体制的目标。1993年通过《关于建立社会主义市场经济体制若干问题的决定》，确立在中国建立市场经济体制的目标。实际上从1992年年初开始，随着财税、金融、外汇、外贸、计划和投资等一系列体制的改革，政府、市场和企业之间的关系初步理顺。1995年提出经济体制和经济增长方式两个根本性转变目标。1997年，从宏观和微观层面分别提出经济体制改革的具体内容和要求，中国在经济领域的改革完全撇开意识形态的影响，朝着市场化的方向迈进。

宪法和政策对个体经济、私营经济、非公有制经济的认识和确认进程，是市场经济不断深化的过程。1982年宪法确认个体经济的合法地位，1988年宪法修正案允许私营经济存在和发展，在确定“社会主义市场经济”后，1993年宪法修正案明确了非公有制经济的地位和作用，1997年中共十五大确认非公有制经济地位，1999年宪法修正案明确非公有制经济是我国社会主义市场经济的重要组成部分。2004年，保护私有财产进入宪法，进一步完善经济制度，促进经济市场化。

体制改革的一系列举措，使得中国经济和社会结构发生了变化。各类市场主体和各种市场逐步发展起来。在经济市场化转型的过程中，建立了市场化的经济运行机制和对私人利益法律地位的确认，催生了真正的市场行为主体，从经济体制环境上为风险投资的产生和发展提供了必要的条件。

（二）经济持续增长和结构调整为风险投资发展提供了动力

风险投资最本质的特征是通过承担投资的高风险而获取相应的高收益，承担高风险是前提，获取高收益是目的。因此，必须是拥有相对富足的财富的人或实体，才会有较高的风险承受程度，从而对风险投资这种投资形式感兴趣；也只有经济增长带来了大量的财富积累，才能提供风险资本来源，才有能力承担高风险。全球风险投资兴起和发展的经验表明，在经济不发达的国家或地区，即便是实行自由的市场经济体制，也难以培育风险投资。因此，在我国经济市场化转型过程中，经济持续增长和经济结构优化为风险投资提供了必要的资本来源，是风险投资发展的动力之一。

中国经济成功转型，创造了富足的财富。1979—2008 年国内生产总值年均实际增长 9.8%，2008 年经济总量超过了 30 万亿元，跃居世界第 3 位。经济结构得到发展，形成三大产业协同发展的格局。三大产业增加值在国内生产总值的比重由 1978 年的 28.2∶47.9∶23.9 调整为 2008 年的 11.3∶48.6∶40.1，三者增加值年均分别增长 4.6%、11.4%和 10.8%。工业结构由技术含量低、劳动密集程度高、门类单一的结构向劳动密集、技术密集、门类齐全的格局转变。服务业发展迅速，集中出现了以电子信息技术和网络通信、生物医药等现代科技为核心的新兴产业。

经济的增长创造剩余社会财富，这些富余资金必然要找到存在的环境，于是风险投资成为其可选择的投资方式之一。经济结构调整的背后是一系列国家产业政策的调整，由此催生的新产业、新兴行业比传统行业、产业具有更高的利润水平，符合资本逐利的本性要求，不仅成为风险资本投向的目标，也在获得高额利润中积累了进一步的风险资金。

（三）市场经济法制体系建设是风险投资市场化运行的保障

风险投资环节多，涉及利益相关方也多。一般合伙人和有限合伙人之间的利益关系、风险投资公司和创业企业之间的利益关系都分别建立在合约基础上，需要法律作为保障。有效的合约条件，要么双方以信任为基础，要么双方以法律为仲裁。前者是自发状态的约束，后者是硬性的约束。信任和法律共同推进社会契约的有效执行。市场经济追求“看不见的手”，诚信存在调控缺失的空间，必须有法律作为保障，让市场经济和法制并肩而行。作为市场经济体系的一部分，风险投资也必然需要健全的法律保驾护航，才能够健康成长。

1985 年，我国提出建设风险投资。受当时的法律环境限制，完全意义上的市场经济行为主体并不存在，或者他们的利益不能得到有效保障。因此当时的风险投资机构主要由政府部门举办，数量少、规模小。1988 年，通过了《中华人民共和国企业法》，这使扩大和落实企业自主权有了现实可行性，在指导企业改革、增强企业活力、维护企业合法权益等方面起了重要作用。此外，2002 年出台《中华人民共和国中小企业促进法》，明确保护中小企业及其出资人的合法投资以及因投资取得的合法收益。法规方面的完善还源自对公司法修订的突破。《关于修改〈中华人民共和国公司法〉的决定》降低了企业设立门槛，变实收资本制为有条件的授权资本制，完善了公司组织形式和治理结构规定，从根本上改变了中国风险投资的环境，对创业投资的发展产生了积极影响。2006年新修订的《合伙企业法》正式确立了有限合伙企业的形式，为风险投资企业从实际运作上享受税收优惠、不受资本金以及投资期限约束、清算程序简便、资金安排灵活方面确立了法律基础。

2007年，中国经济立法陆续出台了《中华人民共和国企业所得税法》《中华人民共和国物权法》《中华人民共和国反垄断法》《中华人民共和国劳动合同法》《中华人民共和国就业促进法》，完善了经济运行机制的法制内容。其中，企业所得税法、物权法为风险投资的发展提供了进一步的法律基础。物权法从更广泛的范畴对私人合法财产和利益予以保护。《关于修改〈中华人民共和国企业所得税法〉的决定》及实施条例对这点从税制上予以完善和保障。2007年修订的《中华人民共和国科学技术进步法》提出完善资本市场、建立健全促进自主创新的机制，支持符合条件的高新技术企业利用资本市场推动自身发展。

（四）金融体制改革和金融体系的完善为风险投资发展提供了良好的运行环境

风险投资是一种特殊的投融资机制，建立在现代金融市场的基础上，是金融体系的一部分，是科技创新发展到一定程度和经济发展到一定阶段以及适应经济结构调整需要而产生的新的金融机制。风险投资最早起源于美国，随后其在欧洲、日本以及以色列等经济的发达国家或地区兴起并不断得到扩张的历史，证实了一个完备而发达的金融体系对风险投资发展的积极作用和必要性。

随着经济市场化运动的推进，市场机制在资源配置上的作用越来越大。金融作为经济运行的血液，金融体制的改革势在必行。中国经济体制的改革从根本上说，就是改变经济的运行方式。作为最基本而且是现代经济最重要的生产要素，资本要发挥其最大的资源效益，必须有一个发达的金融市场使其流动起来，从而使资金的供求双方——银行和企业成为金融市场上的理性行为主体。“银行不能只是政府的会计和出纳，企业也不能只是政府的车间”。1979年和1983年，中国农业银行和中国银行、中国工商银行和中国建设银行分别从中国人民银行分设出来，经营商业银行业务兼负政策性银行职能，中国人民银行只履行中央银行的职能。同时，非银行金融机构如中国人民保险公司、中国国际信托投资公司等相继成立。1990年和1991年，上海和深圳证券交易所分别成立，标志着中国股票市场正式开始运行，这为完善中国金融市场体系，尤其是资本市场建设迈出了跨越性的第一步。1992年以后，股票市场迅猛发展。1993年，国家提出建立统一开放、有序竞争、严格管理的金融市场体系目标。中国债券市场和货币市场在不断规范中发展壮大。金融体制改革始终朝着市场化方向前进，商业银行法、保险法、证券法、金融业相关的行业管理条例及部门规章相继出台。2004年深圳证券交易所增设了中小企业板，2009年设立创业板，都直接对风险投资产生非常大的促进作用。

银行业作为金融业的主体，在国民经济发展中的核心作用显著提升，保险业发展迅速，证券行业产业形态相对完整。规范化和法制化的金融市场体系、丰富的金融产品体系、不断健全的金融市场运行体制、现代化的金融市场微观主体都是金融体制改革的产物，又都是风险投资产生与发展必需的备件。我国现代金融体系的建立必将为风险投资孕育适应的成长土壤。

（五）科教兴国战略和活跃的科研活动促进风险投资发展

科技创新发明为风险投资提供投资项目资源，是风险投资存在和发展的基础之一。风险投资出现并繁荣于硅谷，与美国以斯坦福大学为代表的促进源源不断的科技发明体制息息相关。尽管中华人民共和国成立后至改革开放前，我国也很重视科研活动，但主要为政治和军事服务，科技发明都是国家级别的大型项目，保密要求严格、商业化空间有限，民间也不允许有游离于政府控制之外的这类活动。

1985 年，《关于科学技术体制改革的决定》不仅指出现代科学技术是新的社会生产力中最活跃和最具有决定性的因素，还指出科学技术必须为振兴经济服务，需要促进科技成果的商品化、技术市场的开拓等。同时，决定首次提出在中国发展风险投资，为中国的风险投资业打开了大门。1988 年，邓小平同志提出了“科学技术是第一生产力”的论断，进一步促进了科技体制的改革，为科技成果向现实生产力的转化以及高新技术产业化的发展提供了理论依据。1995 年，《关于加速科学技术进步的决定》提出了实现国家强盛的科教兴国战略，提出要增强国家的科技实力及向现实生产力转化的能力。科教兴国战略分为加速科技进步与优先发展教育两个方面。

科技成果产品化和商品化还需要有现实的对科技成果的法律保障。专利技术是科技成果的直接体现。1982 年通过的《中华人民共和国商标法》，开创了中国知识产权立法的先河，1984 年实施《中华人民共和国专利法》，1987 年施行的《中华人民共和国民法通则》第一次以法律形式确认了对著作权、专利权、商标专利权等知识产权的保护。随着科技和经济发展形势的变化，专利制度在技术创新、科技进步中的重要作用进一步凸显，商标法和专利法多次修改。我国知识产权立法进程和实施有力地推动了科技创新活动。立法对科技成果的承认与保护直接推动了我国专利技术的增长。

（六）风险投资的发展亟须政府职能进一步转变

风险投资是对未来的投资，具有很大的不确定性和较强的外部效应，这种不确定性和外部性容易诱致市场失灵，因此政府的调控就显得非常重要。根据国际经验，风险投资业的发展与政府的有效支持是密不可分的，特别是在风险投资业的起步阶段。在风险投资业发展后期，政府的直接政策措施可以逐步减弱，转而进行政策引导和制度支持。政府对风险投资的推动作用，主要表现为建立良好的风险投资环境，如我国政府除了前文所述及的各种努力和所起的积极作用，还体现在对风险投资业直接作用的职能转变上。风险投资的运作机制就是从成功的投资中获取超额利润用以抵补失败项目的损失，所剩的余额便是实际盈利。从整个风险投资组合来看，这种盈利还必须是较高的收益，因为组合投资承担了高风险。这是风险投资内含的补偿和激励机制。这种机制主要体现在风险收益机制的建立、税收优惠、资本来源支持、产业扶持等。

1986 年，全民所有制企业改革启动，简政放权，初步理顺政府在管理国有资产方面的职能，对于后来建立现代企业制度意义重大。1993 年，国家提出要建立适应市场经济要求，产权清晰、权责明确、政企分开、管理科学的现代企业制度，区分政府在市场经济中的调控职能，完善市场经济主体的微观运行机制；用市场规则对企业经营管理的权、责、利进行约束，有利于建立风险收益机制。政府淡出对社会生产成果的分配，不断深化的收入分配制度改革，确立了劳动、资本、技术和管理等生产要素按贡献参与分配的原则。政府对微观经济主体经营管理的直接行政干预的放松，有利于刺激敢于承担风险的人进入风险投资行业。

政府在淡出直接干预的同时，努力营造有利于风险投资发展的政策制度环境。2005年《创业投资企业管理暂行办法》发布后，我国有了创业投资的专门法，这对于我国创业投资的规范发展有着重要作用。我国新企业所得税法奠定了创业企业的税收优惠基础，相关的法规也有创业企业的税收优惠政策规定，这不仅有利于企业快速成长，对于刺激企业加大科研创新投入也意义重大。《关于促进自主创新成果产业化若干政策》要求各级人民政府要通过各种方式加大对自主创新成果产业化的支持，加快发展创业风险投资。2009年，《关于发挥国家高新技术产业开发区作用促进经济平稳较快发展的若干意见》的出台，强化了风险投资的补偿机制。《国家技术创新工程总体实施方案》还提出对企业技术创新提供无偿资助、贷款贴息、风险投资、偿还性资助、政府购买服务等。这些都体现出我国政府在推动风险投资发展方面，已经从直接介入转变为激励机制和制度环境建设。

但是，我国当前的市场和法律环境仍然存在与促进风险投资发展相悖的地方。比如，资金来源就是矛盾比较突出的一个方面，知识产权保护及相关法律法规仍有待进一步的完善。因此，未来我国政府在风险投资业还需要致力于激励政策、法律制度和退出机制等发展环境的构建。

二、中国风险投资机构的组织形式以公司制为主

风险投资属于买方金融范畴，目的在于以投资收益的方式获得高额回报，同时包含融资和投资两个过程，在融资和投资两个过程中分别存在委托代理人问题。风险投资包括三方利益主体：投资者、风险投资家、创业企业家，但是风险投资家的角色和地位不同。对于风险投资而言，融资是第一位的，解决风险投资家和投资者之间的信息不对称是采取何种组织形式的决定因素。目前，在风险投资市场发展成熟的国家，主要有公司制和有限合伙制两种形式。

从企业组织结构形式来看，公司制企业产权易于转让、可以永久存续、股东负有限责任，这有利于企业筹集资金，也使得投资者更易于退出，股东对管理层的约束能力强。因此，公司制企业有更加广泛的社会基础。在风险投资业内，合伙企业都是采取有限合伙制形式，其中至少有一人是一般合伙人。尽管有限合伙制创立成本低，但是由于无限责任、有限存续、产权不易转让等，导致合伙制企业难以凑集资金。合伙制企业更需要合伙双方或者多方的信任基础，否则就会一拍两散，随时终结企业生命。

选择何种企业组织形式，除了筹资的考虑，投资收益也是非常重要的因素。其中税收问题直接影响投资人的投资收益率的高低。目前，世界各国税制比较普遍的规定是，对合伙制企业的收入按照合伙人征收个人所得税，没有企业所得税。公司制企业不仅要负担企业所得税，股东收到股利后还需要缴纳个人所得税。公司制下的投资人税负较

重。按照法人利益的角度来看，公司制下的纳税并不是现在通常所称的“双重纳税”。而合伙制企业的纳税得到了政府从合伙制企业法人形式上对纳税的豁免，是一种税收优惠。因此，对合伙制企业的征税规定实质上造成了同等竞争下的征税不公平。目前，许多国家正在研究这一问题的解决方法。

公司制风险投资机构的组织形式在欧洲风险投资业早期和发展中国家中比较流行，其原因如前文所述，公司制的风险投资公司相对难以解散，这有助于给予潜在投资人以信心，尤其是在风险投资业刚刚起步时。在美国和英国，目前相当部分的风险资本依据《合伙企业法》设立，有限合伙制是美国最主要的风险投资机构组织形式。

目前，公司制是我国风险投资机构的主要组织形式，有限责任公司占有绝对比重。由于缺少成熟风险投资管理人群体的支撑，有限合伙制中一般合伙人承担无限责任的规定还需要建立个人财产制度和信用制度，因此我国风险投资机构的组织形式向有限合伙制转变还需要一个过程。2008 年，179 家风险投资机构中，有限责任公司制占 56.98%，但有限合伙制的风险投资机构比例从 2004 年的 2%增加到 2008 年的 24.58%。这种快速的转变主要得益于合伙企业法的修订内容对有限合伙企业的法律确认。

尽管中国风险投资机构有限合伙制的发展势头正猛，但是从国家政策来看，对有限合伙制的组织形式并非完全鼓励。2009 年颁布的《关于实施创业投资企业所得税优惠问题的通知》，依据的是企业所得税法及其实施条例，而企业所得税法不适用于合伙企业。这表明税收优惠对合伙制风险投资企业不适用，也反映了国家对公司制组织形式风险投资机构的支持。从法律关系上看，有限合伙企业不具备独立的法人资格，否则，就需要承担公司法规定的公司税的一级税负。现行《中华人民共和国证券法》规定：“投资者申请开立账户，必须持有中国公民身份或者中国法人资格的合法证件，国家另有规定的除外”。那么有限合伙企业申请开立证券账户，就存在着法律障碍。目前，中国证券登记结算中心现有的证券账户开户系统，没有设置合伙企业这一主体。这样便造成了合伙制企业上市的障碍，创业板对有限合伙制风险投资机构的拉动效应难以体现。

以我国的情况与美国比较，存在两个比较大的差异。一是我国没有无限责任法律基础。无限责任制在美国非常完善，美国有严格的个人财产登记制度和完善的社会信用制度。普通合伙人之所以负责投资决策，还享受 20%左右的投资净收益，就是因为他承担无限责任制，并负责投资经营责任。而我国没有无限责任制，也没有无限连带责任的约定。二是我国缺乏像美国养老基金、大学和慈善机构等免税实体的机构投资者。20 世纪 70 年代，美国的有限合伙风险企业还占很小的比重，直到“谨慎投资者”条款修改，允许养老基金对小的或新兴企业所发行的证券以及风险投资投入资金。规模庞大的养老基金的进入，改写了美国风险投资资金来源和风险投资机构组织形式。从 20 世纪 80 年代起一直到现在，有限合伙制都是美国典型的风险投资机构组织形式。

第三节　中国风险投资的市场环境特征

风险投资是科技创新转化、资本市场和产权交易市场有机结合的体系，三者的连接需要适宜的市场环境，特别是金融环境，需要一系列配套的市场服务，其中中介机构是最重要的服务组织。此外，还需要丰富的企业家资源和创业文化。这些属于影响风险投资发展的外部环境因素。

风险投资是金融市场体系的一个组成部分，作为一种投融资机制，它在特定的金融环境下运行，受金融体系结构、金融市场发展状况和金融体系运行效率的影响。金融环境对风险投资的影响贯穿风险投资的融资、投资和退出过程。

一、中国风险投资的融资特征

（一）中国风险投资业缺乏成熟、理性的机构投资者参与

风险投资业的最佳资金来源应该包括保险公司、信托投资公司、养老基金和捐赠基金等在内的机构投资者。这些机构投资者资金实力雄厚，资金来源多为长期资金，正好可以满足风险投资的投资期限长、风险高的特点。在西方发达国家，风险投资的资本供给主要来自保险基金、退休基金等长期效益类机构投资者和少数富裕家庭。近年来，中国风险投资尽管得到了起步发展，但由于我国资本市场不够健全，出于对资金安全的考虑，政府对这些机构投资者的资金运作限制较多，与西方风险资本市场相比，资金较缺乏、规模较小，且严重缺乏风险投资主体，能够承受风险的种子资金多掌握在政府手里。

私人权益资本市场是风险资本的主要来源。私人权益资本市场既是对公开资本市场严格管制和高的募资成本约束的突围，是平衡成本和风险、收益的补充产物，也与公开资本市场的发展情况密切相关。公开资本市场萧条时，企业为了寻求新的资金来源往往会转向私人权益资本市场。20 世纪 30 年代和 40 年代，私人权益资本市场在美国的出现正是这种情况。随着两个资本市场的发展，到风险投资出现及成长起来之后，首次公开募股（Initial Public Offerings，IPO）成为风险资本的主要退出途径之一，公开市场的繁荣又成了推动私人权益资本市场的因素。

从美国风险投资成长的经历来看，机构投资者的参与是促使其风险投资业迅速发展的关键因素。机构投资者不仅是美国公开资本市场的主力，也是私募资本市场的主要参与者。1978 年，美国《雇员退休收入保障法》中“谨慎投资人”的条款修改后，养老基金开始涌入风险投资领域，改变了主要由富裕的个人和家庭提供风险资本的状况。包括养老基金在内的机构投资者的参与大大推动了美国风险投资业的发展。1992 年至 1995 年的 4 年中，养老基金的比重稳定在 40%以上，捐赠基金的比例也上升至 20%左右。

中国风险资本的来源渠道与美国大相径庭，缺乏成熟的机构投资者的参与。2016 年风险投资资本来源中仍以政府占主导地位，合计比例为 36. 13%；民营及混合所有制企业资金占比 24. 02%，外资企业占比 4. 42%，金融机构参与程度较低。

（二）融资渠道相对狭窄

由于受金融环境的影响，中国的风险资本来源结构不合理，融资渠道较窄，资金供给不足。金融机构，尤其是机构投资者对风险投资的支持力度非常有限，这是本土风险投资发展的瓶颈。随着社保基金在风险投资领域的松动和解禁，我们可以期待，未来中国风险资本来源渠道和资金供给会变得更加丰富。

中国金融市场分业经营、分业监管的模式不利于风险投资的发展。在以资本市场为主导的美国，风险资金主要来自养老基金，占50%左右，银行、保险、其他基金等资金占30%左右；在以银行为主导的德国，银行资金占风险资本总量的50%以上，非银行金融机构也达10%以上。相比之下，中国风险投资运行在一个以国有商业银行为主的金融环境中，风险资金来源受到多方限制。新兴高新技术企业高风险、缺乏固定资产作为抵押和担保、没有稳定的现金流入等特点，与银行信贷资金注重稳健操作、追求流动性和注重企业偿债能力的要求相背离。而且我国商业银行吸收了国民大部分的储蓄，维护资金安全性关系到整个金融体系的稳定，限制了大量资金流向风险资本市场的可能。

中国的证券市场，仍然存在严重的股权分离问题，阻碍了中国证券市场的发展。2004年，深圳证券交易所增设了中小企业板，在一定程度上促进了中小型企业的资本运作能力。2009年，创业板的推出，使中国证券市场的发展向前迈进了一步，丰富了风险资本的退出渠道，但中国证券市场的先天性制度缺陷使其难以实现中国投融资转换重任。

与西方国家相比，我国保险公司仍不能发挥主要机构投资者的作用，其投资渠道一直受到严格控制，直到2004年才被允许直接投资股票市场，投资方式、投资额度和投资管理都处于摸索阶段，机构投资者的作用还难以发挥，对风险投资领域的参与深度还远远不够。

（三）被动投资者缺乏

在国际上，风险投资的有限合伙人（Limited Partner，即LP，也是投资方）大多数是被动投资者（Passive Investor），他们一般不干预资金管理者普通合伙人（General Partner，即GP，风险投资家）的投资活动。

一般来说，外国风险投资者更习惯于被动投资（Passive Invest），不会过多介入企业的日常经营管理。而中国的本土风险投资者为了保护自己的利益，则倾向于主动进入管理层，在投资之后监测风险企业并参与管理，关注企业的经营发展，参与所投资的风险企业的管理和决策，对企业进行必要的财务监管，同时利用自己的影响力帮助企业成长。这也是外国风险投资者与中国本土风险投资者较为不同的地方。

二、中国风险投资业的市场中介机构与配套服务发展滞后

要实现风险投资的快速发展，需要各类中介机构的辅助。它们主要提供技术支持、专业咨询、建立信息网络、企业战略规划、资产评估等。风险投资发展成熟国家的经验表明，中介机构发达及匹配程度直接影响风险投资的发展。

中介机构能增加信息沟通效果，为风险资本供需双方提供信息来源，增加双方的接触机会，提高资本和项目的匹配机会。同时，中介机构能够有效减少风险资本供需双方

信息不对称问题的程度。斯坦福大学和硅谷就是通过斯坦福研究园区的桥梁将高科技的创新项目和风险资本联系在一起。美国发达的投资银行和财务顾问业务、律师、会计师、信用评级、资产评估，以及专门的技术委员会、技术认定标准委员会等机构和风险投资行会等，为风险投资机构的创业企业、项目和技术的评估及预测工作提供了权威有效的服务，降低了信息不对称的程度，促成了一笔又一笔的风险投资业务。

在实施投资过程中，风险投资机构对创业企业往往采用分期注资形式，以加强对创业企业或项目的控制，对创业企业的管理层形成有效的约束。降低决策失误的投资风险的前提是风险投资机构要定期对企业的前景进行评估和再评估。企业评估，除了风险投资机构自身对创业企业的监控，多渠道搜集信息非常重要。充分获取来自市场和中介机构的信息并进行研究是风险投资机构非常重要的工作，这不仅能够节省获取信息的成本，而且能够得到比自己更为独立、权威的资信，有利于风险投资机构做出客观的评价。

风险资本的退出也离不开中介机构服务。风险资本的退出不仅是风险投资家实现投资收益的关键，也关系到创业企业的未来。风险资本退出的过程是利益在不同相关方之间转移的过程。因此，选择何时、以何种方式退出对风险投资各方至关重要。对创业企业、项目和技术的评估与预测影响了风险投资机构对退出时机的选择，甚至在起初根据上述评估与预测投入风险资本的同时，风险投资家就已经对何时退出有了打算。风险资本退出的主要方式有股权转让、IPO、并购、清算及其他方式。不同的行业、企业、项目和技术，和它们所处的不同发展阶段或环节，以及风险投资利益相关方的利益分配情况，主要决定了退出的方式。退出时机和方式的选择都需要建立在有效的评估和预测，以及把握充分的信息的基础之上，如果没有中介机构的服务，风险资本便很难能够在投资中全身而退。

当前，我国与风险投资相关的中介机构发展和配套服务滞后是制约风险投资发展的重要影响因素。

我国的资本市场不发达，与之相关的服务及配套设施还存在很多缺陷。比如，我国缺乏业务精良、资信度高的会计师事务所，缺乏具有权威性的信用评级机构。证券市场的一系列问题反馈到整个金融市场体现了我国中介机构的专业性不强、从业人员素质不高的问题，影响其服务能力和水平。此外，中介机构发展盲目，对中介服务定位认识不清，屡屡出现忽视职业道德、行业信誉的情况；准入门槛设置没有硬性要求，从业人员素质参差不齐，缺乏经验丰富的核心专业人士，难以达到足够的专业性并赢得权威性；更有甚者，一度出现政府举办中介机构的倾向，行政干预损害了中介机构的独立性。

中介机构发展滞后导致风险投资机构与创业企业和项目之间信息不畅，出现严重的信息不对称现象。资金的供需双方不能有效衔接，风险投资机构缺乏投资资源、创业企业缺乏资金来源，资源不能有效配置，生产不能有效促进，从而使风险投资基本功能的发挥受到抑制。即便实施了风险投资机构和创业企业或项目的对接，风险投资机构在项目投资过程中各类交易成本的上升，也使投资效率和收益受到影响。缺乏权威的专业性的中介机构，导致对高新技术企业、项目的前景预测、定价、风险评估等标准不统一，缺乏说服力。

三、风险投资人才短缺，制约了中国风险投资的发展

风险投资顾名思义，其风险较高，同时因为所涉及的投资领域新等特点，对从业人员的要求也比一般的投资要高。合格的创业投资人才，不仅应当具有一定的技术背景、相应的金融和管理知识，还需要对创业过程有足够的了解，以及投资领域的相关经验等。同时，创业投资也是对人才高度依赖的一个行业，投资项目的成功与否，在很大程度上取决于决策者的分析和判断。由于我国的创业投资发展时间还不是很长，还没有在全社会形成创新创业的氛围，缺乏风险投资人才和创业人才成长的有利外部环境，因此人才十分短缺，并且成为制约创业投资加快发展的一个因素。

风险投资既涉及商业知识，也涉及技术领域的知识。风险投资家需要懂得商业经营管理之道，也要对高新技术产业的专业知识有了解。风险投资家的作用是支持创业企业的成长和帮助风险资本投机实现盈利。有了资金和项目，但缺乏专业人员去管理或者管理不当，便会造成项目成功率不高，投资回报率低的结果。这会对投资者（风险资本持有人）产生逆向选择，使得风险资本对风险投资失去兴趣，最终会出现大家都不希望出现的均衡—风险投资市场的萎缩。

我国风险投资产业起步比较晚，加上对跨行业人才培训的不够，具备技术和管理两方面知识的风险投资人才便相对缺乏，风险投资在中国形成规模以来，从事风险投资事业的主要是曾经在外国和境内外风险投资机构工作过或学习过的人员，他们为中国风险投资业起步和成长阶段的发展发挥了积极的作用。尽管在培养本土风险投资人才方面已经有了成效，本土人才在风险投资业的比重逐渐增加，但是由于风险投资人才总量的匮乏，而且缺乏具有强带动能力的合格风险投资家，难以发挥核心的传递效应。

按照成思危对合格风险投资人才的描述，合格的风险投资家需要具备五种素质：一是具有事业心、责任感和敏锐的商业直觉；二是要有丰富的待人处世经验；三是要熟悉有关的金融、管理、法律知识；四是有一个或一个以上的技术背景；五是与中国的金融界、法律界等保持良好关系。就美国的经验来看，风险投资家多是以前的高科技创业者，他们创业成功后转变成风险投资家，对投资公司的筛选和管理有很多实践经验。而我国绝大多数高科技企业还处于创业起步阶段，尽管市场也培育了不少经历风雨洗礼的企业家，但仍然缺少能与创业家合作、有眼光、高素质的风险投资人才，投资经理人市场也远未形成。

四、中国风险投资退出渠道不健全，退出方式不平衡

退出是风险投资的最后阶段，成功的退出是风险投资者获得有保障的收益的重要环节。对风险投资的退出方式和退出时机的选择，一方面受前面几个阶段投资行为的影响，另一方面会对新一轮资本筹集产生影响。

中国的风险投资在法律法规、内部和外部宏观经济环境等方面的特殊性导致了退出渠道的特殊性。从国际经验来看，风险投资项目的退出主要通过兼并收购方式实现，其次是通过 IPO 方式，然后是股票赎回、管理层收购和清算等其他方式。根据统计数据显示，2016 年中国风险投资全年共有 583 笔退出交易，披露了其退出方式。按照退出渠道划分，风险投资的企业中共有 101 个项目通过 IPO 方式退出，并购交易仍然是退出的主要渠道，退出项目数达到 173 项，占比 29.68%。此外，2016 年项目退出行情总体偏

弱，回购占比与清算占比较之前有所增加。

长期来看，IPO 退出方式较兼并占优势。与非风险投资支持上市相比，风险投资支持的上市企业总体盈利能力较强，风险投资支持在中小企业板上市的企业业绩表现良好，刺激中小企业寻求风险投资的支持，通过中小企业板和创业板上市方式完成最终融资计划。同时，好的业绩表现进一步刺激风险投资机构通过创业板和中小企业板完成上市退出计划。2009 年创业板市场正式推出，风险投资多了一个主要退出渠道。从美、英、日、韩等国的经验看，创业板的推出都会带来本国风险投资行业的蓬勃发展。中国的兼并收购市场受制于国内资本市场还不够发达完备，以及自身还存在法律和政策上的缺陷，发展速度缓慢。未来一段时期，兼并收购还难以成为风险投资退出的主要方式。没有完善的兼并收购市场、没有合理的定价机制，创业企业的兼并收购行为必然受到影响。中国的证券公司规模普遍偏小，业务结构不平衡，影响了开展兼并收购业务的能力。中国证券公司直接投资、兼并收购财务顾问等业务还没有有效开展，这也制约了风险投资市场的兼并收购的发展。

课后阅读

中国应重视风险投资行业

——Dixon Doll 在“2005 中国风险投资论坛”发表的主题演讲内容

为什么要发展风险投资业？发展风险投资对经济建设有什么作用？这个案例将通过 2000—2003 年美国风险投资公司创造财富和就业机会的数据来分析风险投资对国家经济发展所发挥的重要促进作用。同时，DCM Doll 资产管理公司在中国风险投资市场上从事了一些投资活动，也有一些成功的经验。通过在中国多年的投资实践，我们发现，中国风险投资市场存在诸如缺乏管理人才、政策限制、本土风险投资公司不成熟等问题。中国政府应高度重视中国风险投资行业，以推动中国经济健康快速发展。

首先介绍一下 Doll 公司。它管理着 10 亿美元资金，主要投资于种子期公司，也投资于上市准备期公司。它是首批在中国投资的美国公司之一，1999 年开始投资 51Job 公司，并于 2000 年初成功退出。现在与联想投资公司结成战略伙伴关系，有 10 个合作项目。在中国，Doll 公司有专门服务中国市场的员工，其中有 10 个是全职员工。Doll 公司对服务、通信、软件、半导体、多媒体设备等产业非常感兴趣，希望在硅谷和中国之间搭建一座桥梁，为中国培养一批企业家。

一、风险投资对经济发展有重要的促进作用

现在主要谈一下为什么要发展风险投资业？发展风险投资业对促进经济发展有什么重要意义？2000—2003 年是美国历史上的经济萧条时期。但在此期间，风险投资创造的工作岗位增加了 60 万个，销售收入增加了 2 000 多亿美元。从表中还可以看到，2003 年，美国风险投资公司创造的工作机会比 2000 年增加了 6.5%，创造的财富增加了 12%。由此可见，美国风险投资对其经济发展发挥了重要的促进作用。

此外，美国风险投资公司还向一些小公司，特别是科技型小公司的R&D部门投入了大量风险资本，帮助它们成长。Doll公司的大量资金就投向了公司的R&D部门。我个人认为，在这方面，风险投资公司做得要比很多大公司好。

二、Doll公司在中国市场上的投资情况

Doll公司在中国市场上很活跃，成功地投资了9个公司，主要有51Job公司、尚阳科技、Yilong Media、Vimicro、UUME、SMIC等公司，其中51Job等几家公司已成功上市。

Doll公司投资的一个重要战略步骤是调查合作伙伴，了解他们的情况然后进行下一步的规划和工作。Doll公司在与联想投资合作之前，彼此都进行了深入调查，现在合作非常愉快，项目运作良好，相互之间非常信任，沟通也十分顺畅。这种合作伙伴关系无论对Doll公司还是联想公司都是十分有益的。目前Doll公司正在推出IPO服务，这对中国风险投资公司来说应该是非常有诱惑力的。

三、中国风险投资存在的问题和建议

中国风险投资市场存在一些重大问题。一是缺少高层管理人才，尤其是CEO，甚至有些公司因此不得不把公司卖到国外。二是中国公司在美国上市会受到很多方面的限制，如法律法规的限制。其中，最大的困难是难以找到独立董事，同时在流程方面也受到不少制约。要解决这些问题，需要花很多时间，但又必须解决这些问题，否则可能会带来许多麻烦。因此，如果要创立公司，并且打算让它上市，那么在创立之初，就需要一批人才，需要设置外部董事；另外，还要避免市场风险，很多人可能不太关心这一点，但其实办法很多，比如业务外包到美国或香港都可以做到。三是中国风险投资资金问题。去年有12.7亿美元风险投资资金投到了中国。中国的风险投资资金，大约45%来自美国，30%来自其他国际风险投资公司，可以说75%的资金都来自国外，来自中国本土的风险资金比例非常小。

另外，中国风险投资有没有泡沫？如果有，应该怎样解决？中国企业同美国硅谷企业相比，在企业家精神方面是相似的，甚至中国公司似乎比硅谷公司更好。现在的中国，创新型人才不断增加，新公司不断崛起，获得资金的渠道越来越宽。但中国企业与硅谷企业之间还有差距，中国还没有成熟的风险投资公司，同时还存在诸如资金流动性等一系列复杂问题。所有这些问题都需要解决，只有这样，风险投资行业才能强大、成熟。中国公司目前的情况与2000年美国硅谷的公司有一些相似，当时企业家精神高涨，而实际上他们是不够成熟的。

两星期前，中国财政部的一位先生去斯坦福大学访问，他提到中国经济改革正在有序进行，中国正在进行国有企业、社会保障体系、组织和税收制度等几方面的改革，但他认为市场改革还不是中国政府的工作重点之一。我们建议中国政府重视风险投资产业，因为它对中国经济发展以及很多方面问题的解决都十分重要。高盛公司一位曾经做过中国政府顾问的高层管理人员说，目前中国公司很多资金来源于银行贷款，而通过这种渠道是远远不够的。实际上中国有很多产业，特别是零售业及其他一些相关行业，如果通过风险投资和银行贷款等多种渠道进行融资，它们的发展可能会更好。

附录

附录一　有限制合伙协议样本

××投资基金（有限合伙）合伙协议书

第一章　总则

第一条　根据《中华人民共和国合伙企业法》（以下简称《合伙企业法》）及有关法律、行政法规、规章的有关规定，经协商一致订立本协议。

第二条　本合伙企业为有限合伙企业，是根据协议自愿组成的共同经济体。全体合伙人愿意遵守中国国家有关法律、法规、规章。依法纳税，守法经营。

第三条　本协议条款与法律、行政法规、规章不符的，以法律、行政法规、规章的规定为准。

第四条　本协议经全体合伙人签名、盖章后生效。合伙人按照本协议享有权利，履行义务。

第二章　合伙企业的名称和主要经营场所的地点

第五条　合伙企业名称：重庆××基金合伙企业（有限合伙）。

第六条　企业经营场所：重庆市江北区__________________。

第三章　合伙目的和合伙经营范围及合伙期限

第七条　合伙目的：保护全体合伙人的合伙权益，通过直接股权投资等经营手段获取投资收益。

第八条　合伙经营范围：从事对未上市公司的股权投资。

第九条　合伙期限：自成立之日起三年。上述期限自合伙企业的营业执照签发之日起计算。全体合伙人一致同意后，可以延长或缩短上述合伙期限。

第四章　合伙人的姓名或名称、住所

第十条　本合伙企业的合伙人共______人，其中普通合伙人为 1 人，有限合伙人为______人。未经全体合伙人一致同意，不得增加普通合伙人数量。各合伙人名称及其住所等基本情况如下：

（一）普通合伙人

1. 北京××投资基金管理有限公司

住所：________________________；

证件名称：营业执照；

证件号码：________________________。

（二）有限合伙人

1. ____________________________公司

住所（址）：________________________；

证件名称：________________________；

证件号码：________________________。

2. ____________________________公司

……

3. ____________________________公司

住所（址）：________________________；

证件名称：________________________；

证件号码：________________________。

第十一条　经全体合伙人一致同意，普通合伙人可以转变为有限合伙人，或者有限合伙人可以转变为普通合伙人，但须保证合伙企业至少有一名普通合伙人。

有限合伙人转变为普通合伙人的，对其作为有限合伙人期间合伙企业发生的债务承担无限连带责任。普通合伙人转变为有限合伙人的，对其作为普通合伙人期间合伙企业发生的债务承担无限连带责任。

第五章　合伙人的出资方式、数额和缴付期限

第十二条　本合伙企业总出资额为人民币 50 000 万元。

第十三条　合伙人的出资方式、数额和缴付期限：

（一）普通合伙人的出资情况

北京××投资基金管理有限公司：

以货币方式认缴出资人民币 500 万元，占合伙企业总出资额的 1%。首期出资额为人民币 100 万元（占其全部认缴出资额的 20%），首期出资应当自本协议签订后 7 个工作日内缴纳；认缴的其余出资应在本合伙企业营业执照签发之日起______年内交足。

（二）有限合伙人的出资情况

1. ________________公司

以货币方式认缴出资人民币_____万元，占合伙企业总出资额的_____%。首期出资额为人民币_____元（占其全部认缴出资额的20%），首期出资应当自本协议签订后7个工作日内缴纳；认缴的其余出资应在本合伙企业营业执照签发之日起_____年内缴足。

2. ________________公司

……

3. ________________公司

……

第六章　利润分配、亏损分担方式

第十四条　合伙企业的利润分配，由合伙人按如下方式分配：

（一）合伙企业利润分配，是指将合伙企业的净收益根据各合伙人的出资比例进行分配。本合伙企业的净收益是合伙企业收益扣除按本协议规定和全体合伙人一致同意支付或提取的费用后得出的余额。合伙企业的利润归全体合伙人享有，由全体合伙人按照利润分配时各合伙人实缴的出资比例分配。

（二）利润分配时间：本合伙企业对年度已实现的利润（包括相应的投资成本）全部进行分配，每年度分配一次利润；如果2/3以上合伙人表决通过后，可以在其他时间进行分配。合伙企业对上述投资成本进行分配时，由于将导致合伙人对合伙企业出资数额的减少，应当在分配后30日内依法申办工商变更登记。

（三）利润分配转增出资：普通合伙人只能直接接受本合伙企业向其分配的利润，不得将本合伙企业向其分配的利润转增为对本合伙企业的出资，除非全体合伙人一致同意；有限合伙人可以直接接受本合伙企业向其分配的利润或者经过2/3以上的合伙人同意后，将本合伙企业向其分配的利润转增为对本合伙企业的出资。有限合伙人将其税后利润转增为出资的，应当在合伙企业利润分配结束之日起15日内办理工商变更登记，对其本合伙企业的出资自工商变更登记完成之日起相应增加。

（四）合伙人违反本协议的约定未按期缴纳出资的，合伙企业在向其分配利润和投资成本时，有权扣除其逾期交付的出资、违约金等费用。如果其应分配的利润和投资成本不足以补足上述款项的，合伙人应当补缴出资并补交上述费用。

第十五条　合伙企业每年度初提取全体合伙人已经实缴出资总额的2%用于支付资产管理公司的员工工资、办公室租金、差旅费、律师费、会计服务费等各项费用（以下简称“管理费”）。管理费在每年度初的最初30日向资产管理公司支付。如果全体合伙人实缴的出资总额在年度中增加的，按新增出资的2%补充提取管理费。补充提取的管理费在实缴出资增加后30日内向资产管理公司支付。

第十六条　本合伙企业的亏损按如下方式分担：由全体合伙人（包括普通合伙人和有限合伙人）按照合伙人认缴的出资比例分担。

第七章 合伙事务的执行

第十七条 本合伙企业由普通合伙人执行合伙事务。执行合伙事务的合伙人（以下简称“执行合伙人”）对外代表合伙企业。

第十八条 全体合伙人对本合伙企业事务的执行以及执行合伙人的选择产生方式等事项约定如下：

（一）由普通合伙人北京××投资基金管理有限公司担任执行合伙人，代表本合伙企业执行合伙事务。合伙企业向普通合伙人支付投资收益分成，其标准为合伙企业年度可分配利润的20%。投资收益分成在合伙企业向各合伙人分配利润时支付。

（二）有限合伙人有权对合伙企业的经营管理提出建议。执行合伙人执行下列事物必须按照如下方式处理：

（1）对于拟投资的项目，必须经全体合伙人一致批准成立的投资决策委员会（投资决策委员会的组成、职权等遵照本协议第二十九条）表决通过后，执行合伙人方可进行投资。

（2）除法律、法规和本协议另有规定外，合伙企业进行与投资项目相关的对外划款、转账均应按照投资决策委员会的决定办理。

（三）不参加执行事务的合伙人有权监督执行合伙人执行合伙事务，检查其执行合伙企业事务的情况。

（四）执行合伙人不按照本协议或者全体合伙人的决定执行事务的，其他合伙人有权督促执行合伙人更正。

（五）执行合伙人北京××投资基金管理有限公司委派______担任执行合伙事务的代表，______的身份证号码为____________；住址为____________。执行合伙人有权变更委派代表。执行合伙人变更委派代表后，应当在变更后15日内通知其他合伙人。

第十九条 执行合伙人权限：

（一）执行合伙人企业日常事务，办理合伙企业经营过程中相关审批手续。

（二）代表合伙企业与资产管理公司签订资产管理协议，由资产管理公司对合伙企业的资产进行管理。

（三）代表合伙企业与资金托管银行签署资金托管协议。

（四）代表合伙企业签订其他合作协议，负责协议的履行。

（五）代表合伙企业对各类股权投资项目进行管理，包括但不限于负责合伙企业的投资项目筛选、调查及项目管理等事务。

（六）代表合伙企业处理、解决合伙企业涉及的各种争议和纠纷。

（七）其他。

第二十条 经全体合伙人一致通过，可以变更执行合伙人，但新任执行合伙人必须是普通合伙人。

第二十一条 不执行合伙事务的合伙人有权监督执行合伙人执行合伙事务的情况，有权监督合伙企业的资金及账户，包括有权聘请外部审计单位对合伙企业的财务状况和经营成果进行审计，相关费用由该不执行合伙事务的合伙人自行承担。

执行合伙人应当按季度向其他合伙人报告事务执行情况以及合伙企业的财务状况和经营成果，其执行合伙事务所产生的收益归全体合伙人，所产生的费用和亏损由全体合伙人承租。

第二十二条　合伙人按照合伙人会议的有关规定对合伙企业有关事项做出决议，实行合伙人一人一票并经全体合伙人过半数通过的表决办法，但法律另有规定或本协议另有约定的除外。

第二十三条　合伙企业事项的处理方式：

（一）除本协议另有规定外，合伙企业的下列事项应当经合伙人会议中全体合伙人一致同意：

1. 改变合伙企业的名称。

2. 改变合伙企业的经营范围、主要经营场所的地点。

3. 决定和聘任投资决策委员会的成员，决定投资决策委员会成员的报酬，修改投资决策委员会的职权和工作程序。

4. 增加或减少合伙企业的合伙人。

5. 以合伙企业名义为他人提供担保。

6. 合伙人增加或者减少对合伙企业的出资。

7. 修订本协议。

8. 更换执行合伙人。

（二）本合伙企业的下列事项无须经合伙人会议中全体合伙人一致同意，该等事项按照本协议第二十九条的规定办理：

1. 处分合伙企业的不动产。

2. 转让或者处分合伙企业的知识产权和其他财产权利。

3. 聘任合伙人以外的人担任合伙企业的经营管理人员。

（三）合伙企业的下列事项应当经合伙人会议中 2/3 以上合伙人表决同意：

1. 超出合伙企业投资预定计划投资的。

2. 其他。

第二十四条　有限合伙人不执行合伙事务，但法律另有规定不属于执行合伙事务的行为除外，有限合伙人不得对外代表合伙企业。

第二十五条　普通合伙人不得自营或者同他人合作经营与本企业相竞争的业务；有限合伙人可以自营或者同他人合作经营与本合伙企业相竞争的业务。

除非经全体合伙人一致同意外，普通合伙人不得同本合伙企业进行交易。有限合伙人可以同本合伙企业进行交易。

第二十六条　执行合伙人、执行合伙人关联企业不得同本合伙企业的投资项目或投资企业进行直接投资，亦不得通过其他变通方式对该项目进行决策。

第二十七条　本合伙企业设立合伙人会议，合伙人会议按照相关法律、法规规定和本协议约定行使权力和履行义务。合伙人会议由全体合伙人组成。合伙人会议根据相关法律、法规的规定和本协议约定对本合伙企业事项做出决议。

第二十八条　合伙人会议分为定期会议和临时会议，由执行合伙人负责召集和主持。召开合伙人会议，应当提前7日通知全体合伙人。定期会议每季度召开一次。执行合伙人、投资决策委员会、1/3以上合伙人可以提议召开临时会议。

第二十九条　本合伙企业设立投资决策委员会，投资决策委员会按照本协议约定行使权力和履行义务。投资决策委员会由7名委员组成，其中由有限合伙人选举3名委员，由资产管理公司委派2名委员，其余2名委员由合伙企业选聘外聘投资专家担任（外聘投资专家应具备会计专业或法律专业知识的背景）。投资决策委员会的组成人员应由全体合伙人一致同意后决定和聘任。

投资决策委员会的决议职权范围包括：

1. 处分合伙企业的不动产。

2. 转让或者处分合伙企业的知识产权和其他财产权利。

3. 聘任合伙人以外的人担任合伙企业的经营管理人员。

4. 制定合伙企业利润分配方案。

5. 决定合伙企业资金的划转。

6. 选择确定投资项目，对资产管理公司提交的投资方案进行表决。

7. 其他。

投资决策委员会的工作程序如下：

1. 投资决策委员会按照一人一票的方式对合伙企业的事项做出决议。除本协议另有约定外，投资决策委员会做出决议应取得超过半数的委员通过。

2. 投资决策委员会每季度召开一次会议，由执行合伙人负责召集和主持。执行合伙人可以提议召开临时会议。

3. 投资决策委员会对合伙企业的事项做出决议后，由执行合伙人负责执行，包括由执行合伙人向资产管理公司、托管银行等单位传送投资决策委员会的决议。

4. 其他。

第八章　资金托管

第三十条　合伙企业成立后，委托托管银行进行资金托管，由托管银行根据合伙企业的决定划转合伙企业资金，通过托管银行对资金的管理以确保合伙企业资金的安全。合伙企业向托管银行支付托管费用。托管银行由执行合伙人选择确定。具体的托管办法和条件以合伙企业成立后与托管银行签订资金托管协议为准。

第三十一条　全体合伙人应将其对合伙企业的出资转入本合伙企业在托管银行开立的账户。合伙人将其资金转入上述账户后，视为其已缴纳对本合伙企业认缴的该部分出资。

第三十二条　资金托管的具体规定。（略）

第九章　入伙与退伙

第三十三条　新合伙人入伙，应依法订立书面入伙协议。订立入伙协议时，原合伙人应当向新合伙人如实告知原合伙企业的财务状况和经营成果。入伙的新合伙人与原合伙人享有同等权利，承担同等责任。新入伙的有限合伙人对入伙前合伙企业的债务以其认缴的出资额为限承担责任。新入伙的普通合伙人对入伙前合伙企业债务承担无限连带责任。

第三十四条　有下列情形之一的，合伙人可以退伙：

1. 本协议约定的退伙事由出现。

2. 经全体合伙人一致同意。

3. 发生合伙人难以继续参加合伙的事由。

4. 其他合伙人严重违反本协议约定的义务。

5. 合伙企业累计亏损超过总出资额 50%时，有限合伙人可以退伙。

有限合伙人退伙应当提前 30 日通知其他合伙人。擅自退伙的，应当赔偿由此给其他合伙人造成的损失。

除非发生不可抗力原因或进入解散、清算程序，普通合伙人不得拆伙。

第三十五条　合伙人有下列情形之一的，经其他合伙人一致同意，可以决议将其除名：

1. 未按照本协议履行出资义务。

2. 因故意或者重大过失给合伙企业造成重大损失。

3. 执行合伙事务时有不正当行为。

4. 发生本协议约定的事由。

合伙人存在上述情形的，还应当赔偿由此给其他合伙人造成的损失。

对合伙人的除名决议应当书面通知被除名人。被除名人对除名决议有异议的，可以自接到除名通知之日起 30 日内，根据本协议有关争议解决的规定解决。

第三十六条　普通合伙人退伙后，对基于其退伙前的原因发生的合伙企业债务，承担无限连带责任；退伙时，合伙企业财产少于合伙企业债务的，该退伙人应当依照本协议第十六条的规定分担亏损。有限合伙人退伙后，对基于其退伙前的原因发生的本合伙企业债务，以其退伙时从本合伙企业中取回的财产承担责任。

第三十七条　作为有限合伙人的自然人死亡、被依法宣告死亡或者作为有限合伙人的法人及其他组织终止时，其继承人或者权利承受人可以依法取得该有限合伙人在有限合伙企业中的资格。

合伙人向本合伙企业的其他合伙人转让出资份额，应当在 30 日内通知其他全部合伙人，并在 30 日内办理工商变更登记。合伙人向本合伙企业以外的人转让出资份额，应当取得其他合伙人过半数通过。经合伙人同意转让的出资份额，在同等条件下，其他合伙人有优先购买权。

第三十八条　合伙人退伙或被除名的，由会计师事务所对该名合伙人退伙或被除名时合伙企业的净资产进行评估。对于评估后的合伙企业的净资产按照该名合伙人在合伙企业的出资比例予以退还。承担资产评估工作的会计师事务所由执行合伙人与其签订评估协议。评估费用由退伙或被除名的合伙人承担。合伙人退伙时其在合伙企业中的财产份额以货币方式退还，但全体合伙人一致同意的除外。合伙人退伙或者被除名时，对其他合伙人负有赔偿责任的，其他合伙人有权在向其退还财产之前扣除相应的应赔偿的款项。

第十章　保密规定

第三十九条　本合伙企业相关的所有文件，包括但不限于合伙企业与他人签订的协议、合伙企业的项目投资计划、财务会计报告等，均属于合伙企业的机密资料。任何人不得对外公开，或者基于与执行合伙企业相关事务无关的目的使用该等文件。

第四十条　除依法应当公开的信息或者根据司法程序的规定应当向有关机构提供的信息之外，任何人均不得通过正式和非正式的途径向外披露合伙企业相关信息、合伙企业投资的项目情况等任何信息。拟公开披露的信息在公开披露之前应予以保密，不得向他人泄露。

第十一章　争议解决办法

第四十一条　各合伙人履行本协议发生的争议，应通过协商或者调解解决。合伙人不愿通过协商、调解解决或者协商、调解不成的，按照如下规定处理：因本协议引起的或与本协议有关的任何争议，均提请北京仲裁委员会按照该会仲裁规则进行仲裁。仲裁裁决是终局的，对本协议各方均有约束力。

第十二章　合伙企业的解散与清算

第四十二条　合伙企业有下列情形之一的，应当解散：

1. 合伙期限届满，合伙人决定不再经营。
2. 本协议约定的解散事由出现。
3. 全体合伙人决定解散。
4. 合伙人已不具备法定人数满 30 天。
5. 本协议约定的合伙目的已经实现或者无法实现。
6. 依法被吊销营业执照、责令关闭或者被撤销。
7. 法律、行政法规规定的其他原因。

第四十三条　合伙企业清算办法应当按《合伙企业法》的规定进行清算。

企业解散后，由清算人对合伙企业的财产债权、债务进行清理和结算，处理所有尚未了结的事务，还应当通知和公告债权人。清算人由全体合伙人担任；经全体合伙人过半数同意，可以自合伙企业解散事由出现后 15 日内指定一个或者数个合伙人，或者委托第三人担任清算人。

清算人主要职责如下：

1. 清理合伙企业财产，分别编制资产负债表和财产清单。
2. 处理与清算有关的合伙企业未了结的事务。
3. 清缴所欠税款。
4. 清理债权、债务。
5. 处理合伙企业清偿债务后的剩余财产。
6. 代表企业参加诉讼或仲裁活动。

清算期间，合伙企业存续，不得开展与清算无关的经营活动。

合伙企业财产在支付清算费用和职工工资、社会保险费用、法定补偿金以及缴纳所欠税款、清偿债务后的剩余财产，按照各合伙人的出资比例进行分配。

第四十四条　清算结束后，清算人应当编制清算报告，经全体合伙人签名、盖章后，在15日内向企业登记机关报送清算报告，申请办理合伙企业注销登记。

第十三章　通知

第四十五条　通知及通知的送达。

（一）本协议履行过程中，所有相关的通知都要通过传真、特快专递进行传送。各合伙人之间、本合伙企业与各合伙人之间的通知和通信应当被送往详细注明的地址和传真号码。

本合伙企业和各合伙人的联系方式如下：

（1）重庆××投资基金（有限合伙）

地址：重庆市江北区____________

收件人：______________________；

邮编：________________________；

传真号码：____________________。

（2）北京××投资基金管理有限公司

地址：________________________；

收件人：______________________；

邮编：________________________；

传真号码：____________________。

（3）其他合伙人的联系方式

……

（二）为了确保能够随时顺利通信，任何一方可以以传真发送或者以特快专递的方式，将其地址、传真号码的任何变化通报合伙企业和全体合伙人。

（三）任何一份通知或者通信在如下情况下应当被视为已经送达：在发送传真的情况下，在传送当日视为已经送达（如果传送的日期在收件的地区不是营业日，应当视为在下一个开始营业日送达，送达的证据应当是收到的传真确认单）；如果传送特快专递邮件，当邮政特快专递的送信人亲自将邮件传送给收件人时视为送达。

第十四章　不可抗力

第四十六条　不可抗力。

（一）如果本协议任何一方因受不可抗力事件影响而未能履行其在本协议下的全部或部分义务，该义务的履行在不可抗力事件妨碍其履行期间应予中止。

（二）声称受到不可抗力事件影响的一方应尽可能通过书面形式在不可抗力事件发生后15日内向其他合伙人提供关于此种不可抗力事件及其持续时间的适当证据及协议不能履行或者需要延期履行的书面资料。声称不可抗力事件导致其对本协议的履行在客观上成为不可能或不实际的一方，有责任尽一切合理的努力消除或减轻不可抗力事件的影响。

（三）不可抗力事件发生时，各合伙人应立即通过友好协商决定如何执行本协议。不可抗力事件或其影响终止或消除后，全体合伙人须立即恢复履行各自在本协议项下的各项义务。如不可抗力及其影响无法终止或消除而致使协议任何一方丧失继续履行协议的能力，则全体合伙人可协商解除协议或暂时延迟协议的履行，且遭遇不可抗力一方无须为此承担责任。当事人迟延履行后发生不可抗力的，不能免除责任。

（四）本协议所称“不可抗力”是指受影响一方不能合理控制的，无法预料或即使可预料到也不可避免且无法克服，并于本协议签订日之后出现的，使该方对本协议全部或部分内容的履行在客观上成为不可能或不实际的任何事件。此等事件包括但不限于自然灾害如水灾、火灾、旱灾、台风、地震，以及社会事件如战争（不论曾是否宣战）、动乱、罢工，政府行为或法律规定等。

第十五章　违约责任

第四十七条　合伙人违反本协议的，应当依法承担违约责任。

第四十八条　执行合伙人违反本协议的规定，给其他合伙人造成损失的，应当赔偿其他合伙人的损关。

第四十九条　合伙人逾期缴纳其认缴的出资，每逾期 1 日，应当向其他合伙人支付千分之四的违约金，并承担补缴义务；逾期超过 180 日的，其他合伙人有权将其除名。

第十六章　其他事项

第五十条　本合伙企业的投资项目限制：

1. 本合伙企业不得投资本协议约定的经营范围之外的投资项目。

2. 本合伙企业不得投资于承担无限责任的企业。

3. 本合伙企业不得进行中国境内外的二级证券市场投资。

4. 本合伙企业不得投资其他风险投资基金。

5. 本合伙企业对一个项目的投资总额不得超过人民币______元，但全体合伙人一致同意的除外。

第五十一条　本合伙企业中的外商出资比例不得超过 25%。

第五十二条　执行合伙人不得将其对合伙企业的出资和财产份额处置或转让。

第五十三条　未经其他合伙人过半数同意，有限合伙人不得将其在合伙企业中的财产份额处置。

第五十四条　本协议一式____份，合伙人各持一份，并报合伙企业登记机关一份。每份具有同等法律效力。

第五十五条　本协议附件为本协议不可分割的组成部分，与本协议具有同等法律效力。

第五十六条　本协议未约定或者约定不明确的事项，由合伙人协商决定；各合伙人协商后，可以签订补充协议，补充协议与本协议具有同等法律效力。协商不成的，依照法律、行政法规的规定处理。

第五十七条　本协议在履行过程中，如果国家或地方颁布新的有关法律法规或修订相关规定，本协议按照新的法律法规的规定进行修订，如果出现冲突、争议或者分歧，应当按照公平原则处理。

全体合伙人签名、盖章：

日期：　　年　　月　　日

附录二 投资意向书范本

投资意向书

甲方（投资机构）：________________

地址：________________

电话：________________

乙方（项目企业）：________________

地址：________________

电话：________________

鉴于：

乙方承诺为此次投资事宜而向甲方所提供的一切书面材料及传达的信息内容真实、无误。乙方就此次接受甲方投资得到了其股东会的同意。甲方作为专业的创业投资机构，将通过其自身平台在融资、引进战略资本等方面为乙方提供后续增值服务。

为发挥甲、乙双方各自的优势，双方经充分协商，就甲方增资扩股事宜达成如下协议：

一、投资方案

1. 投资方式：甲方对乙方进行增资扩股。

2. 投资金额：______万元人民币（约占______的股份，甲方对乙方的投资股权比例以最终双方投资协议为准）。

3. 投资后，甲方将按《中华人民共和国公司法》和乙方公司章程的有关规定享有股东权利。

二、投资时限

甲方将按照投资工作程序开展尽职调查、投资决策等工作，并在自本协议签字之日起2个月内完成，以确定双方是否签订正式投资协议。

三、投资方式

本投资意向不具有排他性，甲方可以单独完成本次投资，也可以与其他第三投资方共同完成对乙方的投资。甲方以现金形式投资，采取分期缴款方式。

四、投资的前提条件

甲方组织对乙方的法律、公司业务和财务等方面尽职调查乙方是否符合甲方投资要求；根据乙方公司章程的规定，乙方接受本次投资应征得乙方其他股东的同意；投资方案最后得到甲方投资决策委员会的批准；甲、乙双方最后签订投资合同。

五、投资准备工作

乙方配合甲方完成尽职调查工作；乙方及时完整地披露公司重大事项或有风险等有关信息；乙方接受甲方委托的会计师事务所、律师事务所等中介机构的相关审计调查。

六、保密约定

在甲、乙双方认可（或否决）投资许诺之前，双方及其代理人负有保密义务，一方不得在未经其他方书面或口头许可的情况下擅自对外泄露谈判内容和进展及本意向书。如果现行法律或法院认为确实有必要，披露信息的一方在此情况下需预先通知其他方并尽可能把披露内容限制在最小范围内。

七、免责声明

甲、乙双方均放弃基于投资意向而向法院起诉的企图和权力。

八、无约束力声明

本投资意向书不是甲方的投资许诺书。正式的投资承诺必须在签订合同之后才能生效。

九、适用法律

本投资意向书适用中华人民共和国法律。

十、其他

本投资意向书自甲、乙双方签字、盖章之日起生效。

本投资意向书一式两份，甲、乙双方各执一份。

附录三　保密协议范本

保密协议

甲方：________________________

（项目企业）

乙方：________________________

（投资机构）

鉴于，乙方将为__________项目（简称“本项目”）进行尽职调查，甲方将向乙方提供本项目的相关资料和信息，包括业务、财务、客户、产品等资料和信息，双方经友好协商，达成保密协议（简称“本协议”）如下：

第一条　保密信息

乙方同意，对以下信息严加保密：

1. 有关本项目进行谈判和相关协议的存在、性质及条款，甲方的业务信息、财务信息、经营信息、客户信息、技术信息、商业秘密等（简称“保密信息”）无论是有形的、无形的，书面的、口头的，现在的、将来的，本协议签订之前还是之后获得的。

2. 下列信息不应被视为保密信息：

（1）根据法律法规应当披露的信息。

（2）乙方在甲方提供前基于非保密条件取得的信息。

（3）为实现本项目合作目的而必须披露或使用的信息。

（4）因本协议及本项目合作导致的司法程序而必须披露或使用的信息。

（5）乙方从公开途径获得的信息（因违反本协议造成的情况除外）。

（6）甲方书面同意乙方披露或使用的信息等。

第二条　保密义务人

乙方及乙方为尽职调查指派的律师、相关工作人员均为本协议约定的保密义务人。

第三条　保密义务

1. 经甲方书面同意，乙方不得对外披露或使用保密信息。

2. 乙方应采取适当的措施，限制接触保密信息的人员范围，并避免可能接触的其他人员做出非经授权的披露或使用。

3. 乙方如发现保密信息被泄露，应当及时采取有效措施防止泄密进一步扩大并及时向甲方报告。履行本款义务并不影响乙方承担违约责任。

第四条　保密信息的所有权

甲、乙双方一致同意，保密信息是甲方的财产，本协议的签订不意味着授予乙方任何知识产权或商业秘密等，也不意味着授予乙方任何保密信息的相关权利。

第五条　保密期限

乙方的保密义务在以上时间（以较早者为准）终止：（1）本协议签订后______年；（2）本项目合作目的最终实现之日；（3）其他明确规定取代本协议的文件生效之日。

第六条　违约责任

1. 乙方未能按照本协议约定履行义务的，应承担赔偿甲方因此遭受的损失，包括但不限于甲方的直接经济损失，及甲方为追究违约责任所发生的律师费、差旅费、交通费等。

2. 乙方为尽职调查指派的律师、相关工作人员违反本协议约定的，视为乙方违约，由乙方按照前款约定承担相应的违约责任。

第七条　协议的生效、变更、终止

1. 本协议自双方签字盖章之日起生效。

2. 本协议在履行过程中需要变更后终止的，由双方另行协商并签订补充协议；补充协议与本协议具有同等法律效力。

第八条　法律适用和争议解决

1. 本协议的签订、修改、履行、解释及有关争议的解决，均受中国现行有效法规的约束。

2. 因本协议或履行本协议产生的任何争议，双方应首先通过友好协商解决。协商不成的，任何一方均有权将争议提交有管辖权的人民法院解决。

第九条　其他

本协议一式两份，双方各执一份，具有同等法律效力。

附录四 尽职调查报告提纲

一、公司基本情况

1. 公司简介

（1）愿景、目标、使命。

（2）历史沿革。

（3）公司主营业务及其描述。

（4）主要业务近年来增长情况，包括销量、收入、市场份额、价格走势。

（5）各业务在整个业务收入中的比例。

（6）业务的发展前景。

2. 股权结构

（1）主要股东情况介绍，包括背景情况、股权比例等。

（2）公司成立以来股权结构的变化，增资和资产重组情况。

3. 团队

（1）核心团队。

①法定代表人、董事、监事及高级管理人员的履历。

②高级管理人员的专长、特点、风格。

③核心团队的优势和劣势分别是什么？激励政策如何？

④企业目前还需要什么样的核心团队成员？

⑤企业未来（快速发展阶段）需要什么样的核心团队成员？目前具备吗？

（2）组织结构和人员情况。

①公司组织结构。

②公司员工状况，包括年龄结构、受教育程度结构、岗位分布结构和技术职称分布结构。

③公司在员工招募、培养和激励方面有哪些成功经验？面临哪些困难？

二、产品、技术和研发

1. 产品

（1）公司产品系列及其市场定位。

（2）上述产品的产品质量、技术含量、功能和用途、应用的主要技术、技术性能指标、产品的竞争力等情况；针对的特定消费群体。

（3）公司新产品开发情况。

（4）公司有提高产品质量、提升产品档次、增强产品竞争力等方面将采取哪些措施。

2. 技术

（1）专利。

（2）非专利技术。

（3）新研发方向和进度预计。

（4）技术趋势研判。

三、市场与客户竞争

1. 销售渠道

（1）销售模式和销售网络。

（2）销售政策。

2. 客户

（1）主要客户特点，前5名最大的客户销售收入所占的比重。

（2）客户满意度。

3. 市场竞争

（1）行业主要竞争对手的情况，包括年生产能力、年实际产量、年销售数量、销售收入、市场份额、在国内市场地位。

（2）潜在竞争对手及其进入本行业的可能性。

（3）竞争优势分析对比。

四、财务分析和预测

1. 过往财务表现
2. 盈利能力
3. 负债能力
4. 运营能力
5. 未来的财务预测

五、风险揭示与控制

1. 法律风险
2. 团队风险
3. 经营风险
4. 技术风险
5. 财务风险
6. 其他重要风险，如消费趋势、宏观环境、政府政策的变化等

附录五　增资协议参考范本

说明：该样本是按照一个投资机构对只有唯一法人股东的企业进行投资这种情景而做，实践者可以根据实际情况在专业律师的帮助下进行修改，切勿生搬硬套。

增资协议

本协议由以下各方于______年______月______日在______签署：

甲方（原股东）：__________________

乙方（投资方）：__________________

丙方（目标公司）：__________________

鉴于：

1. 甲方，是一家根据中国法律设立的有限责任公司，注册地址为_________________，法定代表人______，职务______，国籍______。

2. 丙方，是一家根据中国法律设立的有限责任公司，注册地址为_________________，法定代表人______，职务______，国籍______。

3. 乙方，是一家根据____________法律设立的____________公司，注册地址为__________________，法定代表人______，职务______，国籍______。

4. 甲方是丙方目前唯一的股东。

5. 协议中各方同意以丙方增资的方式增加注册资金______。甲方及乙方已同意认缴丙方的增资额，具体将按照交易文件的条款执行。

上述各方根据中华人民共和国有关法律法规的规定，经过友好协商，达成一致，特订立本协议如下条款，以供各方共同遵守：

第一条　定义与释义

除非本协议另有明确约定或者上下文另有要求的，下列词语具有以下含义：

1. 本协议是指本增资协议及各方就本增资协议约定事项共同签订的补充协议和相关文件。

2. 交割是指乙方依本协议的约定完成对丙方增资的认购。

3. 交割日是指交割完成的日期。

4. 协议各方是指本协议的所有各方；协议方是指协议各方中的任何一方。

5. 过渡期是指本协议签署之日起至交割日之间的期间。

6. 工作日是指除星期六、星期日及中华人民共和国政府规定的法定节假日以外的时间。

7. 协议标题不影响对本协议的解释。

8. 本协议中所提及的中国法律应包括中国有关机构公开颁布的所有全国性和地方性的法律、法规、规章和规范性文件。所提及的法律应包括不时对其进行的修改和变更。

第二条　投资的前提条件

1. 各方确认，投资方在本协议项下的投资义务以下列全部条件的满足为前提：

（1）协议各方同意并正式签署本协议，包括所有附件内容。

（2）本次交易取得政府部门（如需）、丙方内部和其他第三方所有相关的同意和批准，包括但不限于丙方董事会、股东大会协议通过本协议项下的增资事宜。

（3）甲方已经完成在本次丙方增资过程中认缴的出资；甲方已出具文件放弃优先认购乙方所认缴的丙方的增资额的权利。

（4）丙方按照本协议的相关条款修改章程并经丙方所有股东正式签署，该等修改和签署已经乙方以书面形式认可。

（5）丙方已同有关政府部门签署了有关协议或取得相应的批准文件，并且有关协议或批准文件的内容是乙方认可的。

（6）丙方及甲方已经以书面形式向乙方充分、真实、完整地披露标的公司的资产、负债、权益、对外担保以及与本协议有关的全部信息。

（7）在过渡期内，丙方未在任何资产或财产上设立或允许设立任何权利，未进行任何形式的利润分配。丙方没有以任何方式直接或者间接地处置其主要资产，也没有发生或承担任何重大债务（通常业务经营中的处置或负债除外）。

（8）在过渡期内，甲方不得转让其所持有的部分或全部乙方股权或在其上设置质押等权利负担。

（9）在过渡期内，甲方和丙方不得对丙方的注册资本和投资总额做（或同意做）任何改变（依照交易文件所做的改变除外），包括但不限于同意或允许第三方认购丙方的注册资本或给予第三方认购丙方的注册资本的选择。

（10）在过渡期内，采取、允许他人采取或不采取某种行动，而此等行动或非行动将导致产生重要的义务（与项目有关的义务除外）；及采取、允许他人采取或不采取某种行动，而此等行动或非行动可能排除、延迟或严重影响交易文件中的交易的完成。

（11）丙方作为连续经营的实体，不存在亦不得有任何违法、违规的行为。丙方将维持如本协议签订之前一样正常进行其经营；采取一切合理措施来保存和保护其资产。

2. 若本协议第二条的任何条件在交割时因任何原因未能实现，则乙方有权以书面通知的形式单方解除本协议并行使乙方所拥有的法律救济权利。但是如果乙方不行使其上述任何权利，并不意味着其放弃上述权利和救济措施（包括索求赔偿的权利）。

3. 如果在交割之前，因不可归责于甲方或丙方的原因使丙方的财务状况、偿还能力、营业额、收益率、前景和声誉造成或可能造成重大负面影响，则乙方有权以书面通知的形式单方解除本协议，但乙方无权就此类事件的发生索求赔偿。

4. 甲方和丙方共同及分别地向乙方承诺他们将尽最大努力以使第 1 条中所列的条件在合理可行的期限内尽早得到满足，最迟不超过本协议签订后的______个月以内。

第三条　增资额的认缴

1. 丙方在本协议签署之日的注册资本为人民币______元，并且在本协议签署之日已全部缴清。

2. 协议各方同意对丙方增资，增资总额为人民币______元，其中：

（1）甲方将在本协议签订后______个工作日内以现金认缴增资额人民币______元。

（2）乙方应将本协议约定的投资金额按以下约定条件，以现金方式认缴增资额：

①在本协议第二条第1款约定的全部条件满足且甲方和丙方共同及分别将以下文件交付给乙方后的______个工作日内，乙方支付全部出资，即人民币______元。

②甲方和丙方应共同及分别将以下文件交付给乙方或促使以下文件被交给乙方：

a. 将核准无误的正式签署的丙方的股东会决议和董事会决议；

b. 经核准无误的正式签署的甲方的股东会决议和董事会决议；

c. 甲方签署的一份内容经乙方认可的承诺书，同意乙方的权利和诉求将优先于其各自作为丙方的债权人所享有的权利和诉求；

d. 由丙方和有关部门正式签署的有关项目的协议及取得的批准文件经核准无误的复印件。

3. 增资完成后，丙方的股本结构如表所示。

投标的公司的股本结构

股东	投资金额	所占比例（%）

4. 甲方和丙方共同及分别地向乙方承诺，丙方的增资额应只能用于本轮私募融资招股文件载明的正常经营需求（主要用于：______）、补充流动资金或经公司董事会以特殊决议批准的其他用途，不得用于偿还公司或者股东债务等其他用途，也不得用于非经营性支出或者与公司主营业务不相关的其他经营性支出。

5. 各方同意，由丙方负责委托有资质的会计师事务所对投资方的出资进行验资并出具相应的验资报告，并依据验资报告由丙方向乙方签发并交付公司出资书，同时，丙方应当在公司股东名册中将乙方登记为公司股东，办理相应的工商登记变更手续。

6. 如果丙方未按约定按时办理相关验资和工商变更手续，且逾期超出30天仍无法办理相应的工商变更登记手续（由于政府方面愿意或不可抗力的因情形除外），乙方有权以书面通知的形式提出终止本协议，丙方应于本协议终止后的15个工作日内归还乙方已经支付的全部出资款，并返还等同该笔款项银行同期贷款产生的利息。甲方对丙方上述款项的返还承担连带责任。

第四条　IPO条款

1. 甲方和丙方必须在交割日之后的______年内尽全部努力实现丙方合格的首次公开发行股票。

2. 甲方和乙方同意在投资完成后，将逐步按照上市的相关法律、法规以及规范性文件的要求，对丙方公司、子公司和有关各方在历史沿革、税务、劳动、资产、关联交易、独立性等各方面的合规性进行完善，以便保证丙方在______年______月______日前实现首次公开发行，由此产生的所有费用原则上应由相关各方独立承担，但如果上述费用的产生系由于甲方或丙方在尽职调查中未披露事项相关或因违反本协议之原因所造成，则应由甲方和丙方承担全部该等相关费用。

第五条　股权回购

1. 当出现以下情况时，乙方有权要求甲方回购乙方所持有的全部丙方股份：

（1）不论任何主观或客观原因，丙方不能在______年______月______日前实现首次公开发行股票并上市，该原因包括但不限于丙方经营业绩方面不具备上市条件，或由于参与公司经营的甲方存在重大过错、经营失误等原因造成公司无法上市等。

（2）在______年______月______日之前的任何时间，甲方或丙方明示放弃本协议项下的丙方上市安排或工作。

2. 本协议项下的股份回购价格应按以下两者较高者确定：

（1）乙方的全部出资额及自从实际缴纳出资日起至甲方实际支付回购价之日按年利率______%计算的利息。

（2）回购时乙方所持有股权相对应的公司经审计的净资产。

3. 本协议项下的股权回购均应以现金形式进行。全部股份回购款应在乙方发出书面回购要求之日起 2 个月内全额支付给乙方。乙方之前从丙方处所收到的所有股息和红利可作为购买价格的一部分予以扣除。

第六条　股权转让

1. 当出现下列任何重大事项时，乙方有权转让其所持有的全部或者部分公司股份，甲方具有按本协议第五条第 2 款规定的股份回购价格转让该等股份的义务；但是如果任何第三方提出的购买该等股份的条件优于股份回购价格，则乙方有权决定将等股份转让给第三方。

（1）甲方和丙方出现重大诚信问题严重损害公司利益的情形；

（2）丙方的有效资产（包括土地、房产或设备等）因行使抵押权被拍卖等原因导致所有权不再由丙方持有或者存在此种潜在风险，并且在合理时间内（不超过 3 个月）未能采取有效措施解决，且由此给公司造成重大影响；

（3）甲方所持有的丙方之股份因行使质押权等原因，所有权发生实质性转移或者存在此种潜在风险；

（4）丙方的生产经营、业务范围发生实质性调整，并且不能得到乙方的同意；

（5）其他根据一般常识性的、合理的以及理性的判断，因乙方受到不平等、不公正的对待等原因，继续持有丙方股份将给乙方造成重大损失或无法实现投资预期的情况。

第七条　反稀释条款

1. 本协议签署后，丙方以任何方式引进新投资者的，应确保新投资者的投资价格不得低于本协议乙方的投资价格。

2. 如新投资者根据某种协议或者安排导致其最终投资价格或者成本低于本协议乙方的投资价格或者成本，则甲方无偿转让所持丙方的部分股份给乙方，直至本协议乙方的投资价格与新投资者投资的价格相同。股权转换价格应根据加权平均法进行调整。

3. 在投资完成后，如丙方给予任一股东（包括引进的新投资者）的权利优于本协议乙方享有的权利的，则乙方将自动享有该等权利。

第八条　优先分红权条款

在丙方每次宣告分配的股息数额达到乙方投资额的______%时，乙方的分红比例是______%，甲方的分红比例是0%。如果丙方宣告分配的股息数额超过乙方投资额的______%时，乙方优先收取相当于乙方投资额的______%部分的股息，剩余的股息部分，甲方和乙方再按照股权比例进行分配。

第九条　清算优先权条款

丙方在进行清算时，丙方在支付完公司清算费用，职工工资和劳动保险费用、所欠税款、其他公司债务后，如果还有剩余财产进行分配时，按照如下原则分配：

（1）如剩余财产未超过乙方原始投资金额的______倍加宣布但尚来发放的股息，则乙方有权获得全部剩余财产，甲方无权获得剩余财产。

（2）对超过乙方原始投资金额的______倍加宣布但尚未发放的股息的剩余财产部分，甲方和乙方再按照股权比例进行分配。

（注意：清算优先权条款多适用于中外合资企业，内资企业中存在法律障碍。）

第十条　新股优先认购权条款

丙方再次进行增资时，在同等条件下，乙方有权按股权比例优先认购；如果乙方放弃其优先认购权，则其他方有权认购其放弃部分。

第十一条　公司治理条款

1. 投资完成后，丙方董事会成员应不超过______人，乙方有权提名______人担任丙方董事，各方同意在相关股东大会上投票赞成上述乙方提名的人士出任公司董事。丙方应在办理营业执照变更的同时办理董事变更手续。丙方新董事会至少每半年召开一次董事会会议。

2. 投资完成后，丙方的财务总监由乙方提名担任，各方同意在相关股东大会上投票赞成上述乙方提名的人士出任丙方财务总监。

3. 当上述任何一方提名的董事、监事、财务总监辞任或者被解除职务时，由提名该名董事、监事、财务总监的一方继续提名继任人选，且各方应保证在相关股东大会上投票赞成该等人士担任公司董事、监事。

4. 丙方的会计师事务所和律师事务所的聘任或解聘必须取得乙方的同意或认可。

5. 任何下列可影响丙方及其附属公司的公司行为和交易（无论是否通过修改公司

章程还是其他方式，无论是单一交易还是多笔相关交易），应当按照修订后的公司章程所规定的决策机制由公司董事会或者股东大会审议通过，如系董事会决议事项，则必须经董事会中至少一名乙方董事的投票确定方可形成决议；如系股东大会决议事项，则须经出席股东会议的股东或股东代表所持表决权的2/3以上，并且同时需要乙方的股东代表同意，方可形成决议：

（1）修订或改变乙方股权的权力和利益，或者给予某些投资者任何新的权利、优先权和特别权力高于或者等同于乙方股权；

（2）丙方业务范围、本质和/或业务活动的重大改变；

（3）丙方合并、分立、被收购、解散、清算或者变更公司形式；

（4）增加或者减少丙方注册资本；

（5）并购或处置（包括购买及处置）超过______万元的主要资产；

（6）对外担保或提供贷款；

（7）股息或其他分配的宣告和派发及公司股息政策的任何改变；

（8）进行公司资本重组、重新分类、分立、分拆、破产重组或业务重组的事项；

（9）任何（或者导致）收购、重大资产或控制权售卖、兼并、合并、重组、设立合资企业或合伙企业、成立子公司，或与减少股本、解散和清算的决议；

（10）丙方商标、专利、专有技术等知识产权的购买、出售、租赁及其他处置；

（11）在______个月内交易总额超过人民币______万元的任何开支或者购买任何有形或者无形资产（包括对任何公司进行股权投资）；

（12）与丙方的关联企业、股东、创建人、董事、经理或者其他关联方约定或达成任何交易和协议；

（13）增加或者减少董事会、监事会或任何董事会委员会中的席位数；

（14）对会计制度和政策做出重大变更，聘请或变更审计师；

（15）聘任或解除丙方总经理、副总经理、董事会秘书或财务总监等公司高管人员；

（16）提起或和解金额超过______万元的任何重大法律诉讼、仲裁；

（17）丙方的上市计划，包括选择首次公开发行股票的承销商和上市交易所或批准首次公开发行股票的估值、条款或条件；

（18）丙方新的融资计划；

（19）制定或修订任何雇员期权计划、高管期权激励计划或方案；修改标准雇佣合同或高管薪酬和福利计划；

（20）修改或放弃丙方新的章程中任何规定和其他重要规章制度；

（21）其他可能对丙方生产经营、业绩、资产等产生重大影响的事宜。

第十二条　共同出售权条款

1. 若甲方计划向任何第三方出售其全部或部分持有股权，则必须首先通知乙方，乙方有权按出资比例以拟受让人提出的同样条款优先出售给买受人。

2. 甲方经乙方同意向公司股东以外的第三方转让其股权的，甲方应保证股权受让方签署接受本协议条款的协议。

3. 除非法律有禁止性或限制性规定外，乙方股权的转让不受限制。

第十三条　信息

1. 乙方享有作为股东所享有的对丙方经营管理的知情权和进行监督的权利，乙方有权取得丙方财务、管理、销售、市场或其他方面的信息和资料。丙方应按时提供给乙方以下资料和信息：

（1）在会计年度结束之后的______天内提供经乙方认可会计师事务所审计之后的合并财务报告和经营报告；

（2）每财务季度结束之后的______天内提供未审计的季度财务报告和经营报告；

（3）在每月结束的______天内提供未审计的月度财务报告和经营月度报告；

（4）所有提供给股东的文件或者信息的副本；

（5）在下一财务季度开始前的______天内提供下季度预算报告；

（6）在下一财务季度开始前的______天内提供下年度预算报告。

2. 所有财务报告均需按照______通用会计准则准备。

3. 所有经营报告均需包括财务数据与对应季度或年度预算目标的对比。

4. 授权乙方检查丙方和附属公司的设施、账目和记录。

5. 按照乙方要求的格式提供其他统计数据、其他财务和交易信息。

第十四条　业绩调整条款

1. 原股东甲方承诺丙方______年度税前利润（或净利润）不低于______万元。

如果丙方没有达到上述税后净利润目标，则丙方全面稀释的投资后估值应根据以下公式调整：

调整后公司估值=实际完成净利润______×______倍市盈率

2. 如果启动以上业绩调整条款，甲方应立即无偿向乙方转让部分股权，使乙方所占的股权比例反映丙方的调整后全面稀释投资后估值。

第十五条　股权锁定条款

1. 投资完成后至丙方首次公开发行股票并上市前，丙方创建人、大股东、关键股东和持股管理人员不得发生以直接或间接方式转让丙方的权利行为，或进行可能导致丙方实际控制人发生变化的股权质押等任何其他行为，且不论交易之时个人与丙方公司的雇佣状态如何，除非已提前获得乙方的书面许可。

2. 乙方持有的丙方的股份可在丙方首次公开发行股票并上市后根据上市交易所上市规则的要求在禁售期满后出售全部或部分股份。

第十六条　债务条款

甲方承诺并保证，除已向乙方披露之外，丙方并未签署任何对外担保性文件，亦不存在任何其他未披露的债务：如丙方还存在未披露的或有负债或者其他债务，全部由甲方承担。若丙方现行承担并清偿上述债务，因此给丙方造成损失的，甲方应当在丙方实际发生损失后______个工作日内，向丙方全额赔偿，甲方应以其从丙方取得的分红或从其他合法渠道筹措的资金履行赔偿义务。

第十七条　同业竞争条款

1. 甲方和丙方承诺，未经乙方同意，不会以任何形式从事或参与与丙方主营业务构成直接或间接竞争关系的业务或活动。

2. 甲方和丙方承诺，其两公司主要管理人员和核心业务人员在任职期间内不得以任何形式从事或帮助他人从事与丙方形成竞争关系的任何其他业务经营活动，在离开公司2年内不得在丙方经营业务相关的企业任职。如果上述人员出现上述行为致使丙方或乙方的利益受到损害的，除该等人员须赔偿丙方及乙方损失外，甲方应就丙方或乙方遭受的损失承担连带赔偿责任。

第十八条　费用条款

1. 如因甲方的原因致使本轮投资交割未能进行，则甲方应承担因本合同起草、谈判和签约而产生的所有支出（包括法律费用）、费用和税金。

2. 如因乙方的原因致使本轮投资交割未能进行，则乙方应承担因本合同起草、谈判和签约而产生的所有支出（包括法律费用）、费用和税金。

3. 如因丙方的原因致使本轮投资交割未能进行，则丙方应承担因本合同起草、谈判和签约而产生的所有支出（包括法律费用）、费用和税金。甲方对此应承担连带责任。

4. 如因上述原因之外的原因致使本轮投资交割未能进行，则各方应各自承担因本合同起草、谈判和签约而产生的所有支出（包括法律费用）、费用和税金。

5. 如果本次投资完成，各方应各自承担因本合同起草、谈判和签约而产生的所有支出（包括法律费用）、费用和税金。

第十九条　保密

1. 协议各方对于因签署和履行本协议而获得的、与下列各项有关的信息，应当严格保密，保护的程度不能低于接收信息的一方保护自己的信息。但无论如何，接收信息方对该信息的保护程度不能低于一个管理良好的企业保护自己的信息的保护程度：

（1）本协议的各项条款；

（2）有关本协议的谈判；

（3）本协议的标的；

（4）协议各方的商业秘密。

2. 协议各方保证采取所有必要的方法对上述信息进行保密，包括（但不限于）执行和坚持令人满意的作业程序来避免非授权透露、使用或复制专有信息。

3. 协议各方保证不向任何第三方透露本协议的存在或本协议的任何内容。

4.（例外情况）协议各方保密不适用于下列情况：

（1）有书面材料证明，提供信息方在未附加保密义务的情况下公开透露的信息；

（2）有书面材料证明，在未进行任何透露之前，协议各方在未受到任何限制的情况下已经拥有的专有信息；

（3）有书面材料证明，上述信息已经被信息接收方之外的他方公开；

（4）有书面材料证明，信息接收方通过合法手段从第三方在未受到任何限制的情况下获得该专有信息；

（5）如果协议一方对上述信息的透露是由于法律、法规、判决、裁定（包括按照传票、法院或政府处理程序）的要求而发生的，负有公开义务的协议一方应当事先尽快通知其他协议各方。

5. 本协议终止后本条款仍然适用，不受时间限制。

第二十条　适用法律和争议的解决

1. 本协议应适用中华人民共和国法律并应根据中华人民共和国法律解释。

2. 凡因本协议引起的或与本协议有关的任何争议，协议各方均应通过友好协商解决。

3. 如果各方在前述争议发生时不能通过友好协商解决，均应提交______仲裁委员会，按照申请仲裁时该会有效的仲裁规则进行仲裁。仲裁裁决是终局的，对协议各方均有约束力。

4. 在仲裁过程中，本协议除争议事项以外的其他任何部分均应继续执行。

第二十一条　违约责任

1. 本协议生效后，各方应按照本协议及全部附件的规定全面、适当、及时地履行其义务及约定，若本协议的任何一方违反本协议包括全部附件、附表约定的条款，均构成违约。

2. 发生违约行为，违约方应当向守约方支付违约金，并赔偿因其违约而给守约方造成的损失。

3. 延迟行使本协议或法律规定的某项权利并不构成对该项权利或其他权利的放弃。单独或部分行使本协议或法律规定的某项权利并不妨碍其进一步继续行使该项权利或其他权利。

第二十二条　生效及其他

1. 未尽事宜，各方可另行签署补充文件，补充文件与本协议是一个不可分的整体，并与本协议具有同等法律效力。

2. 本协议自各方签字、盖章后成立并生效。本协议用中文书写，一式六份，各方各持一份，其余由丙方备案，各方具有同等法律效力。

附录六　商业计划书范例

国内某高科技公司商业计划书（2005 年）

一、概要

1. 公司简介

武汉××科技开发有限公司系中国著名激光专家×××教授和中国著名心血管专家×××教授于2002年5月在湖北武汉出资注册成立，注册资金为1 300万元。公司成立至今主要致力于激光器及激光器深层产品（激光切割机、激光焊接机、心肌打孔机）的开发，现已成功开发出世界上最先进的激光器——圆形金属腔旋流二氧化碳激光器，该产品已获得国家发明专利，并被中国科技部列为2004年度国家火炬计划项目。现在该产品已完成商业开发，通过了国家专家级产品鉴定，生产工艺已经设计完备，完全具备大批量生产条件，整个项目的各种手续也已齐全。

2. 公司成立的市场条件和定位

（1）不断研发出最先进的激光应用的核心产品——激光器。目前在500W激光器通过鉴定后，1 000W激光器已在研制中，1 000~3 000W的大功率激光器作为技术储备正在进行开发，使公司具备极强的技术创新能力和可持续发展动力。

（2）激光器产业具有巨大的市场机会，在公司技术产品产业化后，由于其独特性能和成本上的优势，能迅速地占领国内外市场。

（3）力争在美国创业板上市，或者在香港创业板上市，使公司具备迅速扩张的能力，为进入国际市场创造有利的条件。

3. 本计划的基本内容

为了进一步加快公司的发展和技术产业化步伐，拓展国内外市场，公司正着手实施以下计划：

（1）购置研发设备、检测设备、生产设备和厂房。

（2）招聘研发人员、市场开发人员及相应的管理人员。

（3）产品的市场宣传和市场网络的建设。

（4）增资扩股达到相关上市条件。

为达到上述目标，公司拟引进资金2 000万~3 000万元人民币，主要用于：

（1）购置研发设备、检测设备、生产设备和厂房：800万元、

（2）招聘研发人员、市场开发人员及相应的管理人员：100万元。

（3）产品的市场宣传和市场网络的建设：100万元。

（4）增资扩股：1 000万元。

为此我们需要引进2~3家机构投资，特别是有一定实力和知名度的风险投资公司，或者是有本行业背景和资源的大中型跨国公司，相互合作，以便能迅速占领国内外市场。公司拟出让20%~30%的股权进行融资，与合作者共同发展，提高公司的价值。

如此项资金到位，公司在未来 3 年可以达到以下财务目标（见表 1）。

表 1　　武汉××科技开发有限公司未来 3 年财务目标　　单位：万元

项目 \ 年度	2006 年	2007 年	2008 年
销售收入	8 200	12 300	22 140
毛利润	4 920	7 995	15 498
每股收益	0. 82	1. 34	2. 59

二、公司介绍

1. 公司创办背景

近年来，激光技术发展迅速，激光产业也高速增长。近十年间，全球激光业平均每年以近 15%左右的增长率在增长。2004 年全球激光器（不包括应用系统）的销售纯利润为 54 亿美元，预计 2005 年为 59 亿美元。而在 59 亿美元的收入中，仅用于激光加工（材料处理）的激光器的销售收入超过了 14 亿美元，占激光应用的绝大部分。可见激光技术在工业中的应用越来越多、作用越来越大。

从全球范围来看，激光行业一般分为三类企业：一类从事激光焊接切割；一类从事激光微加工；一类是激光打标及其他应用。其主要市场分布在欧洲、北美和日本，几乎占了市场的 80%。目前，中国以激光产品为主业的上市公司有三家：华工科技、大恒激光、大族激光；年产值过亿元人民币的企业有五家：华工激光（武汉）、大恒激光（北京）、大族激光（深圳）、楚天激光（武汉）、团结激光（武汉）。以激光为主的中小高新技术企业可达数百家，仅武汉市激光相关高新技术企业就超过 30 家。由此可见，激光的应用已渗透到国民经济的主要行业，具有广阔的市场前景。但我国激光的应用却以低端市场为主，以标记、热处理、切割等应用为主，其设备和核心技术基本上是从国外进口。因此我国急需要拥有自己的激光核心产品和先进技术。

为使我国激光产业迅速发展壮大，替代进口产品甚至进入国际市场，从事激光技术研究 40 多年的著名国家级激光专家×××教授，在美国进行数十年激光应用研究后回国，一直致力于发展我国的激光科技技术和激光产业化，率先于 20 世纪 80 年代在中国推出千瓦级、万瓦级横流二氧化碳激光器用于焊接和热处理，产值已达 32 亿元。而国内用于切割系统的核心激光器主要靠进口国外价格昂贵的轴流二氧化碳激光器。×××教授认为靠进口国外激光器来发展我国激光产业是不可行的，是一条死路，他立志开发生产出具有我国完全自主知识产权、取代进口的我们自己的激光器产品，××科技开发有限公司正是在这种背景下成立的。

2. 公司现状

××科技开发有限公司自 2002 年 5 月成立以来，在×××教授的领导下，一直致力于激光应用研究。公司主要研究方向是激光器及激光器深层产品（激光切割机、心肌打孔机）的开发和研制。公司拥有一个实验室和一个生产车间、研究开发人员 16 人，其中教授 2 人、博士 3 人、硕士 5 人。公司研制的圆形金属腔旋流二氧化碳激光器，在激光器应用领域处于世界先进水平，公司经过几年的努力，先后取得了以下成果：

（1）被列为中国科技部 2004 年度国家火炬计划项目。

（2）获得国家发明专利 2 项。

（3）获国家自然科学基金资助项目，项目批准号：69978006。

（4）获湖北省科技攻关计划，课题任务书编号：2003AA102BO1。

（5）获武汉市科技型中小企业技术创新基金，武财企〔2003〕476 号。

（6）获湖北省电子产业专项资金，鄂信息经运〔2004〕105 号。

（7）获武汉市电子信息产业发展资金，武财企〔2004〕544 号。

（8）获 2005 年信息产业部电子发展基金资助。

（9）2005 年 3 月，通过省部级产品鉴定，获产品鉴定证书。

（10）被评为科技部中部崛起重大科技项目。

3. 公司未来发展目标

目前，公司已经通过了 500 瓦圆形金属腔旋流二氧化碳激光器的国家级鉴定，相关产品已进入批量试生产阶段，该产品投放市场将会将取代目前的激光器进口，同时也将以其性能和成本上的优势，打入中端激光器国际市场。公司将以中端激光器产业化为基础，进一步向高端激光器进军。未来 3 年内，公司将会投入更大的力量研究和开发 1 000 瓦和 2 000 瓦激光器，进入高端激光器领域，完成整个激光器产业升级。

三、公司管理层及组织结构

1. 公司高级管理层

A. 公司董事长，激光专业教授，博士生导师，本项目负责人，是旋流二氧化碳激光器的唯一发明人，华中科技大学激光技术与工程研究院的学术带头人。曾任电机系主任、光学系主任、激光研究所所长，激光技术国家重点实验室首届主任。国务院学位委员会第三届学科评议组成员。国家重点技术激光实验室学术委员会主任。国防重点高能束流加工技术实验室学术委员会副主任。国家“六五”“七五”“八五”科技攻关激光技术项目总体专家组组长。国防科工委光电专业组成员。

B. 总经理，硕士，高级工程师，毕业于华中科技大学自控计算机专业。曾在法国布尔（BUL）北京电脑系统有限公司工作 8 年，担任市场总监和基础产品经理。现湖北省暨武汉市激光学会会员，长期活跃在激光技术研究的第一线，从事气体激光器产品的研究和开发，全面主持××科技开发有限公司的管理工作。

C. 副总经理，现年 37 岁①，2002 年获得北京科技大学博士学位。先后任亚洲企业联合投资发展公司驻中国机构首席代表、德达科技创先集团融投资部总经理、美国捷特集团总部副总裁，负责过中国投资项目的开发，完成了多个中外合资和外商独资投资项目，从事过融资、投资银行和资本运营，运作过多个投资项目，独立完成项目可行性报告并帮助立项，为多个高科技企业设计商务计划书，引进风险投资及进行企业上市策划。现任公司副总经理，负责公司的财务和市场方面的工作。

D. 技术总经理，现年 34 岁，1999 年在华中科技大学获得激光技术博士学位，2000

① 以商业计划书完成年份的 2005 年计算，下同。

年赴美国汉普顿大学物理系从事科学研究工作，得到美国航空航天局（NASA）、美国国家海洋与大气管理局（NOAA）、美国国家环境保护局（EPA）等经费支持，参加和主持了多项国际、国家级研究项目。发表论文20余篇，其中收录入工程索引（EI）的有11篇。

2. 公司股权结构

公司股权结构见表2。

表2 公司股权结构

股东	持有股份
×××	40%
×××	15%
×××	40%
×××	5%

四、公司产品、核心技术及优势

1. 主要产品名称

公司主要致力于圆形金属腔旋流二氧化碳激光器系列产品的研制、开发和产业化。目前公司主要的产品是生产200~800瓦的圆形金属腔旋流二氧化碳激光器。

2. 主要产品介绍

经过本公司前期研发工作和总体方案设计，已研制成功旋流二氧化碳激光器样机，获得基模500瓦激光输出，已获国家发明专利和实用新型专利，被国家知识产权局评为优秀专利，获伦敦国际专利技术成果博览会金奖、第51届尤里卡世界发明博览会金奖，并通过国家级鉴定。

3. 圆形金属腔旋流二氧化碳激光器核心技术

产品的核心技术是生产出国内外还没有的旋流二氧化碳激光器，其性能和价格都优于国内外现有的横流二氧化碳激光器和轴流二氧化碳激光器。产品采用了以下创新技术：

（1）圆形金属激光会替代国外圆形玻璃激光管。

（2）多流道放电吹入腔内。

（3）激活气体腔内旋流。

（4）流道错位。

旋流激光器采用放电吹入腔内、腔内旋流、流道错位和圆形金属腔四项创新技术，不仅使腔内增益周围分布均匀，特别是能使中心增益高于周围，有利于获得基模输出。这是现有其他气体激光器和化学激光器都还未做到的。

此四项创新技术不仅适用于百瓦级到万瓦级二氧化碳激光器，而且适用于一氧化碳激光器。

本技术通过国内外查新，国内外皆没有同样产品，为国际首创。

本项目产品完全是自主创新的，不仅具有横流激光器工作电压低的优点，还具有轴流激光器光束质量高的优点。旋流激光器与国外轴流激光器相比，光束质量一样，但具有价格低、体积小、工作电压低、风机耗电低等优点。综合性能价格比国外轴流激光器高。

本项目产品获中国发明专利，专利号：Z98113603.6，国际专利主分类号 HO1S3/223。获实用新型专利，专利号：ZL98235956.X。正在申报美国、德国专利。

本公司董事长、圆形金属腔旋流二氧化碳激光器唯一发明人 A 教授组建××科技开发有限公司的目的，就是将圆形金属腔旋流二氧化碳激光器产业化，尽快满足国内外市场需求，最终目标是创出中国激光器品牌，占领国际激光切割设备 50%的市场。

4. 相应技术与国内外同业之比较

国内外用于激光加工的高功率二氧化碳激光器，主要是横流、轴流和近年出现的扩散冷却激光器三种。横流激光器：腔内增益分布不对称，导致输出光束的功率分布不对称，光束质量不是非常好，但输出功率大，主要用于表面热处理和焊接。平板放电扩散冷却激光器：体积小，因腔内增益分布轴不对称，其光束经光学处理后，仍有一定的椭圆度，主要用于平面切割和焊接。轴流激光器：它的腔体是圆形玻璃管，腔内增益分布是圆周均匀的，光束质量好，已广泛用于多维精密激光切割。但此激光器每个腔单元长达数十厘米，由于腔壁是玻璃，腔内热交换能力特别差，需要耗电数千瓦到数十千瓦的罗兹泵或涡轮风机产生高速气流，进行腔外对流换热，它的体积大、造价高。

高功率二氧化碳激光器的市场发展趋势正以体积小、造价低、光束质量更好、稳定性更好和降低功耗方向发展。旋流激光器与国外轴流激光器的比较如表 3 所示。

表 3　　旋流激光器与国外轴流激光器比较表

产品＼参数	气流	腔体	风机	工作电压
轴流激光器（国外）	轴向流动	玻璃腔	涡轮风机 24 万元/台	20 千伏
旋流激光器	旋转流动（提高光速质量）	金属腔（利于腔内冷却）	离心风机 1 000 元/台（造价低）	3 千伏（易于脉冲调制）

旋流激光器主要用于激光切割和焊接，光束质量可与国外轴流激光器相媲美。因为不用罗兹泵或涡轮风机，所以具有体积小，造价低、工作电压低、离心风机耗电低、金属腔抗震等优点。

5. 技术开发团体的素质及结构分析

本公司上一年技术开发投入额为 20 万元，累计技术开发投入额为 400 万元，研究开发投入占企业年销售收入比例的 15%。现设立有研究发展中心，负责新产品的研制和开发以及原有产品的改进工作。该研究发展中心现有 16 人，目前，主要负责对旋流二氧化碳激光器系列产品和激光加工中心的开发。现有教授 2 人、博士 3 人、研究生 3 人、本科生 8 人，科研成果丰富，创新能力很强。

目前，为建立“武汉·中国光谷旋流二氧化碳激光器技术支撑中心”，华中科技大学激光工程研究院为本项目提供人员培训和服务工作。

五、市场容量与趋势分析

1. 国际激光器市场现状与发展趋势

近年来，随着激光器技术的日新月异，全球工业激光产业迅速发展，1992 年，全球激光加工市场销售额为 11 亿欧元，2002 年市场销售额达到了 39 亿欧元，2004 年市场销售额达到了 46 亿欧元。其中按产品种类分，激光焊接和切割系统占 54%，激光加工系统占 26%，激光打标和其他应用占 20%。按地域来看，欧洲占 37%，北美占 25%，亚洲占 20%。从激光器种类分析，二氧化碳激光器占 45%，PAG 激光器占 32%，准分子激光器占 22%。全球二氧化碳激光器一直保持较大的优势。从市场交易数量上看，二氧化碳激光器占主导地位，其中北美是主要的交易市场，其主要产品是低功率的二氧化碳激光器。在固体激光器市场上，欧洲占了领先地位，其主要产品是固体激光器，主要原因是价格昂贵。特别是德国和瑞士生产的大于 1 000W 的激光器切割系统具有强大的优势。

在国际激光器的市场上，从产品数量来看，北美生产的二氧化碳激光器数量最多，主要产品是功率低于 100W 的二氧化碳激光器，欧洲出厂最多的是固体激光器，拥有所有功率的固体激光器，产品数量也丰富，亚洲产量少但发展迅速。其中，中国在激光器发展中的需求增长越来越强劲。

在激光器的应用上，激光切割和激光打标处于领先地位，其次是激光焊接、激光微加工和雕刻、激光打孔。就激光器应用系统安装数量而言，由于中国安装数量的迅猛增长，使得北美、欧洲、亚洲激光器的安装数量平分秋色，各占 30%左右。

就激光器应用系统的应用领域来分析，近年来不断地扩大，推动了全球激光产业的迅速甚至飞跃发展，新产品不断涌现，新领域不断开拓，新机遇层出不穷。激光打标的应用在最近 3 年来一直保持了 15%以上的增长，未来几年也将保持两位数的增长。由于低功率和高性能的激光器的走俏，替代了喷墨机的市场份额，在特殊材料上打标的应用为激光器发展提供了更大的市场空间。在激光器金属切割的应用方面，目前市场上主要是 4 000W 以上的高功率和自动化激光器，并逐步取代了传统的切割系统。在金属切割领域中，亚洲一直保持着 20%以上的增长势头。在焊接应用方面，高功率的激光焊接机的发展，扩大了白色焊接的应用，逐步替代了传统焊接方式，为激光器的发展提供了巨大的发展空间。同时在医疗器械的焊接方面仍然保持着强大的市场需求，并且这一应用领域也逐步向农业和造船业方面推广，高功率应用天重型机械的混合焊接也越来越多地得到了应用。在激光器微加工应用方面，晶片打标、存储器的修复、集成电路的调整，使得激光器微加工市场具有更大的潜力，并向着半导体器件领域延伸，给激光器应用提供了更多的机会。

2. 我国激光器发展的现状和趋势

“十五”期间，我国选定信息、先进制造、航空航天、新能源、新材料五大高新技术产业领域和交通运输、钢铁、有色金属、石油化工、机械建筑、建材、轻工、纺织等九大传统产业领域作为优先发展领域，使我国科技产业和传统工业改造取得了可喜成就，但作为上述五大高新技术和九大传统产业改造的关键基础技术，特别是先进制造中重要和不可替代的核心技术——激光技术，由于“十五”期间投入严重不足，在全球激光先进制造技术飞速发展的浪潮中，拉大了我国与国外水平的差距。特别是在激光器的应用上，我国主要核心部件和核心技术都依赖于进口。经过 30 年的发展，通过国家科技攻关、技术开发、引进消化国外先进技术，我国激光先进制造水平和工艺装备已有长足进步。在激光加工行业中，如激光表面热处理、激光毛化、激光快速成型、激光标记等均已形成一定规模。从世界范围来看，最大的激光加工应用应属激光切割、焊接和集成电路板微细加工和打孔，但我国恰恰在这个应用方面始终未能形成突破，这种现状已严重制约了激光加工在我国的推广和进一步发展。造成这种局面的最主要因素是我国具有高光束质量的高功率激光器始终未能完全过关。因此，在“十一五”期间，要下大力气坚决突破高光束质量高功率激光器，这对于再次全面拉动我国激光加工产业发展、推动我国传统工业技术改造、提升我国制造业基础水平具有决定性意义。这同时也给我国激光产业市场提供了巨大的发展潜力和空间。

目前，中国以激光产品为主业的上市公司有三家：华工科技、大恒激光、大族激光，年产值过亿元人民币的企业有五家：华工激光（武汉）、大恒激光（北京）、大族激光（深圳）楚天激光（武汉）、团结激光（武汉）。以激光为主的中小高新技术企业可达数百家，仅武汉市激光相关高新技术企业就超过 30 家。由此可见，激光的应用已渗透到国民经济的主要行业，具有广阔的市场前景。但我国激光的应用以低端市场为主，在标记、热处理、切割等方面以应用为主，其设备和核心技术基本上是从国外进口。因此我国急需要拥有自己的激光核心产品和先进技术。

3. 公司的市场定位和市场潜力分析

××科技开发有限公司主要以圆形金属腔旋流二氧化碳激光器系列产品的开发、生产和销售为一体，辐射整个激光应用制造业、激光加工业及计算机与网络系统的集成，属高新技术产业光机电一体化项目，现在正受到国家火炬计划的重点扶持，激光器是整个激光应用制造业和激光加工业的核心产品，而激光应用制造业和激光加工业现在正在对越来越多的领域产生影响，包括钢铁冶金、机械加工与制造、航空航天、医疗、军事等。随着激光应用制造业的发展，它还将会渗透到更多领域，而作为这一行业的核心产品——激光器的水平直接影响整个激光行业的发展，所以，我们着重研发最先进的激光器及其深层产品具有广阔的发展前景。

（1）主打激光切割机、焊接机市场。我公司大功率多维精密圆形金属腔二氧化碳激光器是激光切割机、焊接机的核心部件，本产品采用了圆形金属腔、放电吹入、腔内旋流和流道错位四项创新技术，具有国际先进水平，主要用于激光切割，具有光束质量好、体积小、造价低、易脉冲调制等优点，被广泛应用于激光加工领域，对现在的激光器可以完全取代，先占领国内市场，直至占领国际市场 80%以上的份额。由于现在我们的竞争对手只有美国的 PRC 公司和德国的 Rofin- Sinar 公司，而他们的产品不论是在功能上还是在价格上，远远不是我们产品的竞争对手。

（2）市场容量分析。国内现在激光器每年的销售量在 1 200 台左右，每年需求增长 30%，国际市场每年的销量在 13 750 台左右，每年销售增长幅度为 15%。由于现在大功率激光器的价格昂贵，因此大大限制了市场需求，而我公司生产的圆形金属腔旋流二氧化碳激光器的价格只是国际市场价格的30%，因而该产品上市以后，不仅能够迅速占领市场，也会大大刺激需求。据不完全统计，该类产品在2003年的市场容量为300亿元人民币。我国激光器2000年的销售额为3.4亿元人民币，与国外2000年销售总额28.7亿美元（约合236.8亿人民币）比较，仅为其0.5%左右，这说明我国的重要工业领域采用激光加工系统对传统工业进行技术改造还有很大的空间。不采用先进的激光制造系统将很难应对我国加入WTO带来的国外产品对中国市场的冲击，同时从市场的发展来看也充分说明我国的激光加工系统有相当大的发展空间。国内大功率二氧化碳激光器市场规模情况如表4所示。

表4　　国内大功率二氧化碳激光器的市场规模

年度	销售台数
2002年	192台
2003年	220台（年增长30%）
2004年	366台（旋流激光器投入市场）
2005年	549台（年增长50%）
2006年	873台
2007年	1 160台
2008年	1 840台

国内现有高功率二氧化碳激光器300台左右，年增长率为30‰，旋流激光器在2004年投产后，年增长率为50%，2008年销售达1 840台，全国拥有总量为3 540台，为国外总量的5%。

××科技开发有限公司将通过课题攻关，逐步实现圆形金属腔旋流二氧化碳激光器的技术提升，在技术性能上达到国外同类型产品的先进水平，在价格上更具优势，更符合中国用户的需求，预计市场前景将供不应求。

4. 市场发展潜力评价

国际上激光加工技术发展很快，主要的生产厂商分布在北美、欧洲和日本，应用仍以切割、标记、焊接为主。国外大功率二氧化碳激光器销售情况如表5所示。

表5　　国外大功率二氧化碳激光器销售量

年度	销售台数（台）	销售额（亿美元）	平均单价（万美元）
1997年	2 910	3.9	13.4
1998年	3 125	3.8	12.1
1999年	3 450	4.25	12.3
2000年	3 635	4.54	12.5
2001年	3 000	4.13	13.7
2002年	2 960	4.35	15.7
2003年	3 110	4.58	14.7

国外现有35 000台大功率二氧化碳激光器，每年销售大功率二氧化碳激光器3 000台，2008年将有近50 000台大功率二氧化碳激光器。

××科技开发有限公司生产的产品是在吸取了国外轴流和国内横流二氧化碳激光器的优点后而设计的比国外轴流二氧化碳激光器的价格和体积低50%、金属整体结构抗震、工作电压低80%、易于脉冲调制、运行成本大大降低的产品。专家评审其产品技术属国际领先，可替代进口，并参与国际市场。

六、竞争对手和竞争优势

1. 公司主要竞争对手情况

在激光器行业中，国外较有实力的公司有3个，分别是德国Rofin-Sinar公司和Trumpf公司、美国PRC公司，他们拥有激光器生产线的成功经验，有成熟的横流二氧化碳激光器研发、生产、销售经验。

德国Rofin-Sinar公司在激光器生产中具有30年历史，安装过2万台激光系统设备产品，涉及切割、焊接、打标、表面处理及解决方案，其主要产品是二氧化碳激光器和固体激光器及Diode lasers激光器，其主要技术是轴流二氧化碳激光器，其主要优势是技术先进、产品齐全、品种多、市场范围广、技术创新能力较强。

Trumpf公司在激光产业中的主要业务是在薄金属片的激光弯曲处理、打孔和表面处理等方面，其主要市场是欧洲、南美、北美和亚洲。公司激光器产品品种少，应用范围也少，产品主要集中在激光器的运用方面，技术创新能力稍差一些。

美国PRC公司是20世纪80年代成立的激光器生产的专业公司，主要产品是1 000~7 000W高功率的二氧化碳激光器，应用于金属切割和焊接，市场分布在世界各地。其业务主要是提供激光器核心部件的生产和终端激光器产品，还可以根据用户的需要提供特殊要求的激光器产品和解决方案，企业技术实力强，创新能力强大。

国内从事激光器生产的公司数量较多，以激光为主的中小高新技术企业可达数百家，年产值过亿元人民币的企业有五家，分别为华工激光、大恒激光、大族激光、楚天激光、团结激光，其中上市公司有三家（华工科技、大恒激光、大族激光）。

大恒激光是我国上市的激光公司之一，成立于1987年，也是我国最早的激光企业之一。公司主要产品在三个领域：激光打标、焊接和切割以及激光医疗应用，目前有18个系列的产品。公司主要以低功率产品为主，激光打标机主要都是100万元的低端产品，激光切割机和焊接机也基本上是100万元以下的产品，同时公司的激光嫩肤机和激光美容仪在国内市场具有竞争优势。公司2004年激光产品净利润达4 000多万元。公司成立时是中国科学院为实现科技成果产业化而成立的公司，所以公司具有较强的技术创新能力和技术科研力量，同时也有较强的政府背景，为企业的发展提供了较大的政府支持。

大族激光也是我国主要的激光企业之一，成立于1996年，主要从事激光加工设备的研发、生产和销售，主要产品是激光打标机、激光切割机和激光焊接机，PCB激光钻孔机、激光制版机等激光设备，拥有全系列的激光加工设备生产线，即可为客户提供单件、批量的激光加工设备，更具有为客户提供一整套激光加工解决方案及其相关配套设施的综合能力。产品已广泛应用于IT、电子、通信、机械、五金、包装、鞋材皮革、轻工产品、珠宝首饰、眼镜、集成电路、焊接切割、防伪技术、工艺礼品、塑胶模具、医疗器械等领域产品种类多、应用性强，拥有一定的技术实力。

华工激光，成立于1999年，是一家国内激光公司，主要产品是激光加工设备的生产和应用，致力于激光切割、激光焊接、激光打标等方面的运用。公司拥有五个激光加工、切割和打标方面的系列产品如Profile（PLUS）数控激光切割系统、Vector数控激光切割系统、Rapier高精度等离子切割机、带材激光在线焊接成套设备、JR5130多功能激光加工成套设备的产品，其中切割产品的功率可以从60W到4 000W。2004年公司激光产品的销售收入为14 000万元，毛利润约为30%，是国内实力较强的激光公司之一。

楚天激光集团成立于1985年，主要从事激光焊接切割、激光医疗、激光标刻、激光加工四大产业，在武汉、北京、苏州等地均建有大型生产基地，可向客户提供各种型号的激光焊接机、激光切割机、激光打标机、激光雕刻机、激光热处理机、激光打孔机，各种激光美容、激光手术设备以及激光加工、工艺礼品、数控冲床等，在中国各大中城市及亚洲、欧洲、美洲、非洲、澳洲的重要城市设有销售及售后服务机构。公司拥有较强的科研开发人员，其中中国科学院院士、国家级专家、教授级高工和高级技术职称的专职技术开发人员185人，在国内同行中具有较强的技术优势和市场优势。

团结激光是1994年成立的团结激光成套设备有限公司，一直从事激光加工成套设备研究、开发和生产、售后服务为一体的股份制高新技术企业，主要产品是激光加工式设备的制造，主要有激光加工成套设备和激光切割机。产品也有部分出口，拥有一定的激光产品国内外市场。

2. 公司和竞争优势

（1）产品优势。

一是技术优势。本产品所采用的核心技术属自主创新。我国现有的激光器产品在非核心技术上多有创新，但其核心技术主要是国外先有，也主要依赖进口，没有专利权保护，因而形成低水平的重复和竞争。

旋流激光器与国外轴流激光器相比，光束质量一样，但具有价格低、体积小、工作电压低、离心风机耗电低、金属腔抗震等优点，同时享有20年的发明专利权，将其投入市场，不仅能改变我国激光切割用的激光器依赖进口的局面，而且能出口创汇。

二是价格优势。500W国外轴流激光器的国内报价为50万元，而本产品售价仅20万元，具有明显的价格优势，若能规模生产，还可降低产品的市场价格。

三是质量优势。因本项目产品为自主创新产品，首先将建立本项目产品的企业标准。由国家一级光电仪器测试中心对产品各专项性能、技术指标进行严格检测，通过省部级专家鉴定，产品名称和商标注册，并对每件出厂产品实现防伪打标记录，以求保质保量。我们还利用现有的销售服务体系，形成优秀的售后服务队伍和技术跟踪指导。

（2）科技优势。

本项目负责人、旋流激光器的唯一发明人A教授，从1981年到1990年，先后在国内首先研制成功2 000W、5 000W和10 000W横流二氧化碳激光器，获国家科技进步三等奖一项，省部级科技进步一等奖三项。他支持他的学生办了四家公司生产销售横流激光器，满足国内激光热处理和焊接的需求，还少量销往我国台湾。到1998年，横流激光器的总产值已到4亿元。他创建了我国第一个激光技术国家实验室，他担任国家“六五”“七五”“八五”科技攻关激光技术项目总体专家组组长，为我国激光设备产值由20世纪80年代初的几百万元增长到2000年的16亿元，为湖北激光设备1999年产值达3.1亿元（占全国第一位），做出了重要的贡献。

本公司有15人已熟练掌握旋流、横流和轴流二氧化碳激光器技术。

项目承担团队中有一人是留美学者、有多项相关技术成果和专利技术，还有多人是走出国内重点高校、立志从事科技成果转化发展高科技产业的中青年教授。

我公司设立有研究发展中心，负责对新产品的研制和开发。该研究发展中心现有16人，目前，主要负责对旋流二氧化碳激光器系列产品的开发。现有教授2人、博士3人研究生3人、本科生8人，创新能力很强。

目前，华中科技大学激光工程研究院为本项目提供人员培训和服务工作。人员情况如表6所示。

表6　　公司人员情况表

员工		人数（人）
按学历划分	教授	2
	博士	3
	硕士	3
	本科	13
	大专及以上	5
按职称划分	高级职称	10
	中级职称	13
	初级职称	5

员工平均年龄为28岁。

公司管理层人员知识结构：2名博士，2名硕士，平均年龄为35岁。

公司人员比例见表7。

表7　　公司人员比例分布

管理	技术开发	生产	销售	总计
4人（占15%）	16人（占62%）	3人（占12%）	3人（占12%）	26人

公司现已开发出500W旋流二氧化碳激光器。拟开发：

① 1 000W旋流二氧化碳激光器（2006年1月—2006年8月）。

② 1 500W旋流二氧化碳激光器（2006年9月—2007年3月）。

③ 2 000W旋流二氧化碳激光器（2007年4月—2007年12月）。

④ 3 000W旋流二氧化碳激光器（2008年1月—2008年12月）。

（3）管理优势。

一是企业管理优势。公司已建立起完善的现代企业制度以适应市场经济的需要，因本公司的产品为自主创新产品，所以公司首先将建立企业标准。公司严格执行国家有关会计政策及行业会计制度，财务管理机构合理，所用人员均具有多年工作经验。科研氛围浓厚，科研条件良好，技术人员知识水平高，具有独立开发能力和集体协作精神。公司采用“以环境留人，以待遇留人，以事业留人”的文化理念，创造良好的工作环境，引进竞争机制，用人制度灵活。管理人员市场开拓能力强，经营管理经验丰富。

二是行业管理优势。本项目主要实施人员具有激光器产品研发、管理及生产 30 多年经验，具有较强的市场洞察力和市场开拓力，有利于企业正常经营。

（4）环境优势。

公司位于素有“华中硅谷”之称的国家级高新技术开发区——武汉东湖高新技术开发区，该区建立“武汉·中国光谷”，形成包含我公司在内的十大激光产品研发生产龙头企业，提供各种优惠政策，以带动整个地区的激光产业发展，也给我们创造了产品快速产业化的良好环境。

（5）市场优势。

因本产品技术性能与国外轴流二氧化碳激光器相比，具有价格低、体积小、工作电压低、风机耗电低和金属腔抗震等优势，因此，本产品可逐步占领 20%以上，即 600 万美元以上用于切割的二氧化碳激光器国际市场。在国内，本产品可以占领 90%以上国内用于切割的高功率激光器市场。

（6）政策优势。

本产品属于国家级中小企业技术创新基金重点支持领域之一。

七、公司未来发展计划

公司现处于快速发展阶段，还需要从技术、产品、市场、人才培养各方面进一步发展和壮大。公司的目标是以旋流二氧化碳激光器核心技术为基础，发展覆盖高中低端三个领域的专业激光器公司，主要应用领域以激光加工系统、激光打标、激光切割和激光焊接为主要方向，包括激光医疗在内的激光器应用系统，力争在五年内，将旋流二氧化碳激光器替代目前国内外的轴流和横流旋流二氧化碳激光器部分产品，使公司成为国内甚至世界一流的激光专业公司。

1. 产品发展计划

公司目前的产品主要是 800W 以下的旋流二氧化碳激光器，主要产品应用在激光打标和激光医疗方面。

2. 技术发展计划

公司主要技术是旋流二氧化碳激光器的研制和开发，目前 500W 旋流二氧化碳激光器已经通过国家级鉴定。为迅速占领国际激光市场和增强公司的竞争实力，公司制定了技术储备和发展计划，其目标是向高端激光器方向发展，到 2010 年以前，力争研制出 1 000~4 000W 旋流二氧化碳激光器。公司制定的技术发展规划如下：

（1）1 000W 旋流二氧化碳激光器（2006 年 1 月—2006 年 8 月）
（2）1 500W 旋流二氧化碳激光器（2006 年 9 月—2007 年 12 月）
（3）2 000W 旋流二氧化碳激光器（2007 年 12 月—2008 年 12 月）
（4）4 000W 以上旋流二氧化碳激光器（2009 年 12 月—2010 年 12 月）

3. 市场拓展计划

公司的主要精力放在激光技术的研发和产业化生产上。在市场拓展方面，公司除了有专门的市场销售部门和在一些大城市和重要地区设立办事处和销售网点外，主要拟通过代理机制和代理体系来拓展市场，具体内容如下：

（1）代理商发展规划。

①通过代理体系的建立，形成营销战略共同体。

②代理商作为长期稳定的合作伙伴。

③完善的代理体系，使产品覆盖全国各区域。

（2）代理体系的建立。

①项目代理。

· 授权于具体项目的代理商。
· 在项目的授权上享有排他性。
· 享受优惠的商务条件。
· 受公司全面的售前支持和售后服务。
· 要求在项目的运作中进行商情通报。
· 对项目的成功率负责。

②区域行业代理。

· 授权于特定区域、特定行业的代理商。
· 享受比项目代理更优惠的商务条件。
· 享受公司全面的售前支持和售后服务。
· 要求定期商情通报，提交相关报告。
· 对授权区域的市场和销售目标负责。

③区域代理。

· 授权于特定区域、跨行业的代理商。
· 享受最优惠的商务条件。
· 享受公司全面的售前支持和售后服务。
· 要求定期商情沟通，提交相关报告。
· 对授权区域的市场和销售目标负责。

④产品买断。

· 授权于公司特定产品的代理商。
· 享受最优惠的商务条件。
· 享受公司全面的售前支持和售后服务。
· 要求定期商情沟通，提交相关报告。

·对授权产品的市场和销售目标负责。

4. 人力资源发展计划

由于激光技术是高科技领域，公司发展的主要推动力量是人力资源，激光公司能否壮大，人才的培养和开发是关键所在。目前公司的主要技术力量在年龄结构和专业结构上还显得不够完善，公司急需要培养新的能独当一面的人才和更多有创新能力的机构设计、制造等方面的人才。为此，公司制定一系列旨在吸引人才和培养人才的计划，建立了有利于人才培养和引进的目标管理体系。同时，公司拟实行高级管理人员和骨干技术人员持股计划，一方面加大人才引进的力度和优惠政策来引进高尖端技术人才，另一方面通过招聘有一定基础的员工队伍，作为人才储备进行培养。另外公司还根据不同层次员工的不同需求，制定不同的激励措施及方法，在一般员工中实行包括保险金和住房公积金在内的额外补贴的福利制度。

在人才的培养和开发方面，公司拟定期组织技术人员和开发人员到国内一流激光行业科研院校进行培训和学习，不定期地组织技术人员和开发人员到国外某激光公司参加培训，特别是高级管理人员，可能参加激光行业及相关行业的研讨会与交流会，掌握最新的技术信息和激光发展方向，在公司内部也定期组织专业培训和管理培训。

公司建立发展所需要的人才库，适当地聘请激光行业的专家为公司的技术顾问。还拟与本行业上下游企业建立战略合作关系，在考虑地区、行业战略的基础上，选择实力较强和声誉较好的相关公司作为战略伙伴，在人才、技术信息、市场需求等方面进行合作和交流，以达到优势互补的目的。

5. 资本市场发展计划

公司不仅在产品和技术上发展壮大，也拟通过资本市场来提高资金实力和公司形象，创造产品品牌，使公司能更快地发展。目前公司根据上市的条件和要求在各方面规范公司管理、制度、结构，同时也与政府有关部门接触与沟通，准备在条件合适和时机成熟时进行股改，为今后的上市创造条件。公司与各方面投资者保持接触，与合适的投资者一起发展壮大公司的实力。公司拟在 2006 年初引进第一批投资者，完善公司的股权结构和资本结构。同时也和投资者一起分享公司迅速发展带来的成果。

八、公司财务状况和预测

1. 公司的财务现状

公司 2002 年成立，经过两年的经营和发展，目前，公司总资产已达 2 200 万元，激光器销售收入为 1 000 万元，毛利润 390 万元，具体情况略。

2. 公司未来的财务预测和评价

如果筹集的资金到位，生产按正常的经营管理和市场需求来预测，在未来几年里预计销售业绩和收益见表 8、表 9、表 10。

表 8　　500W 以下小功率激光生产器情况

年度＼项目	销售台数	单价（万元）	销售收入（万元）
2006 年	80	30	2 400
2007 年	150	30	4 500
2008 年	300	30	9 000
2009 年	400	30	12 000
2010 年	520	30	15 600
2011 年	680	30	19 800
2012 年	800	30	24 000

表 9　　1 000W 以上大功率生产情况

年度＼项目	销售台数	单价（万元）	销售收入（万元）
2007 年	10	90	900
2008 年	50	90	4 500
2009 年	100	90	9 000
2010 年	150	90	13 500
2011 年	220	90	19 800
2012 年	330	90	29 700

表 10　　激光器总收入和毛利润　　单位：万元

项目＼年度	2006 年	2007 年	2008 年	2009 年	2010 年	2011 年	2012 年
销售收入	2 400	5 400	13 500	21 000	29 100	39 600	53 700
毛利润	960	2 700	8 100	12 600	17 460	23 760	32 220

3. 财务评价

公司属高新技术企业，根据国家相关政策，所得税实行“二免三减半”，即 2004—2005 年免交，2006 年按 15%上交。

所得税税率按 15%计算，盈余公积金按税后利润的 10%计，公益金按税后利润的 5%计。

根据上面的预测和相关财务数据，我们进行财务评价，通过分析，该项目的内部收益为 127%，投资回收期为 2.6 年（含建设期一年），净现值为 39 761.2 万元。具体见现金流量表 11。

表 11　　　　　　　　　　　　　　　　**现金流量表**

年份 项目	投产期	达产期					
		2	3	4	5	6	7
增量现金流入	132. 12	5 400	13 500	21 000	29 100	39 600	53 700
产品销售(营业)收入	2 400	5 400	13 500	21 000	29 100	39 600	53 700
回收固定资产余值	0	0	0	0	0	0	0
回收流动资金	0	0	0	0	0	0	0
增量现金流出	4 051. 32	4 785. 29	4 634. 543	10 682. 7	14 803. 17	20 144. 52	27 317. 19
固定资产投资	2 000						
含投资方向调节税							
流动资金	400	600					
经营成本	1 440	3 400	2 910	8 400	11 640	15 840	21 480
销售税金及附加	79. 2	187	160. 05	462	640. 2	871. 2	1 181. 4
所得税	132. 12	598. 29	1 564. 493	1 820. 7	2 522. 97	3 433. 32	4 655. 79
特种基金							
增量净现金流量	−3 919. 2	614. 71	8 865. 458	10 317. 3	14 296. 83	19 455. 48	26 382. 81
累计增量净现金流量	−3 919	−3 298. 29	5 567. 21	15 884. 21	30 181. 21	49 636. 21	76 019. 21
所得税前增量净现金流量	−3 787. 08	1 213	10 429. 95	12 138	16 819. 8	22 888. 8	31 038. 6

计算指标：

财务内部收益率：127%。

财务净现值（i=12%）：39 761. 2 万元。

投资回收期：2. 6 年。

九、风险分析

1. 技术风险

（1）所应用技术的成熟性分析。本项目面对的市场客户为各类激光应用制造商和激光加工中心。

本项目产品已顺利通过试验：连续运行时间大于 8 小时，输出功率稳定度为±2%，因本产品采用圆形金属激光管替代国外圆形玻璃激光管，设备稳定可靠性、耐久性大为改善。

本产品在华工激光公司已使用，运行稳定，光束质量好。国内生产激光切割机和激光焊接机成套设备公司急需旋流激光器，已与两家激光公司签订了旋流激光器供货合同。

（2）市场准入分析。该产品于 2002 年获国家发明专利一项、新型实用专利三项，已被纳入 2004 年国家火炬计划，受到了国内著名激光专家、学者的好评，并已通过国家级产品鉴定，并已和国内两家生产激光切割机的公司签订了产品供求合同。本项目产品已获发明专利，专利号 ZL98113603.6，国际专利主分类号 H01S3/223；并获实用新型专利，专利号 ZI98235956.X。

2. 技术人力资源的稳定性分析

因 A 教授是我国著名激光专家、博士生导师，在我国激光行业具有举足轻重的地位，与各大学激光专业、各大激光研究机构均有密切而广泛的联系，所以，现在技术人员稳定，开发工作具有继续发展能力。现在除已具备产业化条件的 1 000W 激光器以外，1 000~3 000W 的大功率激光器正在产品工艺定型之中。

十、风险投资的退出机制

公司在引进风险投资后，我们采取以下方式来确保投资者的投资收益和资金回收。

1. 筹备上市

公司计划在产品进行大规模生产后，力争在 2008 年前进行股改，力争在 2010 年前在香港或者美国创业板上市。公司现着手按照美国或者香港创业板上市的条件来进行公司组织和管理等方面的设计和改造，为今后上市创造条件。如果条件成熟、国内市场情况好，也可以考虑在国内中小企业板上市。

2. 股份回购

公司在发展壮大后，对于投资者想收回投资的，公司可以由自有资金回购投资者的股份，并保证投资者获得期望和理想的收益率。

参考文献

[1] 乔治·勒纳，安·利蒙，费尔达·哈迪蒙. 风险投资、私募股权与创业融资[M]. 北京：清华大学出版社，2016.

[2] 中国风险投资研究院. 风险投资家 [M]. 北京：中国发展出版社，2017.

[3] 刘建香. 风险投资的投融资管理及发展机制研究 [M]. 上海：上海交通大学出版社，2012.

[4] 蒲祖河. 风险投资学 [M]. 浙江：浙江大学出版社，2004.

[5] 靳景玉，毛跃一，陈晓丽，等. 风险投资发展机制研究 [M]. 成都：西南财经大学出版社，2014.

[6] 张元萍. 风险投资运行机制与模式 [M]. 北京：中国金融出版社，2003.

[7] 姜树梅. 风险投资运作 [M]. 大连：东北财经大学出版社，2001.

[8] 谢科范. 风险投资管理 [M]. 北京：中央编译出版社，2004.

[9] 盛立军. 风险投资操作机制与策略 [M]. 上海：上海远东出版社，1999.

[10] 陈尔瑞，杜沔. 风险投资概论 [M]. 北京：中国财政经济出版社，2001.

[11] 王景涛. 新编风险投资学 [M]. 大连：东北财经大学出版社，2005.

[12] 任天元. 风险投资运作与评估 [M]. 北京：中国经济出版社，2000.

[13] 张景安. 风险企业与风险投资 [M]. 北京：中国金融出版社，2000.

[14] 刘曼红，林博（美）. 风险投资学 [M]. 北京：对外经济贸易大学出版社，2011.

[15] 刘曼红. 创业投资圣经：天使投资理论与实践 [M]. 北京：经济管理出版社，2012.

[16] 李好好，孙克任. 风险投资学 [M]. 太原：山西经济出版社，2002.

[17] 张景安. 风险投资与操作实务 [M]. 北京：中国金融出版社，2000.

[18] 高成亮. 风险投资运作 [M]. 北京：首都经济贸易大学出版社，2008.

［19］詹继生. 风险投资实务［M］. 南昌：江西人民出版社，2004.

［20］克里斯托弗·哥利斯. 企业与风险投资［M］. 天津：天津大学出版社，2004.

［21］马君潞，马晓军，翟金林. 风险投资与风险资本市场［M］. 天津：南开大学出版社，2003.

［22］孔淑红. 风险投资与融资［M］. 北京：对外经济贸易大学出版社，2010.

［23］胡海峰. 风险投资学［M］. 北京：首都经济贸易大学出版社，2016.

［24］胡志坚，张晓原，张志宏，等. 中国创业风险投资发展报告 2017［M］. 北京：经济管理出版社，2017.

［25］吴小杰，刘志军. 乔治·多利奥特：美国风险投资之父的财富传奇［J］. 法律与生活，2018（9）：44-45.

［26］陈军，龚克，宋扬. 若干国家风险资本来源结构的比较［J］. 统计与决策，2006（17）：123-124.

［27］龙飞，王成仁. 美国 SBIC 计划的经验及启示［J］. 经济研究参考，2015（28）：3-5.

［28］关立，刘入领. 美国风险投资的发展历程及其经验教训［J］. 世界经济与政治，1998（2）：50-53.

图书在版编目(CIP)数据

风险投资学/蒋雨宏主编.—成都:西南财经大学出版社,2019.1
ISBN 978-7-5504-3845-3

Ⅰ.①风… Ⅱ.①蒋… Ⅲ.①风险投资 Ⅳ.①F830.59

中国版本图书馆 CIP 数据核字(2018)第 271239 号

风险投资学

主编:蒋雨宏

责任编辑:杨婧颖 冯雪

封面设计:何东琳设计工作室 张姗姗

责任印制:朱曼丽

出版发行	西南财经大学出版社(四川省成都市光华村街 55 号)
网　　址	http://www.bookcj.com
电子邮件	bookcj@foxmail.com
邮政编码	610074
电　　话	028-87353785 87352368
照　　排	四川胜翔数码印务设计有限公司
印　　刷	郫县犀浦印刷厂
成品尺寸	185mm×260mm
印　　张	13.25
字　　数	314 千字
版　　次	2019 年 1 月第 1 版
印　　次	2019 年 1 月第 1 次印刷
印　　数	1— 3000 册
书　　号	ISBN 978-7-5504-3845-3
定　　价	36.00 元

1. 版权所有,翻印必究。

2. 如有印刷、装订等差错,可向本社营销部调换。

3. 本书封底无本社数码防伪标识,不得销售。